AUDRE LORDE

ELEFANTE

CONSELHO EDITORIAL
Bianca Oliveira
João Peres
Tadeu Breda

EDIÇÃO
Tadeu Breda

ASSISTÊNCIA DE EDIÇÃO
Luiza Brandino

PREPARAÇÃO
Fabiana Medina

REVISÃO
Andressa Veronesi
Laila Guilherme

FOTOS DE CAPA
Dagmar Schultz

PROJETO GRÁFICO
Elaine Ramos

DIAGRAMAÇÃO
Lívia Takemura

DIREÇÃO DE ARTE
Bianca Oliveira

Zami

UMA NOVA GRAFIA DO MEU NOME

UMA BIOMITOGRAFIA

**TRADUÇÃO
LUBI PRATES**

PREFÁCIO À EDIÇÃO BRASILEIRA
CECÍLIA FLORESTA

Audre,

Seu nome ainda ecoa em nossa boca e em nossos ouvidos, resiste forte em cores variadas e cruza oceanos para o nosso encontro. É para a sua memória ancestral que dedico esta carta, uma forma de dizer que eu me lembro, que nós nos lembramos. Pois suas palavras tornaram possíveis minha vida e a de muitas pessoas como eu, de variadas formas. E não esqueceremos.

Sempre que tenho contato com sua escrita, tão sábia, generosa e corajosa, eu me recordo do que me faz retornar a você quando algo me falta, mesmo que esse algo ainda não tenha nome. Sua voz está entre aquelas que me ensinaram a lembrar, que me ensinaram que escrever é lembrar, que lembrar é não ceder ou, nas suas palavras, *impedir que eles nos peguem*.

Então agradeço imenso a você e a todas as outras pessoas que tornaram possíveis existências como a minha dentro de um escopo literário ou no íntimo das palavras ainda não ditas. Que encararam e encaram como missão contar histórias sobre a gente, pois as histórias sobrevivem ao tempo, as histórias sobrevivem. Foi uma viagem incrível encontrar em *Zami* fragmentos de um tempo cujos momentos são quase sempre apresentados sob o olhar dos outros, aqueles outros em quem sua mãe te ensinou a não confiar. Por isso, vislumbrar a história pelos seus olhos me relembrou também quantos relatos e visões existem por aí que se perdem num propósito perverso de atribuir ao mundo a rigidez do único. E que presente inestimável, mais um, você nos deu quando se colocou o desafio de elaborar as próprias memórias em uma porção de histórias que contam tanto sobre a gente, que poderiam ser minhas — e, em grande medida, são.

Com *Zami* relembrei onde começa e não termina a minha tríade ancestral "avó mãe filha" e senti uma saudade imensa de casa, a mesma casa que aqueles outros planejavam tirar de nós e para a qual sempre retornamos quando lembramos de onde viemos, do que é feita a nossa substância, quando acessamos nossas histórias mais íntimas guardadas na memória ou quando inventamos nossas próprias narrativas, quando nos voltamos para as nossas mães internas, externas, escolhidas, destinadas.

Minha mãe também soube e sabe muito bem "transformar as necessidades em virtudes", uma sabedoria em grande parte responsável por nossa sobrevivência, para que hoje eu tivesse escolha. Minha mãe também não me deixava ver as lágrimas dela, também não. O choro, os acessos, os sentimentos vazados do peito para o mundo deviam ser privilégios de outras pessoas, não da minha mãe. Também me lembrei de que eu, no início dos tempos curtos que chamamos de épocas da vida, no fim de um dia difícil ou na soleira de alguma porta em despedida, também não me deixei verter muitas lágrimas. Aprendi a esconder minha água de mim muito cedo por não querer preocupar a mãe, vendo suas tantas outras preocupações, tomando talvez como exemplo seus olhos secos diante de tudo, das violências diárias que ela sofria. Hoje ainda me vejo relutante em não poupar os olhos do sal, mas certamente não ao acessar estas memórias.

Temperos também são aliados das minhas lembranças, Lorde, os cheiros, os gostos, os prenúncios, o pilão sempre ali, a postos na cozinha. Lá em casa era cebola, alho e coentro, colorau e pimenta-do-reino, mais tarde dendê, azeite e uma porção de pós, o pilão ainda reinando. O olfato, o gosto milenar e ancestral na boca, o cuscuz da minha mãe, a galinha guisada da minha vó — os sentidos despertam a gente praqueles caminhos que nossas pernas nunca deixaram de cruzar.

Minha mãe também traçou comigo as primeiras letras, numa tarefa cúmplice de garantia de futuro. Foi com um gibi, eu me lembro, que perdeu a capa em algum lugar e ainda assim servia de rumo pros meus olhos, que primeiro memorizaram e depois reproduziram, para então abrir caminho a uma curiosidade que nunca cessou. Lembro do sorriso dela dizendo bem devagar as palavras dos balões. A alegria em nossos olhos quando enfim aprendi a desvendar sozinha aquelas formas no papel que me acompanhariam muito tempo ainda, que me abririam muitos caminhos mais tarde, como foram abertos os seus caminhos.

Mas, muito tempo depois de aprender a decodificá-las, ainda assim eu "não tinha palavras para o racismo", como você confessou não ter, nos idos da adolescência. E em muitas ocasiões ainda não temos. O racismo, afinal, esse sistema muito bem elaborado, que assume as mais variadas formas, que se transforma infinitamente com o único fim de subalternizar, também de variadas formas. Mas aqui não é meu desejo me ocupar com a complexidade desse sistema, e sim te agradecer por nos ter dado muitas das palavras que não definem o racismo, um algo disforme, mas que nos permitem entendê-lo, esmiuçá-lo, pois só assim, por meio do entendimento e de palavras como as suas, é que a gente consegue ir além de qualquer fronteira, dor ou subjugação que perdem hoje o seu lugar, amanhã e depois.

O seu primeiro amor na adolescência e aqueles que se seguiram, cujos cheiros e gostos e movimentos de que *precisamos pra caber uma na outra* são elaborados por sua prosa profundamente poética e sensível, me fizeram lembrar dos meus próprios amores e da ausência de histórias sobre nós, me fizeram ressignificar o amor que sinto e o que esse amor significa pra mim, não pros outros, que o podem ler como ameaça. Mas então você também me fez lembrar que esse amor que sinto é visto assim por suas inúmeras qualidades transgressoras. Nós transgredimos, Lorde, transformamos e enfim não cedemos, pois estamos aqui, nós estamos, e suas memórias me remeteram a um reconhecimento muito íntimo. Me pergunto quanto eu teria me poupado de tantos tipos de sofrimento se tivesse ouvido da boca de alguém, lido em algum lugar, visto na TV alguma história de primeiro amor como a sua, e dos amores que vieram depois, se fosse possível acessar mais histórias de pessoas parecidas comigo, as histórias das minhas irmãs. Um algo tão poderoso, o reconhecimento, que mesmo hoje, já munida de tantas histórias, ainda desperta espanto, o sal no fundo dos olhos.

Daí testemunhar pelo seu olhar as vestimentas das *butches* e *femmes* e seus códigos meio duros, meio rígidos, numa festa, seu incômodo de ter que se incluir em uma ou outra categoria, me ligar na sabedoria do corpo que sabe aonde está indo sem se importar em conduzir ou ser conduzido, ou me entristecer com os términos catastróficos de relacionamentos seus, os caminhos percorridos por gerações de mulheres e mulheres lésbicas e sapatões pretas que me precederam, Lorde. Essas sim são fontes de força e conhecimento pra mim, pras minhas irmãs — aprender com as mais velhas, da boca, das memórias delas. Não à toa, certas histórias são silenciadas, afinal, como verdadeiras "ameaça[s] ao status quo".

O amor que sentimos, alheio a tudo o que é deles, sendo nosso apenas, foi um amor que tivemos de aprender numa solidão involuntária, compulsória — isso também você nos lembra aqui. Porque o que nos ensinaram foi esse amor do outro, um amor que não tem as cores que temos, que não guarda nossos desejos, que não permite que corpos como os nossos se toquem, se encontrem, nossos corpos cujo som do encontro *"é a prece de todas as que são diferentes e de todas as irmãs"*. Esse amor que tivemos de aprender sós porque ninguém nos ensinou e por isso mesmo guarda uma qualidade revolucionária, de inerência mesmo, um amor que escolhemos. Veja, num mundo em que o diverso ganha em número daquilo que ainda se considera padrão, as contas são muito simples, a gente só pode pensar em medo. E não no nosso medo, mas no medo do outro em seu desejo pela ordem da qual resulta poder e que, portanto, nos vê como ameaça ao "mundo civilizado". Ainda assim, você vislumbrou tudo isso do alto da sabedoria de que "nosso lugar [é] a própria morada da diferença, e não a segurança de uma diferença específica", e isso lá nos idos dos anos 1950, perscrutando com seus olhos — que, imaginando daqui, não deviam parar um minuto — a "atmosfera da presença de outras lésbicas".

> *Ser mulheres juntas não era suficiente. Nós éramos diferentes.*
> *Ser gays juntas não era suficiente. Nós éramos diferentes.*
> *Ser negros juntos não era suficiente. Nós éramos diferentes.*
> *Ser negras juntas não era suficiente. Nós éramos diferentes.*
> *Ser lésbicas negras juntas não era suficiente. Nós éramos diferentes.*

Admitir que somos diferentes, acolher as nossas diferenças, aquilo que nos afasta e inevitavelmente nos aproxima, e procurar compreendê-las mutuamente são alguns dos seus grandes ensinamentos. Se há algo que possui esse tom, esse algo é o amor que inventamos dia após dia, por nós mesmas, pelas nossas irmãs, por tudo aquilo que conseguimos ser num mundo em que "muitas de nós nem sequer sobreviveram".

Então, evocar o amor das *zami*, sempre vivas naquela lenda de Granada, é recorrer a esse amor inventado por nós, esse mesmo amor que nasce sem qualquer outro propósito a não ser a sobrevivência física, psicológica, espiritual, um amor que não serve a nada, mas que nutre nossas relações. O amor das *zami*, que pra mim representa todo tipo de amor do qual não abrimos mão toda vez que nos lembramos.

Nós precisamos de *Zami*, das memórias que compõem este livro, pois são memórias e histórias que nos atravessam, ainda que não sejam contadas ou sejam silenciadas por pudor, por vergonha imputada, em nome da ordem, porque insistem em dizer e tentar nos convencer de que aquilo que somos não é certo ou não importa. *Zami* guarda histórias pelas quais almejamos porque são nossas histórias.

Lorde, você nos ensina a encontrar voz e a saber usá-la, a buscar aquelas palavras das quais precisamos e desejamos. Que presente inestimável te encontrar nesta vida, te encontrar mais uma vez aqui. *Zami*, pensei, ao chegar ao fim de suas páginas já com saudades, é um dos galhos daquelas árvores que a pássara sem pés tanto procurou, pois aqui, no abrigo de suas folhagens, pousamos em segurança como no colo de nossas mães, todas elas.

Com amor,

Cecília Floresta, zami

CECÍLIA FLORESTA é escritora, editora, tradutora e candomblecista. Pesquisa poéticas e narrativas iorubás, macumbarias, lesbianidades e literaturas insurgentes. É autora de *poemas crus* (Patuá, 2016), *genealogia* (Móri Zines, 2019) e *panaceia* (Urutau, 2020), e participou das antologias *De bala em prosa* (Elefante, 2020) e *As 29 poetas hoje* (Companhia das Letras, 2021)

AGRADECIMENTOS

Que eu viva consciente da minha dívida com todas as pessoas que tornam a vida possível.

Do fundo do coração, agradeço a cada mulher que compartilhou algum pedaço dos sonhos/mitos/histórias que deram forma a este livro.

Em particular, gostaria de afirmar minha gratidão a Barbara Smith, pela coragem em fazer a pergunta certa e pela fé de que teria resposta; Cherríe Moraga, por escutar com seu terceiro ouvido; e ambas pela fortaleza editorial; Jean Millar, por estar lá quando apareci pela segunda vez, com o livro certo; Michelle Cliff, pelos ouvidos da ilha, bananas verdes, lápis hábeis e afiados; Donald Hill, por ter visitado Carriacou e passado as palavras adiante; Blanche Cook, por mover a história para além do pesadelo em estruturas para o futuro; Clare Coss, que me conectou com a minha matrilinearidade; Adrienne Rich, que insistiu que a linguagem podia combinar e acreditou que combinaria; aos compositores cujas melodias costuram os meus anos; Bernice Goodman, que foi a primeira a fazer a diferença a partir da diferença; Frances Clayton, que mantém tudo em pé, por nunca desistir; Marion Masone, que deu um nome para a eternidade; Beverly Smith, por me lembrar de permanecer simples; Linda Belmar Lorde, por minhas bases de combate e sobrevivência; Elizabeth Lorde-Rollins e Jonathan Lorde-Rollins, por me ajudarem a me manter honesta e atual; bisa Mariah, vó Liz, tia-avó Anni, tia Lou e as outras mulheres Belmar, por revisarem meus sonhos; e outras que ainda não me arrisco a nomear.

*Para Helen, que inventava as melhores aventuras.
Para Blanche, com quem vivi muitas delas.
Para as mãos de Afrekete.*

*No reconhecimento de amar encontra-se
uma solução para o desespero.*

A quem devo o poder por trás da minha voz, a força que me tornei, fermentando como sangue repentino sob a bolha da pele machucada?

Meu pai deixa sua impressão psíquica sobre mim, silenciosa, intensa e implacável. Mas sua impressão é um relâmpago distante. Imagens de mulheres flamejantes como tochas enfeitam e definem as margens da minha jornada, permanecem como diques[1] entre mim e o caos. São as imagens de mulheres, gentis e cruéis, que me levam para casa.

A quem devo os símbolos da minha sobrevivência?

Do Dia das Bruxas até a meia-noite do Ano-Novo, minhas irmãs e eu ficávamos dentro de casa, jogando amarelinha sobre os buracos do linóleo rosado que cobria o chão da sala. Aos sábados, brigávamos umas com as outras pela eventual tarefa fora de casa, brigávamos umas com as outras pela caixa de aveia Quaker vazia, brigávamos umas com as outras pela última ida ao banheiro quando anoitecia e para ser a primeira a pegar catapora.

---

[1] No original, *dykes*, vocábulo que, além de significar "dique", é comumente utilizado para denominar mulheres homossexuais. Semelhante ao termo brasileiro "sapatão", *dyke* era uma expressão de cunho pejorativo, que foi reapropriada pela comunidade lésbica como sinal de orgulho próprio e resistência ao preconceito. [N.E.]

O cheiro das ruas lotadas do Harlem durante o verão, depois que uma chuva rápida ou o jato dos caminhões-pipa lançassem o fedor das calçadas de volta para o sol. Eu corria até a esquina para buscar leite e pão na loja do Homem-de-pescoço-curto, parando para procurar folhagens que ofereceria à minha mãe. Parando para procurar centavos escondidos piscando como gatinhos sob as grades do metrô. Eu estava sempre me abaixando para amarrar os sapatos, me atrasando, tentando descobrir alguma coisa. Como ganhar dinheiro, como espiar o segredo que algumas mulheres carregam como uma promessa volumosa sob os botões de suas blusas floridas.

A quem devo a mulher que me tornei?

DeLois morava no fim do quarteirão, na Rua 142, e nunca andava de cabelo alisado, e todas as mulheres da vizinhança muxoxavam quando ela passava. Seu cabelo crespo brilhava sob o sol de verão, enquanto sua grande barriga orgulhosa a movia pelo quarteirão e eu assistia, sem me importar se ela era ou não um poema. Ainda que amarrasse meus sapatos e tentasse espiar o que acontecia sob sua blusa quando ela passava, nunca falei com ela, porque minha mãe não falava. Mas eu amava DeLois porque ela caminhava como se sentisse que era alguém especial, como se fosse alguém que eu gostaria de conhecer um dia. Ela caminhava como eu achava que a mãe de deus deve ter caminhado, assim como a minha mãe, num tempo remoto, e talvez, algum dia, eu mesma.

O calor do meio-dia lançou um anel de luz solar, como uma auréola, sobre a barriga de DeLois, igual um holofote, me fazendo lamentar ser tão reta e só conseguir sentir o sol na cabeça e nos ombros. Precisaria me deitar de costas para que o sol brilhasse assim na minha barriga.

Eu amava DeLois porque ela era grande, e negra, e especial, e parecia rir com o corpo todo. E eu tinha medo dela pelos mesmos motivos. Um dia, vi DeLois botar o pé para fora da calçada da Rua 142, lenta e cuidadosamente, furando o sinal vermelho. Um cara pardo, bêbado, passou por ela num Cadillac branco, se inclinou e gritou: "Anda, sua vadia esdrúxula, sua pixaim de pé chato!". O carro quase derrubou DeLois. Ela seguiu em frente, sem pressa e sem sequer olhar em volta.

A Louise Briscoe, que morreu na casa da minha mãe enquanto era inquilina de um quarto mobiliado, com o privilégio de usar a cozinha, mas sem roupas de cama inclusas. Levei para ela um copo de leite quente, que ela não beberia, e riu de mim quando quis trocar seus lençóis e chamar um médico.
— Não tem motivo para chamá-lo, a menos que ele seja bonitinho! — me disse a senhora Briscoe. — Ninguém me chamou para esse mundo, vim por minha conta. E voltarei da mesma maneira. Então, só preciso dele aqui se for bonitinho, bem bonitinho! — Dava para sentir o cheiro da mentira no quarto.
— Senhora Briscoe — eu disse —, estou realmente preocupada com a senhora.
Ela me olhou com o rabo do olho, como se eu estivesse fazendo uma oferta que ela teria de rejeitar, mas que, ao mesmo tempo, apreciava. Seu enorme corpo inchado estava quieto sob o lençol cinza, enquanto sorria como quem soubesse de algo mais.
— Ora, está tudo bem, querida. Eu não a culpo. Sei que você não pode evitar, está na sua natureza, e é isso.

À mulher branca que sonhei estar atrás de mim, num aeroporto, silenciosamente vendo seu filho esbarrar em mim, de propósito, repetidas vezes. Quando me viro para dizer a essa mulher que, se ela não der limites ao filho, vou lhe dar um soco na boca, vejo que ela já levou um soco na boca. Ela e o filho foram agredidos, estão com os rostos machucados e com hematomas nos olhos. Eu me viro e me afasto deles, com tristeza e fúria.

À garota pálida que correu até meu carro, numa madrugada em Staten Island, apenas de camisola, de pés descalços, gritando e chorando:

— Senhora, por favor, me ajude, por favor, me leve até o hospital, senhora...

Sua voz era uma mistura de pêssego passado e campainha; ela tinha a idade da minha filha, correndo pelas curvas cheias de árvores da Rua Van Duzer.

Parei o carro rapidamente e me inclinei para abrir a porta. Era o ápice do verão.

— Sim, sim, vou tentar te ajudar — eu disse. — Entra aí.

Mas, quando ela viu meu rosto sob a luz do poste, entrou em pânico.

— Ah, não! — lamentou. — Você não! — Deu meia-volta e tornou a correr.

O que ela poderia ter visto na minha cara preta que fizesse valer a pena persistir naquele horror? Para me descartar no abismo entre quem eu era e a visão que ela tinha de mim? Ela ficou sem ajuda.

Segui em frente.

Pelo retrovisor, vi a essência de seu pesadelo alcançá-la na esquina; de jaqueta de couro e botas, homem e branco.

Segui em frente, sabendo que, provavelmente, ela morreria estúpida.

À primeira mulher que eu conquistei e abandonei. Ela me ensinou que mulheres que desejam e não são carentes são custosas e, às vezes, extravagantes, mas mulheres que são carentes e não desejam são perigosas — elas iludem e fingem não perceber.

Ao batalhão de braços nos quais, muitas vezes, me refugiei, buscando abrigo que, algumas vezes, encontrei. A quem me ajudou ao me empurrar para o sol impiedoso — eu saí, enegrecida e inteira.

Para as partes artesãs de mim mesma.
Tornando-se.
Afrekete.

PRÓLOGO

Sempre desejei ser homem e mulher, para incorporar as partes mais fortes e ricas da minha mãe e do meu pai em/dentro de mim — para partilhar vales e montanhas sobre o meu corpo, assim como a terra, em montes e picos.

Eu gostaria de adentrar uma mulher da maneira como qualquer homem faz e de ser adentrada — de abandonar e ser abandonada —, de ser quente e dura e macia, tudo ao mesmo tempo na causa do nosso amor. Eu gostaria de conduzir e, outras vezes, descansar ou ser conduzida. Quando me sento na banheira e brinco com a água, adoro sentir as minhas partes profundas, deslizantes e macias, e todas as suas dobras. Outras vezes, gosto de fantasiar o seu ponto central: minha pérola, uma parte protuberante de mim, dura e sensível e vulnerável de um jeito diferente.

Senti o triângulo milenar, mãe pai criança, em que o "eu", no seu eterno centro, se alonga e se contrai na tríade elegantemente forte de avó mãe filha, em que o "eu" oscila, flui em uma ou ambas as direções, conforme a necessidade.

Mulher, para sempre. Meu corpo, a representação viva de outra vida, mais velha, mais longa e mais sábia. As montanhas e vales, árvores, rochas. Areia e flores e água e pedras. Feita na terra.

1

As pessoas de Granada e de Barbados caminham como as africanas. As pessoas de Trindade e Tobago, não.

Quando visitei Granada, vi a raiz do poder da minha mãe caminhando pelas ruas. Este é o país das minhas antepassadas, pensei, das minhas mães precursoras, aquelas mulheres negras da ilha que se definiram pelo que fizeram. "Mulheres da ilha dão boas esposas; aconteça o que acontecer, elas já viram o pior." Há um toque mais suave de sagacidade africana nessas mulheres, e elas se balançam pelas ruas mornas da chuva com uma delicadeza arrogante da qual me lembro em momentos de força e de vulnerabilidade.

Minha mãe e meu pai vieram para os estados unidos[2] em 1924, quando ela tinha 27 anos e ele, 26. Fazia um ano que estavam casados. Linda mentiu sua idade na imigração, porque suas irmãs, que já estavam aqui, lhe escreveram que os estadunidenses queriam mulheres jovens e fortes para trabalhar, e ela sentiu medo de estar velha demais para conseguir emprego. Já não era uma velha empregada em casa quando finalmente se casou?

Meu pai conseguiu um emprego de operário no antigo Waldorf Astoria, onde agora fica o Empire State Building, e minha

---

[2] Audre Lorde utiliza iniciais em letras minúsculas para "estados unidos" ou "américa" quando em referência àquele país, como forma de minimizar seu poderio global. O mesmo vale para "casa branca", a residência oficial do presidente estadunidense. Nesta edição, manteve-se a opção da autora. [N.E.]

mãe trabalhou lá como camareira. O hotel foi demolido, e ela foi trabalhar como copeira numa loja de chá na esquina da Avenida Columbus com a Rua 99. Ela saía antes do amanhecer e trabalhava doze horas por dia, sete dias por semana, sem tempo de descanso. O dono disse para minha mãe que ela deveria agradecer por ter aquele trabalho, já que a loja não costumava contratar garotas "hispânicas". Se o dono soubesse que Linda era negra, ela nunca teria sido contratada. No inverno de 1928, minha mãe teve pleurite e quase morreu. Enquanto ela estava doente, meu pai foi buscar seus uniformes na loja de chá, para lavá-los. Quando o dono o viu, percebeu que minha mãe só poderia ser negra e demitiu-a na mesma hora.

Em outubro de 1929, chegou a primeira filha, e a bolsa de valores despencou, e o sonho de voltar para casa ficou em segundo plano para os meus pais. Pequenas faíscas secretas desse sonho se mantiveram acesas por anos na busca da minha mãe por frutas tropicais no mercado paralelo e no uso de lâmpadas de querosene, em sua máquina de costura com pedal, nas bananas fritas e em seu amor por peixe e mar. Confinada. Era tão pouco o que ela realmente sabia sobre este país estrangeiro. Como a eletricidade funcionava. A igreja mais próxima. Onde e quando acontecia a distribuição do Leite Gratuito para Bebês — ainda que não nos fosse permitido beber caridade.

Ela sabia se agasalhar contra o frio impiedoso. Sabia sobre Paradise Plum — balas ovais, vermelho-cereja de um lado, amarelo-abacaxi do outro. Sabia quais mercados caribenhos da Avenida Lenox tinham nas bancadas baleiros de vidro cheios delas. Ela sabia o quanto essas balas eram desejadas por crianças famintas por doces e o quanto eram importantes para manter a disciplina durante longas idas às compras. Sabia exatamente quantas dessas guloseimas importadas se podia chupar e rolar dentro da boca antes que a implacável goma-arábica, com sua aspereza acídica e ferina, atravessasse a cobertura rosada da língua e gerasse pequenas aftas vermelhas.

Ela sabia misturar óleos para contusões e erupções da pele, e descartar todas as aparas de unhas dos pés e todos os fios de cabelo do pente. Sabia acender velas antes do Dia de Finados para afastar as *soucoyants*,[3] para que não sugassem o sangue de suas crianças. Sabia como abençoar a comida e a si mesma, antes das refeições, e como rezar antes de dormir.

Ela nos ensinou uma oração para a mãe que nunca aprendi na escola.

> Lembrai-vos, ó puríssima Virgem Maria, que nunca se ouviu dizer que algum dos que têm recorrido à vossa proteção, implorado por vossa assistência e reclamado vosso socorro tenha sido por Vós desamparado. Inspirado e com igual confiança por Vós, ó Virgem entre todas singular, como à Mãe recorro, de Vós me valho e, gemendo sob o peso dos meus pecados, me prostro a vossos pés. Não rejeiteis as minhas súplicas, ó Mãe do Verbo de Deus humanado, mas dignai-Vos de as ouvir propícia e de me alcançar o que vos rogo.

Quando criança, me lembro de ouvir muitas vezes essas palavras da boca da minha mãe, suavemente, sussurrando, quando ela enfrentava alguma nova crise ou desastre — a porta da geladeira quebrada, a energia elétrica cortada, minha irmã, em patins emprestados, com a boca rasgada.

Meus ouvidos infantis ouviam essas palavras e meditavam sobre os mistérios dessa mãe para quem a minha mãe, firme e austera, podia sussurrar palavras tão bonitas.

E, finalmente, minha mãe sabia como assustar suas filhas para que se comportassem em público. Sabia fingir que a única comida que restava em casa era, na verdade, uma refeição cuidadosamente escolhida e planejada.

Ela sabia como transformar as necessidades em virtudes.

---

3 Também conhecida como *soucriant*, *ole higue* ou *hag*, a *soucoyant* é uma espécie de bruxa sugadora de sangue presente no folclore de países caribenhos. [N.E.]

Linda sentia falta das ondas golpeando os quebra-mares ao pé do Monte Noel, da encosta corcunda e misteriosa da Ilha Marquis emergindo das águas a oitocentos metros da costa. Sentia falta das cambacicas com seus voos velozes e das árvores e do cheiro ruim das árvores-samambaias que contornavam a estrada morro abaixo, em direção à cidade de Grenville. Sentia falta da música que não se precisava escutar porque estava em tudo ao redor. Mais do que isso, sentia falta dos passeios de barco, aos domingos, para a casa da tia Anni, em Carriacou.

Em Granada, todo mundo tinha uma canção para tudo. Havia uma música para a loja de tabaco dentro do armazém que Linda começara a gerenciar com dezessete anos.

3/4 de uma cruz
e um círculo completo
2 semicírculos e um encontro perpendicular...

Essa canção servia para identificar a loja — TOBACCO — para quem não sabia ler.

Havia canções sobre todas as coisas, e havia inclusive uma sobre elas, as garotas Belmar, que sempre andavam com o nariz empinado. E nunca se falava muito alto na rua; caso contrário, no dia seguinte, seu nome podia ser disseminado numa música ali na esquina. Em casa, ela aprendeu com a irmã Lou a reprovar essa criação infinita de canções despojadas como um hábito vulgar e desprezível, indigno da atenção de uma garota decente.

Mas agora, neste país frio e barulhento que chamam de américa, Linda sentia saudade da música. Sentia falta até do aborrecimento dos clientes no início da manhã de sábado, com suas conversas indiscretas e ritmos arrastados, cantarolando do bar para casa.

Ela entendia de comida. Mas qual era a importância disso para as pessoas malucas que viviam em torno dela, que cozinhavam pernil de cordeiro sem lavar a carne e assavam até mesmo o corte mais duro sem adicionar água e sem tampar? A abóbora era apenas uma decoração infantil para elas, e tratavam melhor seus maridos do que seus filhos.

Ela não sabia como entrar e sair das galerias do Museu de História Natural, mas sabia que era um bom lugar para levar as crianças, se quisesse que crescessem inteligentes. Ficou assustada quando levou suas filhas até lá e beliscou cada uma de nós na parte carnuda do braço, uma vez ou outra, durante a tarde inteira. Supostamente porque nos comportávamos mal, mas, na verdade, era porque ela via, sob o boné elegante do guarda do museu, olhos azuis pálidos encarando-nos como se fedêssemos, e isso a assustou. *Essa* era uma situação sobre a qual ela não tinha controle.

O que mais Linda sabia? Ela sabia como olhar no rosto das pessoas e prever o que elas fariam, antes mesmo que fizessem. Sabia dizer, dentre as toranjas, quais eram pomelo e quais eram rosadas, antes que amadurecessem, e o que fazer com as outras, isto é, jogá-las aos porcos. Mas ela não tinha porcos no Harlem e, às vezes, aquelas eram as únicas toranjas disponíveis para comer. Ela sabia como prevenir infecção num corte aberto ou numa ferida, aquecendo a folha de olmo-negro sobre a chama até murchar, esfregando esse suco no corte e colocando as fibras verdes e macias, já flácidas, sobre a ferida, como um curativo.

Mas não havia olmo-negro no Harlem nem folhas de carvalho-negro em Nova York. Bisa Mariah, sua avó curandeira, havia lhe ensinado tudo sob as árvores do Monte Noel, em Grenville, Granada, de frente para o mar. Tia-avó Anni e vó Liz, mãe de Linda, já haviam transmitido esse saber. Mas agora não havia mais lugar para esse conhecimento, e seu marido, Byron, não gostava de falar sobre a terra natal, porque o deixava triste e enfraquecia sua decisão de construir um reino para si neste novo mundo.

Ela não sabia se as histórias sobre traficantes de mulheres que lia no *Daily News* eram verdadeiras ou não, mas sabia como proibir suas filhas de pôr os pés em qualquer loja de doces. Não tínhamos permissão sequer para comprar chicletes nas máquinas do metrô. Além de desperdiçar um dinheiro que era precioso, as máquinas eram caça-níqueis e, portanto, coisas ruins, ou pelo menos suspeitas de conexão com o tráfico de mulheres — *do tipo mais perverso*, dizia ela ameaçadoramente.

Linda sabia que coisas verdes eram preciosas e conhecia as qualidades serenas e curativas da água. Nas tardes de sábado, às vezes, depois que minha mãe terminava de limpar a casa, íamos procurar algum parque para sentar e observar as árvores. Às vezes, íamos até as margens do Rio Harlem, na Rua 142, para observar a água. Às vezes, pegávamos o trem D e íamos até o mar. Sempre que estávamos perto da água, minha mãe ficava quieta e suave e distraída. E nos contava histórias maravilhosas sobre o Monte Noel em Grenville, Granada, de onde se via o Mar do Caribe. Contava histórias sobre Carriacou, onde nasceu, em meio ao forte cheiro das limas. Contava sobre as plantas que curavam e sobre as que deixavam a pessoa maluca, e nada disso fazia muito sentido para nós, crianças, porque nunca tínhamos visto nenhuma dessas plantas. E ela nos contava sobre as árvores e frutas e flores que nasciam no quintal da casa onde ela cresceu e viveu até se casar.

Esse *lar* era um lugar bem distante, onde eu nunca tinha estado, mas que conhecia bem pela boca da minha mãe. Ela respirava exalava cantarolava o aroma de fruta do Monte Noel no frescor da manhã e no calor do meio do dia, e eu tinha visões de manga e sapoti como um véu que cobria a minha cama num cortiço do Harlem, em meio ao ronco da escuridão que fedia a suor de pesadelo. Naquele momento, aquilo era um espaço, uma morada temporária, que nunca devia ser considerada perpétua nem totalmente imprescindível ou definitiva, a despeito de quanta energia e atenção nos demandasse. Pois, se vivêssemos direito e com frugalidade, e olhássemos para os dois lados antes de atravessar a rua, então, algum dia, voltaríamos ao doce lugar, ao *lar*. Foi o que tornou tudo suportável.

Caminharíamos pelos montes de Grenville, Granada, e, quando o vento soprasse na direção certa, sentiríamos o cheiro das limeiras de Carriacou, a ilha de especiarias ao largo da costa. Ouviríamos o mar bater no Kick'em Jenny, o recife cuja voz rompia a noite, quando as ondas batiam em suas laterais. Carriacou, de onde os gêmeos Belmar saíram em escunas para as viagens que os levaram, sobretudo, até a cidade de Grenville, onde se casaram com as irmãs Noel, garotas da terra firme.

As garotas Noel. Anni, a irmã mais velha da vó Liz, seguiu seu Belmar de volta a Carriacou, chegou como cunhada e lá permaneceu, tornando-se mulher de si mesma. Lembrou-se das raízes ensinadas por sua mãe, bisa Mariah. Aprendeu outros poderes das mulheres de Carriacou. E, numa casa nas colinas atrás de L'Esterre, ela trouxe ao mundo cada uma das sete filhas de sua irmã, vó Liz. Minha mãe Linda nasceu por suas mãos amorosas.

Tia Anni viveu ali, entre outras mulheres que se despediam de seus homens, os quais partiam nos barcos, e então elas cuidavam das cabras e do amendoim, plantavam grãos e derramavam rum sobre a terra para fortalecer o crescimento do milho, construíam suas moradias e sistemas para captação da água da chuva, colhiam as limas, teciam juntas sua vida e a dos filhos. Mulheres que sobreviviam facilmente à ausência de seus homens do mar, porque acabavam amando umas às outras, para além do retorno dos homens.

Madivine.[4] *Amigas. Zami. O modo como as mulheres de Carriacou amam umas às outras é uma lenda em Granada, assim como a força e a beleza que carregam.*

Nos montes de Carriacou, entre L'Esterre e Harvey Vale, nasceu minha mãe, uma mulher Belmar. Passando os verões na casa da tia Anni, colhia limas com as mulheres. E cresceu sonhando com Carriacou, como um dia eu sonharia com Granada.

---

[4] Em língua crioula haitiana, *madivine* é um termo para designar homossexualidade feminina. [N.E.]

Carriacou, um nome mágico igual canela, noz-moscada, macis, os deliciosos quadradinhos de geleia de goiaba embalados amorosamente em pequeninos retalhos sortidos de papel de cera recortados de embrulhos de pão com precisão, as longas favas secas de baunilha e o cheiro doce do cumaru, pedaços marrom-claros de chocolate prensado para o chá de cacau, tudo disposto sobre uma cama de folhas de louro selvagem, chegando sempre no Natal, dentro de uma lata de chá bem embrulhada.

Carriacou, que não estava listada no índice do *Atlas Escolar de Goode* nem no índice de topônimos da *Enciclopédia Americana Júnior*, nem aparecia em nenhum outro mapa que pude encontrar — quando eu caçava esse lugar mágico durante as aulas de geografia ou num tempo livre na biblioteca, nunca o encontrava, então passei a acreditar que a geografia da minha mãe era uma fantasia ou um delírio ou, pelo menos, muito antiquada, e talvez, na realidade, ela estivesse falando sobre o lugar que outras pessoas chamavam de Curaçao, uma dependência holandesa, do outro lado das Antilhas.

Mas, no fundo, enquanto eu crescia, esse *lar* era ainda uma terra doce, algum outro lugar que ainda não tinham conseguido capturar e pôr no papel, nem estrangular e encadernar entre as páginas de um livro escolar. Era mesmo nosso, meu paraíso particular de bananas-da-terra e frutas-pão penduradas nas árvores, de noz-moscada e lima e sapoti, de cumaru e balinhas Paradise Plum vermelhas e amarelas.[5]

---

[5] Anos depois, como um requisito parcial para obter o diploma em biblioteconomia, fiz uma comparação detalhada entre diversos atlas, seus méritos e pontos fortes. Adotei como um dos focos do meu projeto a ilha Carriacou. Ela aparecia apenas uma vez, no *Atlas da Enciclopédia Britânica*, que sempre se orgulhou da cartografia exata das suas colônias. Eu estava com 26 anos quando encontrei Carriacou num mapa.

Eu me perguntei muitas vezes por que a posição mais excêntrica sempre pareceu a mais certa pra mim; por que extremos, apesar de difíceis e, às vezes, dolorosos, são sempre mais confortáveis do que uma linha reta e plana sem rugosidades.

O que realmente conheço é uma espécie particular de determinação. Ela é teimosa, é dolorosa, é enfurecedora, mas geralmente funciona.

Minha mãe era uma mulher muito poderosa. Isso num tempo em que a combinação das palavras *mulher* e *poderosa* era quase inexprimível na língua comum branca estadunidense, exceto quando acompanhada por algum adjetivo explicativo aberrante, como cega ou corcunda, ou louca, ou negra. Assim, quando eu era pequena, *mulher poderosa* correspondia a outra coisa bem diferente da mulher comum, de simplesmente "mulher". Por outro lado, certamente, não correspondia a "homem". Então, o quê? Qual era essa terceira denominação?

Quando criança, sempre soube que minha mãe era diferente das outras mulheres que eu conhecia, negras ou brancas. Eu pensava que era porque ela era minha mãe. Mas diferente como? Nunca soube com clareza. Havia outras mulheres caribenhas à nossa volta, muitas na vizinhança e na igreja. Havia também outras mulheres negras que eram claras como ela, principalmente entre as que vinham das ilhas baixas. Eram chamadas de *clarinhas. Diferente como?* Nunca soube. Mas é por isso que até hoje acredito que sempre houve *dykes* negras por aí — no sentido de mulheres poderosas orientadas para outras mulheres — que prefeririam morrer a usar esse nome para si mesmas. E isso inclui minha mãe.

Sempre pensei ter aprendido com meu pai algumas das minhas primeiras maneiras de tratar as mulheres. Mas ele certamente respondia à minha mãe de um jeito muito diferente. Eles compartilhavam decisões e a elaboração de todas as regras, tanto nos negócios como na família. Sempre que alguma decisão precisava ser tomada sobre qualquer uma de nós três, filhas, até mesmo sobre novos casacos, eles iam para o quarto e confabulavam por um tempinho. *Bzz bzz bzz* chegavam através da porta fechada, às vezes em inglês, às vezes em patoá, aquela polilíngua granadina que era a língua franca entre eles. Por fim, os dois saíam do cômodo e anunciavam qualquer que fosse a decisão à qual tinham chegado. Eles falaram durante toda a minha infância em uma voz coesa e inapelável.

    Depois que as filhas nasceram, meu pai foi estudar gestão imobiliária e passou a administrar pequenas pensões no Harlem. À noite, quando chegava do trabalho, ele tomava uma dose de conhaque, parado na cozinha, depois que o cumprimentávamos e antes de tirar o chapéu e o casaco. Então, minha mãe e ele se retiravam imediatamente para o quarto, onde os ouvíamos discutir os acontecimentos do dia de portas fechadas, mesmo se minha mãe tivesse saído do escritório apenas algumas horas antes.

    Se uma de nós, filhas, tivesse transgredido alguma regra, esse era o momento em que tremíamos sobre nossos sapatos ortopédicos, porque sabíamos que nosso destino estava sendo discutido e os termos da punição, selados atrás daquelas portas. Quando eles abriam, uma sentença mútua e irrefutável seria proferida. Se conversassem sobre qualquer coisa importante quando estávamos por perto, mãe e pai imediatamente voltavam ao patoá.

    Já que meus pais compartilhavam toda a formulação de regras e decisões, aos meus olhos de criança minha mãe deveria ser *outra* coisa que não mulher. Ao mesmo tempo, ela certamente não era um homem. (Nenhuma das três filhas teria suportado essa privação de feminilidade por muito tempo; provavelmente, teríamos empacotado nosso *kra* e voltado antes do oitavo dia — uma opção aberta a todas as almas de crianças africanas que caem no caminho errado.)

Minha mãe era diferente das outras mulheres, e, às vezes, isso me dava um senso de prazer e excepcionalidade que era um aspecto positivo de me sentir deslocada. Mas às vezes me doía, e eu imaginava que era o motivo de tantas das tristezas da minha infância. *Se minha mãe fosse como todo mundo, talvez eles gostassem mais de mim.* Mas, na maioria das vezes, sua diferença era como uma estação do ano, ou um dia frio, ou uma noite úmida em junho. Apenas *era*, sem necessidade de qualquer explicação ou evocação.

Minha mãe e suas duas irmãs eram mulheres grandes e graciosas e, com seus corpos amplos, pareciam sublinhar o ar de determinação com que levavam a vida no estranho mundo do Harlem e dos estados unidos. Para mim, a substância física da minha mãe, a presença e a compostura com que ela se portava eram boa parte do que a fazia ser *diferente*. Seu visível ar de competência e responsabilidade era silencioso e eficaz. Na rua, as pessoas a respeitavam em questões de gosto, economia, opinião, qualidade, sem falar na questão de quem tinha direito ao primeiro assento disponível no ônibus. Eu vi minha mãe fixar seus olhos azul-cinza-amarronzados sobre um homem que corria para se sentar no ônibus na Avenida Lenox apenas para fazê-lo vacilar no meio do caminho, sorrir envergonhado e, como se fosse seu movimento original, oferecer o lugar à senhora que estava em pé ao seu lado. Percebi, desde pequena, que às vezes as pessoas mudavam suas ações por causa de alguma opinião que minha mãe nem havia articulado ou com a qual ela nem mesmo se importava muito.

Ela era uma mulher muito reservada, bastante tímida, na verdade, mas com uma aparência imponente e séria. Seios fartos, orgulhosa e fora do padrão, ela se lançava pelas ruas como um navio a todo vapor, geralmente me arrastando, aos tropeços, atrás dela. Poucas almas corajosas ousavam passar muito perto de sua proa.

Completos estranhos se viravam para ela no açougue a fim de perguntar o que achava de um corte de carne, seu frescor, aparência e adequação para tal e tal receita, enquanto o açougueiro, impaciente, esperava que ela emitisse sua opinião, obviamente um pouco desconcertado, mas, ainda assim, atencioso. Estranhos confiavam na minha mãe, e eu nunca entendi por quê, mas, quando era criança, isso me levava a pensar que ela tinha mais poder do que, de fato, tinha. Minha mãe também investia nessa imagem de si mesma e se esforçava, agora percebo, para esconder de nós, quando crianças, os muitos exemplos de sua impotência. Ser negra e estrangeira e mulher em Nova York nos anos 1920 e 1930 não era simples, especialmente por ser clara o suficiente para se passar por branca, mas suas filhas, não.

Entre 1936 e 1938, a Rua 125, entre as avenidas Lenox e a Oitava, que depois se tornaria a meca das compras do Harlem negro, era ainda uma área multirracial, com grande parte do controle e da clientela nas mãos de lojistas brancos. Havia lojas nas quais negros não eram bem-vindos e nas quais nenhum vendedor negro trabalhava. Naquelas onde nosso dinheiro era aceito, o era com relutância; e, frequentemente, era muito questionado. (Essas foram algumas das razões consideradas pelo jovem Adam Clayton Powell Jr. em seu boicote e no piquete nas lojas Blumstein e Weissbecker, em 1939, numa tentativa bem-sucedida de conseguir empregos para negros na Rua 125.) As tensões nas ruas eram frequentes, como sempre são em zonas de transição multirraciais. Quando eu era muito pequena, lembro de me encolher ao ouvir um som específico, um ruído rouco e gutural, porque frequentemente significava, instantes depois, uma bola de cuspe cinza e nojenta no meu casaco ou no meu sapato. Minha mãe a limpava com recortes de jornal que sempre carregava na bolsa. Às vezes, ela reclamava das pessoas grosseiras que não tinham noção nem modos e cuspiam ao vento, não importava onde estivessem, frisando para mim que essa humilhação era algo totalmente aleatório. Nunca me ocorria duvidar da minha mãe.

Foi só anos depois, numa conversa, que perguntei:
— Você já notou que as pessoas não cospem mais tanto ao vento, como costumavam fazer?

E a expressão em seu rosto me disse que eu tinha escorregado num daqueles lugares de dor secretos que nunca mais devem ser mencionados. Mas isso era muito típico dela quando eu era jovem: se não podia impedir uma pessoa branca de cuspir nas suas filhas porque elas eram negras, ela insistia que a razão era outra. Essa era frequentemente sua abordagem em relação ao mundo, para transformar a realidade. Se você não pode mudar a realidade, transforme sua percepção dela.

Tanto minha mãe quanto meu pai nos fizeram acreditar que eles tinham o mundo inteiro na palma das mãos na maior parte do tempo, e se nós três, garotas, agíssemos corretamente — ou seja, trabalhássemos duro e fizéssemos o que eles diziam —, também poderíamos ter o mundo inteiro na palma das mãos. Foi um jeito confuso de crescer, acentuado pela insularidade da nossa família. Qualquer coisa que desse errado em nossa vida se devia a nossos pais terem decidido que era o melhor. O que desse certo se devia ao que nossos pais tinham decidido. Quaisquer dúvidas quanto à realidade dessa situação eram rápida e sumariamente tratadas como pequenas mas intoleráveis rebeliões contra a autoridade divina.

Todas as histórias dos nossos livros eram sobre pessoas muito diferentes de nós. Eram loiras e brancas e viviam em casas rodeadas de árvores e tinham cachorros chamados Spot. Eu não conhecia pessoas como aquelas, assim como não conhecia pessoas como a Cinderela, vivendo num castelo. Ninguém escrevia histórias sobre nós, mas, mesmo em meio à multidão, as pessoas sempre pediam orientações à minha mãe.

Foi isso que me fez deduzir, ainda criança, que devíamos ser ricos, mesmo quando minha mãe não tinha dinheiro suficiente para comprar luvas para suas mãos cheias de frieiras ou um casaco de inverno adequado. Ela terminava de lavar as roupas e me vestia às pressas para a caminhada de inverno, para buscar as minhas irmãs na escola antes do almoço. Quando chegávamos à Escola St. Mark, sete quarteirões depois, suas mãos bonitas e longas estavam cobertas de manchas vermelhas feias e vergões. Depois, me lembro de minha mãe esfregando as mãos cuidadosamente, sob a água fria e torcendo-as de dor. Mas, quando perguntava, ela minimizava dizendo que era assim que eles faziam "lá em casa", e eu ainda acreditava quando ela me dizia que odiava usar luvas.

Meu pai chegava em casa tarde da noite, depois do trabalho ou de um encontro político. Depois do jantar, nós três fazíamos as tarefas escolares sentadas em volta da mesa da cozinha. Em seguida, minhas duas irmãs atravessavam o corredor até suas camas. Minha mãe arrumava a cama dobrável para mim no quarto da frente e me supervisionava enquanto eu me preparava para dormir.

Ela apagava todas as luzes elétricas, e eu podia vê-la da minha cama, a dois cômodos de distância, sentada na mesma mesa da cozinha, lendo o *Daily News* com uma lamparina a querosene e esperando o meu pai. Ela dizia que fazia isso porque a lamparina a querosene lembrava seu "lar". Quando cresci, percebi que ela estava tentando economizar alguns centavos de eletricidade antes que meu pai chegasse e acendesse as luzes, dizendo: "Lin, por que você está sentada na escuridão?". Às vezes, eu dormia com o leve *tchank-a-ta-tchink* de sua máquina de costura Singer movida a pedal, costurando lençóis e fronhas de musselina crua para vender no mercado paralelo.

Eu só vi minha mãe chorar duas vezes quando eu era pequena. Uma quando tinha três anos e sentei no degrau da cadeira em que ela estava, na clínica odontológica da Rua 23, enquanto um estudante de odontologia arrancava todos os dentes de um lado da sua mandíbula superior. Era uma sala enorme, cheia de cadeiras iguais àquela, ocupadas por outras pessoas gemendo, e homens jovens, de jalecos brancos, curvando-se sobre a boca aberta desses pacientes. O barulho das diversas brocas e dos instrumentos fazia com o que o lugar soasse como uma escavação na esquina.

Depois, minha mãe se sentou num longo banco de madeira do lado de fora da clínica. Eu a vi inclinar a cabeça para trás, os olhos fechados. Ela não respondia aos meus tapinhas e puxões no seu casaco. Subindo no banco, espiei o seu rosto para ver por que ela estaria dormindo no meio do dia. Das pálpebras fechadas escorriam lágrimas espremidas por sua face, na direção das orelhas. Toquei as pequenas gotas nas maçãs do seu rosto com horror e espanto. O mundo estava virado. Minha mãe estava chorando.

A outra vez que a vi chorando foi poucos anos depois, numa noite em que eu deveria estar dormindo no quarto dos meus pais. A porta da sala estava entreaberta, e pude ver, pela fresta, o cômodo da frente. Acordei quando ouvi as vozes dos meus pais, em inglês. Meu pai tinha acabado de chegar em casa, com bafo de álcool.

— Não esperava estar viva para ver você, Bee, num boteco bebendo com alguma mulher da rua.

— Mas, Lin, do que você está falando? Não é nada disso, você sabe. Na política, devemos ser amigáveis. Isso não significa nada.

— Se você morresse antes de mim, eu nunca nem olharia para outro homem e espero que você faça o mesmo.

A voz da minha mãe estava estranhamente abafada pelas lágrimas.

Esses foram os anos que antecederam a Segunda Guerra Mundial, quando a Depressão cobrou um preço muito alto, principalmente do povo negro.

Ainda que nós, crianças, pudéssemos ser castigadas por perder qualquer centavo no caminho do mercado para casa, minha mãe desejava exercer um pouco o papel de senhora generosa, um papel que ela me acusaria amargamente de representar, anos mais tarde, sempre que eu dava algo para alguma amiga. Mas uma das minhas primeiras memórias da Segunda Guerra, logo antes do início, é de ver minha mãe dividindo uma lata de meio quilo de café entre dois velhos amigos da família, que haviam aparecido numa rara visita.

Embora sempre insistisse que evitava política ou assuntos governamentais, os ventos da guerra chegaram aos seus ouvidos, e, apesar da nossa pobreza, ela havia começado a estocar açúcar e café num armário secreto debaixo da pia. Muito antes de Pearl Harbor, eu me lembro de abrir cada saco de dois quilos de açúcar que comprávamos no mercado e despejar um terço num recipiente de lata escovada para guardar debaixo da pia, protegida dos ratos. A mesma coisa acontecia com o café. Comprávamos café Bokar na A&P, moíamos e colocávamos em sacos, depois dividíamos o saco entre as latas de café que iriam para trás do fogão e as que ficavam escondidas debaixo da pia. Poucas pessoas vinham à nossa casa, de qualquer maneira, mas, durante a guerra, nenhuma delas ia embora sem, pelo menos, uma xícara de açúcar ou café, porque açúcar e café eram fortemente racionados.

Carne e manteiga não podiam ser estocadas, e, durante o início da guerra, minha mãe se recusava completamente a aceitar substitutos de manteiga (apenas "os outros" usavam margarina, aqueles mesmos "outros" que alimentavam seus filhos com sanduíches de manteiga de amendoim no almoço, usavam patê em vez de maionese e comiam costeletas de porco e melancia), o que nos colocava na fila em frente de supermercados de toda a cidade nas manhãs congelantes de sábado, esperando as lojas abrirem, para que fôssemos os primeiros a ter chance de comprar nosso quinhão de cem gramas de manteiga racionada. Durante a guerra, minha mãe tinha uma lista mental de todos os supermercados acessíveis de ônibus, frequentemente levando apenas a mim, porque eu era isenta da tarifa. Ela também observava quais supermercados eram amigáveis ou não, e, mesmo muito tempo depois do fim da guerra, havia açougues e lojas nos quais nunca comprávamos, porque alguém ali a tinha contrariado durante a guerra, por causa de alguma preciosa e escassa mercadoria, e minha mãe nunca esquecia e raramente perdoava.

3

Quando eu tinha cinco anos e ainda era legalmente cega, comecei a estudar numa classe para alunos com deficiência visual[6] na escola pública local, na Rua 135 com a Avenida Lenox. Nessa esquina, havia uma cabine azul de madeira, na qual mulheres brancas doavam leite para mulheres negras que tinham filhos. Eu sempre desejava um pouco de leite do Fundo Hearst de Leite Gratuito, que vinha naquelas garrafinhas fofas, com tampa branca e vermelha, mas minha mãe nunca me permitia pegar, dizendo que aquilo era caridade, o que era ruim e humilhante, e que o leite era morno e me faria mal.

A escola ficava bem do outro lado da avenida do colégio católico onde minhas duas irmãs mais velhas estudavam, e essa escola pública, desde que me lembro, servia como uma ameaça para elas. Se não se comportassem e não tirassem boas notas nas tarefas e na conduta escolar, poderiam ser "transferidas". Uma "transferência" carregava as mesmas implicações terríveis que teria, décadas depois, uma "deportação".

É óbvio que todos sabiam que as crianças das escolas públicas não faziam nada além de "brigar" e podiam ser "espancadas"

---

6 No original, *sight-conservation classes* [aulas de conservação da visão], espaços em escolas públicas cujo objetivo era preservar a visão restante de crianças com atrofia parcial, catarata, opacidade da córnea, miopia ou ceratite. Para tanto, evitavam o uso de livros com letras pequenas e priorizavam materiais didáticos — como mapas, gráficos e anotações em lousa — de mais fácil visualização. [N.E.]

todos os dias depois da aula, em vez de serem levadas em marcha, em duas filas organizadas, como pequenos robôs, silenciosas, mas seguras e não atacadas, do portão da escola até a esquina onde suas mães esperavam.

Mas o colégio católico não tinha pré-escola, muito menos para cegos.

Apesar da miopia, ou talvez por causa dela, aprendi a ler ao mesmo tempo que aprendi a falar, o que foi apenas cerca de um ano antes de começar a frequentar a escola. Talvez "aprender" não seja a palavra certa em relação ao início da minha fala, já que até hoje não sei se não tinha falado antes porque não sabia ou porque não tinha nada a dizer que fosse permitido, sem punições. A autopreservação é aprendida muito cedo nas famílias caribenhas.

Aprendi a ler com a senhora Augusta Baker, a bibliotecária do setor infantil da antiga biblioteca pública da Rua 135, que foi demolida recentemente para dar lugar a outra biblioteca, que agora guarda a Coleção Schomburg de História e Cultura Afro-Americana. Caso essa tenha sido a única boa ação realizada por aquela senhora na vida, ela já pode descansar em paz. Porque essa ação salvou minha vida, se não naquele momento, então depois, quando, às vezes, a única coisa a que eu me agarrava era saber que podia ler e que isso me ajudaria a sobreviver.

Minha mãe puxava minha orelha numa tarde luminosa, enquanto eu me jogava no chão da Sala das Crianças, como um pequeno sapo marrom furioso, gritando "que droga" e matando-a de vergonha. Sei que devia ser primavera ou início do outono, porque, sem a proteção de um casaco pesado, eu ainda posso sentir a dor ardente na carne do meu braço. Bem no lugar em que os dedos afiados da minha mãe já tinham tentado me aquietar com um beliscão. Para escapar daqueles dedos implacáveis, eu tinha me jogado no chão, rugindo de dor, enquanto os via avançar de novo em direção à minha orelha. Estávamos esperando para buscar minhas duas irmãs mais velhas, que estavam na hora da contação de história, num andar superior daquela biblioteca quieta e com cheiro de pó. Meus gritos agudos perfuraram o silêncio reverencial.

De repente, olhei para cima e lá estava uma bibliotecária me observando. As mãos da minha mãe haviam pendido para as laterais do seu corpo. Do chão onde eu estava deitada, a senhora Baker parecia outra mulher, com um quilômetro de altura e pronta para acabar comigo. Ela tinha olhos imensos, claros, pálpebras caídas e uma voz calma que disse, sem me condenar pelo barulho:

— Gostaria de ouvir uma história, garotinha?

Parte da minha fúria era porque não haviam me deixado ir para aquela festa secreta, chamada de hora do conto, pois eu era muito pequena, e agora ali estava essa senhora estranha me oferecendo minha própria história.

Não ousei olhar para a minha mãe, com um pouco de medo de que ela dissesse "não" porque eu tinha me comportado mal. Ainda perplexa com a súbita mudança de rumo, subi no banquinho que a senhora Baker puxou para mim e dei a ela toda a minha atenção. Essa era uma nova experiência na minha vida, e eu estava insaciavelmente curiosa.

A senhora Baker leu para mim *Madeline* e *Horton choca o ovo*, que tinham, ambos, rimas e imensas figuras encantadoras que eu podia ver através dos meus óculos recém-comprados, presos em volta da minha cabeça agitada por um elástico preto que ia de orelha a orelha. Além desses, ela leu outro livro, sobre um urso chamado Herbert que comeu uma família inteira, um por um, começando pelos pais. Quando ela terminou, eu estava rendida à leitura pelo resto da minha vida.

Peguei os livros das mãos da senhora Baker, assim que ela terminou de ler, e tracei as grandes letras pretas com os dedos enquanto espiava de novo as cores bonitas e brilhantes das figuras. Ali decidi que descobriria como fazer aquilo eu mesma. Apontei para as marcas pretas que agora era capaz de distinguir como letras separadas, não como nos livros mais avançados das minhas irmãs, cuja tipografia pequena tornava todas as páginas um grande borrão cinza para mim. Eu disse, bem alto, para quem estivesse ouvindo: "Quero ler!".

O alívio surpreso da minha mãe superou qualquer aborrecimento que ela ainda pudesse estar sentindo pelo que chamava de minhas pirraças infantis. Do fundo onde perambulava enquanto a senhora Baker lia, minha mãe se moveu rapidamente, apaziguada e impressionada. Eu tinha falado. Ela me pegou do banquinho e, para minha surpresa, me beijou, na frente de todo mundo que estava na biblioteca, inclusive a senhora Baker.

Essa foi uma demonstração pública de afeto inédita e incomum, cujo porquê não entendi. Mas era um sentimento caloroso e feliz. Pelo menos desta vez, obviamente, eu tinha feito algo certo.

Minha mãe me colocou de volta no banco e se virou para a senhora Baker, sorrindo. "Quem diria!" Meu susto com a excitação dela me pôs novamente em um silêncio cauteloso.

Eu não apenas fiquei sentada por mais tempo do que minha mãe julgava ser possível como permaneci em silêncio. Também falei, em vez de gritar, algo que ela, depois de quatro anos e muita preocupação, já tinha perdido a esperança de que algum dia eu faria. Mesmo uma palavra inteligível era um evento bastante raro para mim. Embora os médicos tivessem cortado a pequena membrana debaixo da minha língua para que eu não tivesse mais a língua presa, e apesar de terem garantido para minha mãe que eu não tinha nenhuma deficiência cognitiva, ela ainda tinha temores e dúvidas. Ficava genuinamente feliz com qualquer alternativa possível ao que temia ser uma criança muda. O puxão de orelha foi esquecido. Minha mãe aceitou o alfabeto e o livro ilustrado que a senhora Baker lhe entregou, e foi aí que tudo começou.

Eu me sentei na mesa da cozinha com ela, traçando letras e pronunciando seus nomes. Depois ela me ensinou como dizer o alfabeto de á a zê e de trás para a frente, como se fazia em Granada. Apesar de nunca ter ido além da sétima série, ela tinha sido encarregada de ensinar as letras para as crianças da primeira série durante seu último ano na Escola Mr. Taylor, em Grenville. Ela me contou histórias sobre seu rigor enquanto me ensinava a escrever meu nome.

Eu não gostava do rabinho do ípsilon pendendo para baixo da linha em Audrey e sempre esquecia de colocá-lo, o que costumava perturbar muito a minha mãe. Aos quatro anos, eu amava a uniformidade de AUDRELORDE, mas lembrava de colocar o ípsilon porque isso agradava à minha mãe e porque, como ela sempre insistia, era assim que tinha de ser, porque era assim que era. Não era permitido nenhum desvio da sua interpretação do que seria correto.

Assim, quando cheguei à pré-escola para deficientes visuais, banhada, trançada e de óculos, eu conseguia ler livros com letras grandes e escrever meu nome com um lápis normal. Logo veio minha primeira decepção com a escola. Capacidade não tinha nada a ver com expectativa.

Havia apenas sete ou oito de nós, pequenas crianças negras, numa sala grande, todas com várias deficiências de visão sérias. Algumas de nós eram estrábicas, algumas eram míopes, e uma garotinha usava um tapa-olho.

Ganhamos cadernos especiais, pequenos e largos, com linhas bastante espaçadas em papel amarelo. Eles pareciam com os cadernos de música das minhas irmãs. Também ganhamos gizes de cera pretos e grossos para escrever. Só que ninguém cresce gorda, negra, quase cega e ambidestra numa família caribenha, especialmente na família dos meus pais, e sobrevive sem ser ou se tornar bem rígida bem rápido. E, tendo levado boas palmadas em muitas ocasiões por ter cometido esse erro em casa, eu sabia muito bem que não se devia escrever com giz de cera e que cadernos de música definitivamente não eram onde se escrevia.

Levantei a mão. Quando a professora me perguntou o que eu queria, pedi um papel comum e um lápis para escrever. Essa foi a minha ruína.

— Não temos lápis aqui — ouvi em resposta.

Nossa primeira tarefa era copiar a primeira letra do próprio nome naqueles cadernos com o giz de cera preto. A professora caminhava pela sala e escrevia a letra requerida em cada um dos nossos cadernos. Quando chegou minha vez, ela escreveu um grande "A" no canto superior esquerdo na primeira página do caderno e me entregou o giz de cera.

— Não posso — eu disse, sabendo muito bem que o que se faz com giz de cera preto é rabiscar a parede e levar umas palmadas na bunda, ou contornar os desenhos, mas nunca escrever. Para escrever, é preciso um lápis. — Não posso — eu disse, morrendo de medo, e comecei a chorar.

— Imagina, uma menina do seu tamanho! Que vergonha, vou ter de contar pra sua mãe que você nem tentou. Que vergonha, uma menina grande desse jeito!

E isso era verdade. Apesar de nova, eu era, de longe, a maior criança daquela sala, um fato que não passava despercebido pelo garotinho que se sentava atrás de mim e que sussurrava "gorda, gorda!" sempre que a professora virava as costas.

— Apenas tente, querida. Tenho certeza de que você consegue tentar escrever o seu "A". Sua mãe vai ficar tão contente de ver que pelo menos você tentou... — Ela afagou minhas tranças firmes e foi para a próxima mesa.

Bem, claro, ela tinha dito as palavras mágicas, porque eu andaria de joelhos sobre grãos de arroz para agradar à minha mãe. Peguei aquele giz de cera velho, sujo, mole e manchado e fingi que era um belo lápis limpinho, com ponta elegantemente afiada pelo meu pai, naquela manhã mesmo, do lado de fora da porta do banheiro, com o canivete que ele sempre carregava no bolso do roupão.

Aproximei minha cabeça da mesa, que cheirava a borracha velha e cuspe, e, naquele papel amarelo ridículo com aqueles espaços absurdamente largos, escrevi meu melhor AUDRE. Nunca tinha sido muito boa em me manter entre as linhas, não importava a largura, de modo que as letras se inclinaram pela página assim:

    A

       U

          D

             R

                E

O caderno era pequeno e não havia mais espaço para nada naquela página. Então, virei a página e escrevi de novo, trabalhosamente, determinada, mordendo o lábio,

                  L

                     O

                       R

                          D

                             E

meio me exibindo, meio ansiando por agradar.

    Nesse tempo, a professora já tinha voltado para a frente da sala.

    — Quando vocês terminarem de desenhar suas letras, crianças — ela disse —, é só levantar a mão. — E sua voz sorriu um grande sorriso. É surpreendente para mim que eu ainda consiga ouvir sua voz mas não consiga ver seu rosto, e eu nem sequer sei se ela era negra ou branca. Consigo me lembrar como ela cheirava, mas não a cor de sua mão sobre minha mesa.

    Bem, quando ouvi isso, minha mão voou alto, balançando freneticamente. Havia uma coisa que minhas irmãs tinham me advertido sobre a escola bem detalhadamente: você nunca deve falar na escola, a menos que tenha levantado a mão. Então levantei a mão, ansiosa para poder falar. Podia imaginar o que a professora diria para a minha mãe quando ela viesse me buscar ao meio-dia. Minha mãe saberia que o seu pedido para eu ser uma boa aluna tinha sido verdadeiramente atendido.

A professora veio pela minha fileira e parou ao lado da minha mesa, olhando de cima o que eu havia escrito. De repente, o ar entre sua mão e meu caderno ficou muito quieto e assustador.

— Mas o que é isso? — Sua voz estava aguda. — Eu não te pedi para desenhar esta letra? Você nem sequer tenta fazer o que te pedem. Agora, quero que vire essa página e desenhe a sua letra, como todo mundo fez... — e, virando a folha, ela viu meu sobrenome espalhado pela página seguinte.

Fez-se um momento gelado de silêncio, e eu soube que tinha feito algo terrivelmente errado. Mas, desta vez, não tinha ideia do que poderia tê-la feito ficar tão brava, com certeza não seria o orgulho por eu ter escrito meu nome.

Ela quebrou o silêncio com uma pontada de perversidade na voz.

— Entendi — ela disse. — Temos aqui uma jovem que não quer fazer o que é pedido. Teremos que contar para a mãe dela.

O restante da sala riu, enquanto a professora rasgava a folha do meu caderno.

— Vou te dar mais uma chance — ela falou, enquanto escrevia outro "A" vigoroso no topo da nova página. — Copie essa letra exatamente como está, e o restante da turma vai esperar por você. — Ela pôs o giz de cera diretamente nos meus dedos.

Nesse momento, eu já não sabia o que essa senhora queria de mim, então chorei e chorei pelo resto da manhã, até que minha mãe veio me buscar ao meio-dia. Chorei na rua quando paramos para pegar minhas irmãs e na maior parte do caminho de casa, até que minha mãe ameaçou me dar um tapão na orelha caso eu não parasse de envergonhá-la em público.

Naquela tarde, depois que Phyllis e Helen voltaram para a escola, e eu estava ajudando a tirar o pó, contei para minha mãe que tinham me dado giz de cera para escrever e que a professora não queria que eu escrevesse meu nome. Quando meu pai chegou à noite, os dois se reuniram. Foi decidido que minha mãe conversaria com a professora na manhã seguinte, quando me levasse para a escola, a fim de entender o que eu tinha feito de errado. Essa decisão me foi passada de maneira ameaçadora, porque obviamente eu deveria ter feito algo errado para deixar a professora tão brava comigo.

Na manhã seguinte, na escola, a professora disse para a minha mãe que ela achava que eu ainda não estava pronta para a pré-escola, porque eu não conseguia seguir instruções e não fazia o que pediam.

Minha mãe sabia muito bem que eu conseguia seguir instruções, porque ela mesma tinha empregado muito esforço nesse sentido, tornando muito doloroso, para mim, qualquer momento em que eu não obedecia. E ela também acreditava que parte da tarefa da escola era me forçar a aprender a fazer o que me mandavam. Na opinião dela, se essa escola não conseguia fazer isso, então não era lá uma grande escola, e ela encontraria uma que conseguisse. Em outras palavras, minha mãe havia decidido que a escola era o meu lugar.

Naquela mesma manhã, ela me levou até o outro lado da rua, ao colégio católico, onde convenceu as freiras a me matricular na primeira série, uma vez que eu já sabia ler e sabia escrever meu nome em papel comum, com um lápis de verdade. Se eu me sentasse na primeira fileira, conseguiria enxergar a lousa. Minha mãe também disse para as freiras que, ao contrário das minhas duas irmãs, que eram modelos de conduta, eu era indisciplinada e elas deveriam me bater sempre que fosse preciso. Madre Josepha, a diretora, concordou, e eu comecei a primeira série.

Minha professora da primeira série se chamava irmã Maria do Perpétuo Socorro e era uma disciplinadora de primeira, bem ao gosto da minha mãe. Uma semana depois que comecei na escola, ela mandou um recado para minha mãe, pedindo para ela não me vestir com muitas camadas de roupa senão eu não sentiria a cinta no traseiro quando fosse castigada.

A irmã Maria do Perpétuo Socorro conduziu a primeira série com mãos de ferro em forma de cruz. Ela não devia ter mais do que dezoito anos. Era grande e loira, eu acho, porque nunca se chegava a ver o cabelo das freiras naquele tempo. Mas as sobrancelhas dela eram loiras, e ela deveria ser totalmente dedicada, como todas as outras Irmãs do Santíssimo Sacramento, a cuidar das crianças indígenas e de cor[7] dos estados unidos. Cuidar nem sempre envolvia cuidado. E eu sempre senti que a irmã MPS odiava ensinar, ou odiava as criancinhas.

Ela tinha dividido a sala em dois grupos, as Fadas e os Brownies.[8] Nesse tempo de maior sensibilidade para perceber o racismo e o uso das cores, não preciso dizer quais eram os bons estudantes e quais eram os maus. Eu sempre ia parar com os Brownies, por ter conversado muito, por ter quebrado meus óculos ou perpetrado alguma outra infração terrível às infinitas regras de bom comportamento.

Mas, em dois momentos gloriosos daquele ano, consegui estar entre as Fadas por curtos períodos. Colocava-se uma criança nos Brownies se tivesse se comportado mal ou não conseguisse aprender a ler. Eu já tinha aprendido a ler, mas não sabia identificar os números. Sempre que a irmã MPS chamava alguns de nós para a frente da sala para a aula de leitura, ela dizia "Certo, crianças, agora abram na página seis da apostila" ou "abram na página dezenove, por favor, e comecem do topo da página".

Bem, eu nunca sabia em qual página abrir e ficava envergonhada por não ser capaz de ler os números, então quando chegava minha vez não conseguia, porque não estava na página certa. Depois do incentivo de algumas palavras, ela passava para o próximo leitor, e eu ia parar nos Brownies.

---

7 O termo "pessoas de cor" (do inglês *people of color*) é uma expressão sem nenhum cunho pejorativo, que engloba negros, marrons, latino-americanos, indígenas, muçulmanos etc. Enfatizamos aqui a importância de ressignificar palavras e expressões que foram politicamente construídas; nesse caso, "pessoas de cor" é um termo criado a partir de estudos, análises e pesquisas e atualmente possui contexto histórico, geográfico, político, étnico e racial. [N.E.]
8 Referência aos duendes de pele escura do folclore europeu. [N.T.]

No meu segundo mês de escola, em outubro, comecei a sentar em dupla com Alvin, o pior aluno da sala. Suas roupas eram imundas, ele fedia, e havia rumores de que tinha xingado a irmã MPS uma vez, mas isso não poderia ser verdade porque, se fosse, ele teria sido expulso da escola.

Alvin costumava me intimidar para que eu lhe emprestasse meus lápis para desenhar infindáveis aviões despejando enormes bombas penianas. Ele sempre prometia me dar os desenhos quando estivessem prontos, mas, claro, sempre que terminava, decidia que o desenho era bom demais para uma garota, então ficava para ele, e me desenhava outro. Mesmo assim, nunca parei de esperar por um deles, porque ele desenhava aviões muito bem.

Ele também costumava coçar a cabeça e espalhar caspa no livro de ortografia ou no de leitura que compartilhávamos, depois me dizia que aqueles flocos de caspa eram piolhos mortos. Eu acreditava nele e ficava constantemente aterrorizada com a ideia de pegar piolho. Mas Alvin e eu desenvolvemos nosso próprio método de leitura conjunta. Ele não conseguia ler, mas sabia todos os números, enquanto eu sabia ler, mas não conseguia encontrar as páginas certas.

Os Brownies nunca eram chamados para a frente da sala; tínhamos de ler no anonimato das nossas carteiras conjuntas, espremidos nas beiradas, para que nossos dois anjos da guarda se sentassem entre nós. Mas, sempre que compartilhávamos o livro, nossos anjos da guarda tinham de pular para o outro lado e se sentar nas beiradas dos nossos assentos. Assim, Alvin me mostrava as páginas certas quando a irmã as anunciava, e eu lhe sussurrava as palavras certas quando chegava a sua vez de ler. Uma semana depois de desenvolvermos esse esquema, nós dois saímos juntos dos Brownies. Já que compartilhávamos um livro de leitura, sempre íamos juntos ler com as Fadas, então tivemos um arranjo de sucesso por um tempo.

Mas Alvin começou a ficar doente perto do Dia de Ação de Graças, faltou muitas vezes e não voltou mais para a escola depois do

Natal. Eu sentia falta dos seus desenhos de bombardeiros, porém, mais do que tudo, sentia falta dos números das páginas. Depois de algumas vezes em que fui chamada para ler sozinha e não encontrei as páginas certas, voltei para os Brownies.

Anos depois, soube que ele havia morrido de tuberculose no Natal, e foi por isso que fomos radiografados no auditório, após a missa, no primeiro dia de retorno do recesso das festas.

Passei mais algumas semanas nos Brownies, com a boca quase fechada durante as aulas de leitura, a menos que as histórias do dia caíssem nas páginas oito, dez ou vinte — os três números que eu conhecia.

Num fim de semana, tivemos nossa primeira tarefa de escrita. Devíamos procurar, nos jornais que nossos pais liam, palavras cujo significado soubéssemos, e então recortá-las e formar frases simples com elas. Só podíamos usar uma vez o artigo definido. Parecia uma tarefa fácil, pois eu já estava lendo gibis naquela época.

No domingo depois da igreja, quando eu costumava fazer minhas lições de casa, notei um anúncio do chá de rosa-branca Salada, na quarta capa da *New York Times Magazine* que meu pai estava lendo. Havia uma rosa-branca maravilhosa num fundo vermelho, e decidi que eu devia pôr aquela rosa na minha lição — nossas frases tinham de ser ilustradas. Procurei pelo jornal, até que encontrei a palavra "eu", depois "gosto", que recortei cuidadosamente junto com a minha rosa, e as palavras "branca", "rosa", "salada" e "chá". Eu conhecia bem aquela marca, porque era o chá preferido da minha mãe.

Na segunda-feira de manhã, colocamos os papéis com nossas frases no aparador da lousa, inclinando-os contra ela. E lá entre os vinte e tantos "O garoto correu", "Estava frio", aparecia "Eu gosto do chá de rosa-branca Salada" e minha linda rosa-branca num fundo vermelho.

Aquilo era demais para vir de um Brownie. A irmã Maria do PS franziu a testa.

— Crianças, era para vocês mesmas fazerem esse trabalho — ela disse. — Quem te ajudou com a frase, Audre?

Eu respondi que tinha feito sozinha.

— Nossos anjos da guarda choram quando não dizemos a verdade, Audre. Quero um bilhete da sua mãe, amanhã, me dizendo que você se desculpa por ter mentido para o menino Jesus.

Contei em casa o que havia acontecido e, no dia seguinte, levei um bilhete escrito pelo meu pai, dizendo que a frase tinha sido realmente fruto de meu próprio trabalho. Triunfante, juntei meus livros e voltei para as Fadas.

A coisa de que me lembro melhor em relação à primeira série é como era desconfortável sempre precisar deixar espaço para meu anjo da guarda naqueles assentos minúsculos, e de ir de um lado para o outro da sala, dos Brownies para as Fadas, e vice-versa.

Dessa vez, fiquei nas Fadas por bastante tempo, porque finalmente comecei a reconhecer os números. Fiquei lá até o dia em que quebrei meus óculos. Eu os havia tirado para limpar no banheiro, e eles simplesmente escaparam das minhas mãos. Isso nunca deveria ter acontecido, era uma desgraça! Meus óculos tinham vindo da clínica oftalmológica do Centro Médico, e a entrega de um novo par de lentes demorava três dias. Não podíamos comprar mais de um par por vez, e não ocorreu a meus pais que tal extravagância pudesse ser necessária. Eu era praticamente cega sem eles, mas meu castigo por tê-los quebrado era ter de ir para a escola mesmo assim, ainda que não enxergasse nada. Minhas irmãs me levaram até a sala de aula com um recado da minha mãe dizendo que eu tinha quebrado os óculos apesar de estarem presos a mim por um elástico.

Eu nunca deveria tirar meus óculos, apenas na hora de dormir, mas tinha uma curiosidade sem fim a respeito daqueles círculos mágicos de vidro que rapidamente se tornaram uma parte minha, transformando meu universo, e permaneciam móveis. Estava sempre tentando examiná-los, com meus olhos nus e míopes, e geralmente os derrubava no processo.

Já que não podia enxergar nada para fazer qualquer tarefa da lousa, a irmã Maria do PS me fez sentar no fundo da sala, na carteira da janela, com um chapéu de burro. Ela fez o restante da turma dedicar uma oração para a minha pobre mãe que tinha uma filha tão danada que quebrara os óculos, causando aos pais um gasto desnecessário para trocá-los. Também ofereceu uma oração a mim para que eu parasse de ser uma criança de coração perverso.

Eu me diverti contando as cores dos arco-íris que dançavam como uma auréola ao redor da lâmpada que ficava na mesa da irmã Maria do PS, assistindo aos padrões de luzes estelares que aquela lâmpada incandescente se tornou sem meus óculos. Mas eu sentia falta deles, sem conseguir enxergar. Nunca parei para pensar sobre o tempo em que eu achava que as lâmpadas eram padrões de luzes estelares, porque era assim que toda luz parecia para mim.

Devia ser perto do verão nessa época. Consigo me lembrar que, enquanto estava com o chapéu de burro, o sol se derramava quente sobre as minhas costas através da janela que ficava atrás de mim na sala de aula, e os outros alunos entoavam obedientemente ave-marias para a minha alma, e eu brincava secretamente com os arco-íris distorcidos, até que a irmã notou e me fez parar de piscar os olhos tão rápido.

COMO ME TORNEI POETA?

"Para onde quer que a pássara sem pés voasse, ela encontrava árvores sem galhos."

Quando as palavras mais fortes que tenho para oferecer soam como as palavras que me lembro de ouvir da boca da minha mãe, então devo reavaliar o significado de tudo que tenho a dizer agora ou reexaminar o valor das antigas palavras dela.

Minha mãe tinha uma relação secreta e especial com as palavras, subestimada como linguagem porque sempre esteve presente. Eu não falava até os quatro anos. Aos três anos, o deslumbrante mundo de luzes estranhas e formas fascinantes que eu habitava se resolveu em definições mundanas, e aprendi outra natureza das coisas ao ver através dos óculos. Essa percepção das coisas era menos colorida e confusa, mas muito mais confortável do que a natural aos meus olhos míopes e desigualmente focados.

Eu me lembro de andar pela Avenida Lenox com minha mãe, a caminho da escola, para buscar Phyllis e Helen para o almoço. Era fim de primavera, porque sentia minhas pernas leves e reais, livres das volumosas calças de neve. Eu me demorei em volta da cerca do parquinho público, dentro do qual crescia um plátano mirrado. Encantada, arregalei os olhos para a repentina revelação de cada folha única, com seu tom de verde particular, precisamente moldada e enfeitada de luzes puras. Antes dos óculos, eu conhecia as árvores como altos pilares marrons que terminavam em redemoinhos largos e estufados de tons claros de verde, bem parecidas com as figuras que examinava nos livros de história das minhas irmãs, dos quais adquiri muito do meu mundo visual.

Mas minha mãe, quando se sentia à vontade ou em casa, fazia uma enxurrada de comentários repletos de construções picarescas e cenas surreais.

Nunca nos vestíamos com pouca roupa, e sim "com o pé do pescoço ao vento". *Com a pele do pescoço ao vento?* Distâncias intransponíveis e impossíveis eram medidas pela distância "de Hog até Kick'em Jenny". *Hog? Kick'em Jenny?* Só fiquei sabendo quando já era uma poeta crescida e atinada, com muito a dizer, que esses eram dois pequenos recifes nas Granadinas, entre Granada e Carriacou.

Os eufemismos para o corpo eram igualmente intrigantes, mas não menos coloridos. Uma leve reprimenda era acompanhada não por um tapa na bunda, mas por uma "pitombada no traseiro" ou nas "cadeiras". Você se senta sobre o seu "bumbum", mas qualquer coisa entre os ossos do quadril e a parte superior das coxas era relegado à "região", uma expressão que eu imaginava ser de origem francesa, como "Não esqueça de lavar sua *l'oregión* antes de dormir". Para uma descrição mais clínica e precisa, havia sempre o "entre suas pernas", sussurrado.

O conteúdo sensual da vida era mascarado e enigmático, mas assimilado em expressões bem codificadas. De alguma forma, todos os primos sabiam que o tio Cyril não podia levantar coisas pesadas por causa de sua *"bam-bam-coo"*, e a voz baixa empregada para comentar sobre essa hérnia nos informava que tinha algo a ver com "lá embaixo". E nas ocasiões esporádicas, mas mágicas, em que minha mãe fazia sua deliciosa imposição de mãos para curar um torcicolo ou uma distensão muscular, ela não fazia massagem na sua coluna, ela "levantava sua *zandalee*".

Eu nunca pegava um resfriado, mas "ficava de cof, cof", então tudo ficava *"cro-bo-so"*, de pernas para o ar, ou, pelo menos, um pouco torto.

Sou um reflexo da poesia secreta da minha mãe, assim como de seus ressentimentos ocultos.

Sentada entre as pernas abertas da minha mãe, seus joelhos fortes seguravam meus ombros com firmeza, como se eu fosse um tambor, minha cabeça em seu colo enquanto ela escovava, penteava, hidratava e trançava meus cabelos. Sinto as mãos fortes e ásperas da minha mãe nos meus cabelos desgrenhados, enquanto me contorço sentada num banquinho baixo ou numa toalha dobrada no chão, meus ombros rebeldes se encolhendo e se empurrando contra o pente de dentes afiados. Depois que cada mecha é penteada e trançada, ela dá um tapinha terno e segue para a próxima.

Escuto a interjeição de advertência *sotto voce* que marcava qualquer discussão entre meu pai e ela.

— Ajeite suas costas agora! Deenie, fique quieta! Deixe a cabeça assim! — Roça, roça. — Quando foi a última vez que você lavou o cabelo? Olha o tanto de caspa! — Roça, roça, a verdade do pente me fazendo ranger os dentes. Ainda assim, esses foram alguns dos momentos de que eu mais sentia falta quando nossas verdadeiras guerras começaram.

Eu me lembro do cheiro quente de mãe entre as suas pernas e da intimidade do nosso contato físico aninhado dentro da ansiedade/dor, como uma noz-moscada dentro do macis.

O rádio, o roçar do pente, o cheiro de vaselina, a pressão dos seus joelhos e a ardência no meu couro cabeludo, tudo entra *nos ritmos de uma ladainha, os rituais de mulheres negras penteando os cabelos de suas filhas.*

Manhã de sábado. A única manhã da semana em que minha mãe não pula da cama para nos arrumar para a escola ou para a igreja. Acordo na cama dobrável, no quarto dos meus pais, sabendo apenas que é um daqueles dias de sorte em que ela ainda está na cama, e sozinha. Meu pai está na cozinha. O barulho das panelas e o cheiro levemente desagradável de bacon frito se mistura com o cheiro do café Bokar coado.

O clique da sua aliança contra a cabeceira de madeira. Ela está acordada. Eu me levanto e vou até a cama da minha mãe. Seu sorriso. O cheiro de glicerina na sua flanela. O calor. Ela se reclina de costas e de lado, um braço estendido e o outro jogado sobre a testa. Uma bolsa de água quente envolta numa flanela, com a qual ela costumava acalmar as dores na vesícula durante a noite. Seus grandes seios macios sob a flanela abotoada da camisola. Abaixo, o inchaço arredondado de seu estômago, silencioso e convidando ao toque.

Eu me arrasto na direção dela, brincando com a bolsa de borracha, morna e enflanelada, esmurrando-a, balançando-a, fazendo-a deslizar de seu estômago abaulado até o lençol morno entre a dobra do cotovelo e a curva da cintura abaixo dos seios, pendendo de lado por dentro do tecido estampado. Sob as cobertas, o cheiro da manhã é macio, ensolarado e promissor.

Brinco com a bolsa de água cheia, batendo e esfregando sua firme maciez elástica. Chacoalho-a devagar, balanço pra frente e pra trás, perdida numa ternura repentina, ao mesmo tempo que me esfrego gentilmente no corpo quieto da minha mãe. O cálido cheiro de leite da manhã nos rodeia.

Sinto a firmeza macia e profunda dos seus seios contra meus ombros, as costas do pijama, e às vezes, mais ousadamente, contra os ouvidos e as bochechas. Balançando, rolando, o suave gorgolejo da água dentro do invólucro de borracha. Às vezes, o som delicado de sua aliança bate contra a cama quando ela move a mão por sobre a minha cabeça. Seu braço desce por mim, segurando-me por um momento, e acalma a minha folia.

— Agora chega.

Eu me aconchego contra sua doçura, fingindo não ouvir.

— Agora chega, eu disse; para com isso. Está na hora de levantar desta cama. Se anime e não se esqueça de jogar essa água fora.

Antes que eu possa dizer qualquer coisa, ela se vai com um grande movimento deliberado. O cordão bem amarrado do seu robe de chenile sobre a cálida camisola de flanela, e a cama já esfriando ao meu lado.

"Para onde quer que a pássara sem pés voasse, ela encontrava árvores sem galhos."

4

Quando eu estava com quatro ou cinco anos, daria qualquer coisa que tivesse, exceto minha mãe, para ter uma amiga ou uma irmãzinha. Ela seria alguém com quem eu poderia conversar e brincar, alguém de idade próxima o suficiente para que não tivesse medo dela, nem ela de mim. Compartilharíamos nossos segredos uma com a outra.

Mesmo tendo duas irmãs mais velhas, cresci me sentindo filha única, porque elas tinham idades próximas entre si e muito distantes da minha. Na verdade, cresci me sentindo um planeta solitário, ou um mundo isolado num firmamento hostil, ou, pelo menos, não amigável. O fato de ser mais bem-vestida, abrigada e alimentada do que muitas das outras crianças do Harlem naqueles anos da Depressão não era algo que sobressaísse com muita frequência na minha cabeça infantil.

Muitas das minhas fantasias da infância giravam em torno de como eu poderia adquirir essa pequena presença feminina para me fazer companhia. Eu me concentrava em intervenções mágicas, tendo percebido desde cedo que minha família não tinha intenção de satisfazer essa minha necessidade particular. A família Lorde não cresceria mais.

A ideia de ter filhos era bem assustadora, de qualquer maneira, cheia de indiscrições secretas espiadas sombriamente pelo canto do olho, como minha mãe e minhas tias faziam sempre que viam passar pela rua uma mulher com uma daquelas blusas grandes, esticadas para fora na parte da frente, que sempre me intrigavam tanto. Eu me perguntava que grande erro essas mulheres tinham cometido, de que aquela blusa grande seria um emblema, óbvio como o chapéu de burro que, às vezes, eu usava na escola.

Adoção também estava fora de questão. Era possível pegar um gatinho na mercearia da esquina, mas não uma irmã. Assim como cruzeiros oceânicos, colégios internos e beliches superiores nos trens, isso não era para nós. Pessoas ricas, como o senhor Rochester no filme *Jane Eyre*, solitárias em suas grandes propriedades arborizadas, adotavam filhos, mas não nós.

Ser a caçula numa família caribenha tinha alguns privilégios, mas não direitos. E, como minha mãe estava determinada a não me "estragar", mesmo esses privilégios eram, em grande parte, ilusórios. Eu sabia, portanto, que, se minha família fosse ter outra pessoinha voluntariamente, ela seria, muito provavelmente, um menino e, muito decididamente, pertenceria à minha mãe, e não a mim.

Eu acreditava mesmo, no entanto, que meus esforços mágicos, empregados com frequência, do jeito certo e nos lugares certos, com a letra perfeita e a alma pura, no fim, me trariam uma pequena irmã. E eu realmente queria dizer pequena. Com frequência, eu imaginava minha irmãzinha, com quem teria conversas fascinantes enquanto ela se sentaria protegida na palma da minha mão em concha. Lá estaria ela, aconchegada e cuidadosamente protegida dos olhares inquisitivos do resto do mundo, e da minha família em particular.

Quando eu tinha três anos e meio e havia ganhado meus primeiros óculos, parei de tropeçar nos meus próprios pés. Mas ainda caminhava de cabeça baixa, todo o tempo, contando as linhas dos quadrados das calçadas de todas as ruas que eu percorria, de mãos dadas com minha mãe ou uma das minhas irmãs. Havia decidido que, se eu pisasse em todas as linhas horizontais por um dia, minha pessoinha apareceria, como a realização de um sonho, esperando por mim na minha cama quando eu chegasse em casa. Mas eu sempre errava, ou pulava uma, ou alguém puxava o meu braço no momento crucial. E ela nunca apareceu.

Algumas vezes, nos sábados de inverno, minha mãe fazia para cada uma de nós três um pouco de massinha, com farinha, água e sal Diamond Crystal. Eu sempre moldava pequenas bonecas com a minha parte da mistura. Surrupiava ou implorava por um pouco de extrato de baunilha da prateleira da cozinha, onde minha mãe mantinha seus maravilhosos temperos, ervas e extratos, para misturá-lo à massinha. Às vezes, eu dava leves toques de cada lado da cabeça das bonecas, atrás das orelhas, exatamente como via minha mãe fazer com glicerina e água de rosas quando se arrumava para sair.

Eu amava o cheiro que a baunilha marrom-escura de tom vívido dava à massinha; me lembrava as mãos da minha mãe quando ela fazia pé de moleque e gemada nos feriados. Acima de tudo, porém, eu adorava a cor vigorosa que ela dava à massa pálida.

Eu tinha certeza de que as pessoas da vida real vinham em diferentes tons de bege e marrom, creme e bronze avermelhado, mas ninguém vivo jamais veio naquele tom branco pastoso de farinha, sal e água, mesmo que fossem chamados de brancos. Então, a baunilha era essencial para que minha pessoinha fosse real. Mas a coloração também não ajudava. Não importava quantos rituais complexos, encantamentos e feitiços eu fizesse, não importava quantas ave-marias e pai-nossos rezasse, não importava o que prometesse a deus em troca, a massinha tingida com baunilha lentamente murchava e endurecia, e ficava gradualmente quebradiça e azeda, depois se esfarelava em um pó granuloso. Não importava o quanto eu orasse e planejasse, as bonecas nunca ganhavam vida. Elas nunca se voltavam, na palma da minha mão em concha, para sorrir e me dizer "Oi".

Encontrei minha primeira amiguinha de infância quando tinha cerca de quatro anos. Durou uns dez minutos.

Era meio-dia, no ápice do inverno. Minha mãe tinha me embrulhado em um macacão de lã grosso, para neve, e ainda numa touca e num cachecol volumoso. Depois de me colocar dentro de todo esse equipamento ártico, calçou galochas de borracha sobre meus sapatos e enrolou outro cachecol grosso sobre todo o resto, como para manter a massa intacta, e me plantou na entrada do prédio enquanto se vestia apressadamente. Embora não gostasse de me ter fora de seu campo de visão em momento algum, ela fazia isso para evitar que eu ficasse resfriada por ficar superaquecida e sair logo em seguida.

Depois de muitas advertências graves para que eu não saísse daquele espaço, de descrições terríveis sobre o que aconteceria comigo se eu o fizesse e de como eu deveria gritar caso algum estranho falasse comigo, minha mãe desapareceu ao longo dos pequenos metros do corredor, a fim de pegar seu casaco e o chapéu e checar se todas as janelas de casa estavam mesmo trancadas.

Eu amava esses poucos minutos de liberdade e os apreciava secretamente. Eram as poucas vezes em que podia estar fora de casa sem a minha mãe arrastando minhas perninhas curtas e atarracadas, que nunca conseguiam correr rápido o suficiente para acompanhar seus passos decididos. Fiquei quieta onde ela havia me colocado, no topo do balaústre de ardósia do corrimão de pedra. Meus braços se projetavam um pouco para os lados sobre o volume das roupas, meus pés estavam pesados e desajeitados por causa dos sapatos grossos e das galochas, e meu pescoço estava rigidamente coberto pela touca de lã e pelo cachecol.

O sol brilhava com uma leitosidade de inverno nas calçadas do outro lado da rua e nos poucos montes de neve suja e coberta de fuligem que contornavam as calçadas, na beirada da sarjeta. Eu conseguia enxergar até a esquina da Avenida Lenox, a três casas de distância. Na esquina, perto da lateral do prédio, o cara do Father Divine conduzia sua sapataria Peace Brother Peace num quiosque de madeira em ruínas, aquecido por um pequeno fogão redondo. Do telhado do quiosque, saía um fino fio de fumaça. Essa fumaça era o único sinal de vida, e não havia ninguém na rua que eu pudesse ver. Queria que a rua estivesse quente, bonita e cheia de gente e que comêssemos melão cantalupo no almoço, em vez da sopa caseira de ervilha que estava fervendo no fogão, à nossa espera.

Antes de começar a me vestir para sair, eu tinha quase terminado um barquinho de jornal, então me perguntei se meus pedaços de jornal ainda estariam na mesa da cozinha quando voltássemos, ou se minha mãe estaria naquele exato momento jogando-os no saco de lixo. Seria possível resgatá-los antes do almoço ou haveria cascas de laranja nojentas e borra de café sobre eles?

De repente, percebi que havia uma criaturinha parada num degrau que levava às portas principais, me olhando com olhos brilhantes e um grande sorriso. Era uma garotinha. E era, com certeza, a garotinha mais bonita que eu jamais vira em toda a minha vida.

Meu sonho de uma bonequinha ganhar vida tinha se tornado realidade. Ali estava ela, diante de mim, agora, sorrindo e bonita, em um casaco de veludo inacreditavelmente cor de vinho, com uma saia larga, que se abria sobre delicadas perninhas em uma meia-calça de algodão. Seus pés estavam calçados com sapatos boneca totalmente incômodos, de couro preto, com fivelas prateadas que brilhavam alegremente no sol monótono do meio-dia.

Seu cabelo castanho-avermelhado não estava trançado em quatro partes como o meu, mas emoldurava aquele pequeno rosto de queixo pontudo, com cachos apertados. Na cabeça, ela tinha uma boina de veludo vermelho, que combinava com seu casaco, decorada no topo com um pompom grande e branco.

Mesmo depois de passadas tantas décadas de moda e apesar do desgaste do tempo, aquela era a roupa mais bonita em meus quase cinco anos de observação de vestuário.

Sua pele marrom-mel tinha um brilho corado que reverberava os tons do seu cabelo, e seus olhos pareciam combinar com ambos de um jeito curioso, que me lembrava os olhos da minha mãe, porque, embora não fossem claros, também brilhavam intensamente sob o sol.

— Qual é seu nome? O meu é Toni.

O nome lembrava um livro ilustrado que eu tinha acabado de ler, e me veio a imagem de um *garoto*. Mas essa agradável criatura na minha frente era certamente uma menina, que eu queria que fosse minha — minha o quê, eu não sabia, mas minha. Comecei a imaginar onde poderia guardá-la. Talvez pudesse escondê-la nas dobras do meu travesseiro e acariciá-la durante a noite, quando todos estivessem dormindo e eu estivesse lutando contra os pesadelos em que o diabo montava em mim. É claro que eu precisaria ter cuidado para que ela não fosse espremida de manhã, quando minha mãe dobrava a minha cama, cobria-a com um velho pedaço de colcha de cretone florido e empurrava tudo cuidadosamente para um canto atrás da porta do quarto. Não, certamente essa não era uma boa ideia. Minha mãe com certeza a encontraria quando afofasse meus travesseiros como costumava fazer.

Enquanto eu tentava imaginar um lugar seguro para guardá-la, com uma chuva de imagens na minha mente, Toni avançou na minha direção e parou entre as minhas pernas esticadas, revestidas de calças de neve; seus olhos escuros e brilhantes, iluminados pelo sol, estavam na mesma altura que os meus. Com minhas luvas de lã penduradas por cordões que saíam de cada um dos punhos do casaco, estiquei as mãos e esfreguei levemente os ombros do seu casaco de veludo macio, para cima e para baixo.

No seu pescoço, estava pendurado um regalo de pele branco, combinando perfeitamente com o pompom no topo de sua touca. Toquei seu regalo também, depois levantei a mão para sentir o pompom de pele. O calor suave e sedoso dos pelos fez meus dedos formigarem de uma maneira que o frio não tinha feito, e belisquei e toquei o pompom até Toni sacudir a cabeça para se livrar das minhas mãos.

Comecei a dedilhar os pequenos botões dourados brilhantes da frente de seu casaco. Desabotoei os dois primeiros, apenas para poder abotoá-los novamente, fazendo de conta que era sua mãe.

— Você está com frio? — Eu estava olhando suas orelhas rosa e bege, agora ficando avermelhadas por causa do frio. Em cada uma havia um pequeno aro dourado pendurado.

— Não — ela disse, chegando ainda mais perto de meus joelhos. — Vamos brincar.

Enfiei as mãos nas aberturas do seu regalo peludo, e ela riu deliciosamente enquanto meus dedos frios envolviam os seus dedos quentes dentro dos espaços escuros e acolchoados da pelagem. Ela puxou uma mão para fora e abriu-a em frente ao meu rosto, revelando duas pastilhas de hortelã já grudentas por causa do calor da palma da sua mão.

— Quer uma?

Tirei uma mão de seu regalo e, sem desviar os olhos do seu rosto, joguei uma das pastilhas listradas para dentro da minha boca seca. Chupei a pastilha, sentindo o suco de hortelã descer pela garganta, queimando e adoçando quase ao ponto da aspereza. Por anos e anos depois, sempre pensei em pastilhas de hortelã como o doce do regalo de Toni.

Ela estava ficando impaciente.

— Brinca comigo, por favor? — Toni deu um passo para trás, sorrindo, e eu, de repente, fiquei com medo de ela desaparecer ou sair correndo, e a luz do sol da Rua 142 certamente sumiria com ela. Minha mãe tinha me dito para não sair de onde ela tinha me colocado. Mas eu não tinha dúvidas, não suportaria perder Toni.

Estiquei meu braço e puxei-a gentilmente para mim, sentando-a de lado sobre o meu colo. Ela parecia tão leve por causa do volume da minha roupa de neve que eu pensei que poderia ser soprada para longe, e eu não sentiria a diferença entre ela estar ali ou não.

Coloquei meus braços em volta do seu casaco macio de veludo cor de vinho e, apertando minhas mãos, chacoalhei Toni para a frente e para trás, assim como eu fazia com a grande boneca da Coca-Cola das minhas irmãs, que tinha olhos que abriam e fechavam e descia da prateleira do armário todo ano na época do Natal. Nossa velha gata Minnie, a ladra, não parecia muito mais leve quando se sentava no meu colo.

Toni virou o rosto para mim com mais uma de suas risadas contentes que soavam como os cubos de gelo no drinque noturno do meu pai. Eu sentia o seu calor aumentar e se espalhar lentamente pela frente do meu corpo através das muitas camadas de roupa, e, quando ela se virou para falar comigo, o calor úmido de sua respiração embaçou um pouco os meus óculos no ar gelado do inverno.

Comecei a suar dentro da roupa de neve, como sempre acontecia, apesar do frio. Queria tirar o casaco dela e ver o que tinha por baixo. Queria tirar todas as suas roupas e tocar seu corpinho vivo, marrom, e me certificar de que ela era real. Meu coração estava explodindo de um amor e de uma felicidade para os quais eu não tinha palavras. Desabotoei os primeiros botões do seu casaco, de novo.

— Não, não faça isso! Minha vó não gosta. Me balance um pouco mais. — Ela se aninhou novamente nos meus braços.

Coloquei meus braços ao redor dos seus ombros novamente. Ela era de fato uma garotinha, ou uma boneca que ganhou vida? Eu só conhecia uma forma de ter certeza. Eu a virei e coloquei-a sobre os meus joelhos. A luz parecia ter mudado ao nosso redor. Olhei mais uma vez para a porta que levava para o corredor, meio com medo de alguém estar lá.

Levantei a parte de trás do casaco de veludo cor de vinho de Toni e as muitas dobras da saia rodada do vestido verde sob o seu casaco. Levantei as anáguas por baixo do vestido até que pude ver sua calcinha branca de algodão, cujas pernas terminavam em um bordado franzido, logo acima dos elásticos que seguravam a meia-calça.

Gotas de suor escorriam pelo meu peito até serem contidas pela faixa da cintura do meu macacão. Eu odiava suar dentro da roupa de neve, porque me dava a sensação de que baratas estavam rastejando pelo meu corpo.

Toni riu de novo e disse algo que não consegui ouvir. Ela se contorceu confortavelmente no meu colo e virou a cabeça, o rosto doce me olhando de soslaio.

— Minha vó esqueceu minha legging lá em casa.

Eu estendi a mão por baixo daquela confusão de vestido e anáguas e segurei o cós da sua calcinha. Seu bumbum seria real e quente ou se mostraria uma borracha dura, moldada com um pequeno vinco, como a decepcionante boneca da Coca-Cola?

Minhas mãos tremiam de excitação. Hesitei por um momento longo demais. Quando eu estava pronta para abaixar a calcinha da Toni, ouvi a porta principal se abrir e vi minha mãe saindo com pressa do corredor da frente para a varanda, arrumando a aba do chapéu.

Eu me senti pega no meio de um ato terrível e embaraçoso que não poderia ser escondido. Congelada, me sentei, imóvel, enquanto Toni, ao olhar para cima e ver minha mãe, deslizou casualmente do meu colo, ao mesmo tempo que arrumava seu vestido.

Minha mãe se aproximou de nós duas. Eu me encolhi, esperando uma retribuição instantânea de suas mãos habilidosas. Mas evidentemente a enormidade das minhas intenções escapou à atenção da minha mãe. Talvez ela não se importasse com o fato de eu estar prestes a usurpar aquela prerrogativa secreta que pertencia apenas a mães prestes a bater ou a enfermeiras com termômetros.

Me pegando pelos cotovelos, minha mãe me colocou de pé.

Fiquei por um momento como uma boneca de neve envolta em lã, com os braços esticados um pouco à frente do corpo e as pernas ligeiramente afastadas. Ignorando Toni, minha mãe começou a descer os degraus para a rua.

— Anda, vamos — ela disse —, você não vai querer se atrasar.

Olhei para trás por cima dos ombros. A visão de olhos vivos e do casaco cor de vinho ficou no topo da varanda e puxou uma das mãos para fora do regalo branco de pele de coelho.

— Você quer o outro doce? — ela chamou. Balancei a cabeça freneticamente. Nunca devíamos aceitar doces de ninguém, muito menos de estranhos.

Minha mãe me intimou a descer os degraus.

— Veja onde está pisando.

— Você pode sair para brincar amanhã? — Toni me perguntou. Amanhã. Amanhã. Amanhã. Minha mãe já estava um degrau abaixo, e sua mão firme no meu cotovelo me impediu de cair quando pisei em falso. Talvez amanhã...

Já na calçada, minha mãe retomou o controle da minha mão e zarpou com determinação. Minhas pernas curtas, com as roupas volumosas e as galochas, tentavam acompanhá-la. Mesmo quando não estava apressada, minha mãe caminhava com passos longos e decididos, os dedos dos pés sempre apontando um pouco para fora, de maneira elegante.

— Você não pode demorar agora — ela disse. — Você sabe que é quase meio-dia.

Amanhã, amanhã, amanhã.

— Que vergonha deixar uma coisinha assim, tão magrinha como essa, sair nesse tempo sem roupa de neve ou leggings. É assim que vocês, crianças, pegam resfriado.

Quer dizer que eu não tinha sonhado com a Toni. Minha mãe também a viu. (Que tipo de nome é esse para uma garota?) Talvez amanhã...

— Posso ter um casaco vermelho como aquele, mamãe?

Minha mãe olhou para baixo, para mim, enquanto esperávamos a mudança de fase do semáforo.

— Quantas vezes pedi para não me chamar de "mamãe" na rua? — A fase mudou e seguimos apressadas.

Pensei sobre a minha pergunta com muito cuidado enquanto corria, querendo acertar dessa vez. Finalmente, consegui.

— Você pode me comprar um casaco vermelho, por favor, mãe?

Mantive meus olhos no chão traiçoeiro para evitar tropeçar nos meus pés engalochados, e as palavras devem ter sido abafadas ou se perdido no cachecol em volta do meu pescoço. Em todo caso, minha mãe se apressou em silêncio, aparentemente sem me ouvir. Amanhã amanhã amanhã.

Tomamos nossa sopa de ervilha e rapidamente refizemos o caminho para a escola das minhas irmãs. Mas, naquele dia, minha mãe e eu não voltamos diretamente para casa. Atravessando para o outro lado da Avenida Lenox, pegamos o ônibus número 4 para a Rua 125, onde fomos ao Weissbecker comprar o frango para o fim de semana.

Meu coração afundou em desespero enquanto eu esperava, chutando a serragem que cobria o chão do supermercado. Eu deveria saber. Eu quis demais que ela fosse real. Eu quis tanto revê-la, mas era bom demais para ser verdade.

O mercado estava muito quente. Minha pele suada coçava em lugares que eu não conseguia alcançar. Se estávamos fazendo as compras hoje, significava que amanhã seria sábado. Minhas irmãs não iam para a escola aos sábados, o que significava que não sairíamos para buscá-las para o almoço, e eu passaria o dia inteiro em casa, porque minha mãe teria de limpar e cozinhar e nunca podíamos ir brincar lá fora sozinhas.

O fim de semana foi uma eternidade.

Na segunda seguinte, esperei novamente. Eu me sentei na entrada de casa sozinha, empacotada como de costume, e ninguém, exceto minha mãe, apareceu.

Não sei por quanto tempo esperei Toni aparecer, todos os dias ao meio-dia, sentada lá fora. Até que sua imagem recuou para aquele lugar que produz todos os meus sonhos.

5

Até hoje, a essência da dor e da tristeza, como uma tela de Picasso, de uma natureza-morta e para sempre viva, é a visão desolada e memorável de uma meia de seda descartada, tomando chuva e vento, presa num tijolo do cortiço em frente à janela da nossa cozinha, da qual eu pendia, suspensa por uma das mãos, gritando pela minha irmã mais velha, encarregada de nós três enquanto minha mãe tinha ido ao mercado.

Nossas interações anteriores, quaisquer que fossem, se perderam, mas minha mãe chegou em casa bem a tempo de me puxar de volta para dentro da cozinha escura, salvando-me da queda dentro do fosso de ventilação. Eu não me lembro do terror e da fúria, mas me lembro da surra que minha irmã e eu levamos. Mais do que isso, eu me lembro da tristeza, da privação e da solidão daquela meia de seda presa num tijolo, descartada, rasgada, inutilizada e pendurada na parede do cortiço, sob a chuva.

Sempre tive muito ciúme das minhas duas irmãs porque elas eram mais velhas e, portanto, privilegiadas, e porque elas tinham uma à outra como amiga. Elas podiam falar uma com a outra sem censuras ou punições, pensava eu.

Para mim, Phyllis e Helen levavam uma existência mágica e encantadora em seu quarto, no final do corredor. Era pequeno, mas completo, com privacidade, um lugar longe do eterno olhar dos pais, que era a minha sina, tendo apenas os locais compartilhados da casa para brincar. Eu nunca estava sozinha nem distante dos olhos observadores da minha mãe. A porta do banheiro era a única da casa que eu tinha permissão para fechar, e, mesmo assim, ela seria aberta com uma pergunta, caso eu demorasse demais.

A primeira vez que dormi em qualquer outro lugar que não fosse o quarto dos meus pais foi um marco na minha jornada até esta casa de mim mesma. Dos meus quatro aos cinco anos, minha família viajava para o litoral de Connecticut para passar uma semana das férias de verão. Isso era muito mais grandioso do que um dia de passeio em Rockaway Beach ou Coney Island, e muito mais empolgante.

Para começar, dormíamos numa casa que não era a nossa, e papai ficava conosco durante o dia. Depois, era o momento de experimentar alimentos estranhos, como caranguejos-azuis de casca mole que meu pai pedia para o seu almoço e, às vezes, convencia minha mãe a me deixar provar. Nós, crianças, não tínhamos permissão para comer essas comidas estranhas, mas, às sextas, comíamos camarão frito e bolinhos com pedaços de marisco. Eram muito bons, e diferentes dos bolinhos de bacalhau com batata que minha mãe fazia e que eram nosso jantar de sexta-feira favorito em casa.

Um brilho prateado recobre cada praia na minha mente. Verões cintilantes da infância que reluziam como as lentes grossas dos óculos que eu não podia usar por causa das gotas que dilatavam os olhos.

Essas gotas dilatadoras eram usadas pelos oftalmologistas do Centro Médico para acompanhar o progresso da minha visão, e, uma vez que os efeitos duravam semanas, minhas lembranças desses primeiros verões são de apertar os olhos constantemente contra a agonia penetrante da luz direta do sol, enquanto tropeçava em objetos que não conseguia enxergar, já que tudo estava ofuscado pela luz.

As cascas dos caranguejos se diferenciavam das conchas não pela forma, mas pela sensação sob os meus pés marrons. As delicadas cascas dos caranguejos crispavam-se como uma lixa em torno dos meus calcanhares, enquanto as pequenas conchas duras rangiam produzindo um som forte e firme sob a planta dos meus pezinhos gordos.

Um velho barco encalhado, abandonado, descansava sobre a areia da praia, acima da linha de maré alta, um pouco antes do hotel, e lá minha mãe se sentava, dia após dia, com seus vestidos leves de algodão. Os tornozelos cruzados, como era adequado, e os braços entrelaçados, enquanto ela assistia a mim e a minhas irmãs brincando na beira da praia. Seus olhos ficavam muito afáveis e cheios de paz quando ela olhava para a água, e eu sabia que ela estava pensando em seu "lar".

Uma vez, meu pai me pegou no colo e me carregou para a água, enquanto eu gritava de alegria e medo da altura. Ele me jogou no mar, me segurando pelos braços, e lembro que, conforme ele me levantava, eu gritava, indignada com a sensação ardente da água salgada nas minhas narinas que me fazia querer brigar ou chorar.

Na primeira temporada lá, dormi em uma cama dobrável no quarto dos meus pais, como de costume, e sempre ia dormir antes de todo mundo. Assim como em nossa casa, as cores aquosas do anoitecer vinham para me assustar, brilhando verdejantes através das persianas amareladas, que eram como olhos fechados acima da minha cama. Eu odiava tanto as cores do crepúsculo quanto dormir cedo, longe das vozes familiares e reconfortantes dos meus pais, que ficavam lá embaixo, na varanda desse hotel, que pertencia a um amigo do meu pai, do mercado imobiliário, e que nos dava um bom desconto pela estadia semanal.

Aqueles crepúsculos verde-amarelados que entravam pela janela eram a cor da solidão para mim, e eu levei isso comigo para sempre. Tudo mais a respeito daquela primeira semana de verão em Connecticut se perdeu para mim, exceto duas fotografias em que apareço, como de costume, descontente e com os olhos apertados contra o sol.

No segundo ano, estávamos ainda mais pobres, ou talvez o amigo do meu pai tivesse aumentado os preços. De qualquer forma, nós cinco dividimos um só quarto, e não havia espaço para uma cama dobrável extra. O quarto tinha três janelas e duas amplas camas de casal, cobertas por colchas de chenile brancas, que afundavam ligeiramente no centro. Minhas irmãs e eu dividimos uma dessas camas.

Eu ainda era posta para dormir mais cedo que minhas irmãs, que tinham permissão para ficar acordadas ouvindo *I Love a Mystery* [Adoro um mistério] no velho rádio embutido da sala de estar, no andar de baixo, perto da janela da varanda. Seus timbres suaves flutuavam até as cadeiras de balanço forradas de cretone, enfileiradas na noite salgada e amena daquele hotel de veraneio isolado.

Não me incomodei tanto com os crepúsculos naquele ano. Tínhamos um quarto de fundo, onde escurecia mais cedo, então já era sempre noite quando eu ia dormir. Sem medo da luz verde do crepúsculo, eu não tinha problemas para adormecer.

Minha mãe supervisionava minha higiene bucal e minhas preces e, depois de se assegurar que tudo estava em ordem, me dava um beijo de boa-noite e desligava a lâmpada fraca.

A porta se fechava. Eu ficava acordada, rígida de inquietação, esperando *I Love a Mystery* acabar e minhas irmãs virem para a cama. Negociava com deus para me manter acordada. Mordia os lábios e apertava as partes carnudas da palma das mãos com as unhas, tudo para não adormecer.

Por uma eternidade de cerca de trinta minutos, eu revia todo o conteúdo do meu dia, que incluía o que deveria e não deveria ter feito, o que não fiz ou fiz, até escutar os passos das minhas irmãs pelo corredor. A porta do nosso quarto se abria e elas adentravam a escuridão.

— Ei, Audre. Você está acordada? — Era a Helen, quatro anos mais velha do que eu e aquela cuja idade era mais próxima da minha.

Eu estava indecisa. O que eu deveria fazer? Se não respondesse, ela faria cócegas nos meus pés, e se eu respondesse, o que deveria dizer?

— Fala, você está acordada?

— Não — sussurrei numa vozinha estridente que eu achava coerente com um estado de sono.

— Viu, eu disse, ela ainda está acordada. — Ouvi o sussurro desgostoso da Helen para a Phyllis, seguido por uma inspiração profunda acompanhada de um muxoxo. — Olha, os olhos dela estão bem abertos.

A cama rangeu de um dos meus lados.

— O que você ainda está fazendo, olhando como uma boba? No caminho pra cá, sabe, falei pro bicho-papão vir arrancar sua cabeça, e ele está vindo agora mesmo pra te pegar.

Senti a cama afundar com o peso de seus corpos, uma de cada lado. Minha mãe tinha decretado que eu deveria dormir no meio, tanto para que eu não caísse da cama como para separar minhas irmãs. Eu estava tão encantada com a ideia de dividir a cama com elas que nem sequer me importei. Helen se aproximou e me deu um beliscãozinho preliminar.

— Ai! — Esfreguei meu braço frágil, agora dolorido por causa dos dedinhos fortes dela, treinados no piano. — Ô, vou contar pra mamãe que você está me beliscando, e você vai levar uma surra com certeza. — E então, triunfante, dei minha cartada final. — E também vou contar pra ela o que vocês têm feito na cama toda noite!

— Vá em frente, boba, abra a boca. Você vai abri-la tanto, mas tanto, que sua cara vai cair e você vai engolir os dedos dos próprios pés! — Helen deu outro muxoxo, mas afastou as mãos.

— Agora vá dormir, Audre. — Essa era Phyllis, minha irmã mais velha, que sempre foi a pacificadora, a plácida, a sensata, a desprendida. Mas eu sabia perfeitamente bem por que eu tinha apertado a palma das mãos para me manter acordada, e eu estava esperando, quase não me contendo.

Pois naquele verão, naquele quarto quente dos fundos de uma espelunca de veraneio, enfim descobri o que minhas irmãs faziam durante a noite naquele quartinho que dividiam no fim do corredor em nossa casa, aquele quartinho convidativo onde nunca tive permissão de entrar sem um convite, que nunca foi feito.

Elas contavam histórias uma para a outra. Contavam histórias em capítulos sem fim, criando episódios à medida que avançavam, a partir das fantasias engendradas pelas radionovelas de aventura da época, nas quais todos éramos viciados.

Entre elas, *Buck Rogers* e *I Love a Mystery, Jack Armstrong, All-American Boy* [Jack Armstrong, o garoto totalmente estadunidense], *O Besouro verde* e *Quiet, Please* [Silêncio, por favor]. E também *The FBI in Peace and War* [FBI na paz e na guerra], *Mr. District Attorney* [Senhor Procurador], *O cavaleiro solitário*, e a minha preferida de todos os tempos, *O Sombra*, cujo poder de controlar a mente humana para que não fosse visto foi algo que desejei até bem recentemente.

Para mim, a ideia de contar histórias sem apanhar por dizer uma inverdade era a coisa mais maravilhosa que podia imaginar, e, a cada noite daquela semana, implorei para poder escutar, sem perceber que elas não podiam me impedir. Phyllis não ligava, desde que eu mantivesse minha boca fechada, mas, na hora de dormir, Helen já estava de saco cheio da irmãzinha irritante e do meu fluxo interminável de perguntas. E as histórias dela eram, de longe, as melhores, cheias de meninas poderosas que se disfarçavam com roupas de meninos e desmascaravam os criminosos, salvando o dia. O herói da Phyllis era um garoto doce e forte, de poucas palavras, chamado George Vaginius.

— Por favor, Phyllis? — implorei.

Houve um longo momento de silêncio, Helen muxoxou ameaçadoramente, até que Phyllis sussurrou:

— Tudo bem. É a vez de quem esta noite?

— Não vou dizer uma palavra enquanto ela não dormir! — Era Helen, determinada.

— Por favor, Phyllis, por favor, me deixa escutar?
— Não! De jeito nenhum! — Helen estava inflexível. — Eu te conheço muito bem!
— Por favor, Phyllis, prometo ficar quieta.

Eu podia sentir Helen inchando ao meu lado, como um sapo, mas persisti, sem perceber ou me importar com o fato de que meu apelo à autoridade de irmã mais velha da Phyllis só deixava Helen ainda mais furiosa.

Phyllis tinha um coração terno, mas prático, com o pragmatismo de uma mulher caribenha de onze anos.

— Você promete mesmo que nunca vai contar?

Senti como se estivesse sendo iniciada na mais secreta das sociedades.

— Juro pela minha vida. — Garotas católicas não tinham a intenção de quebrar um juramento desses.

Helen obviamente não estava convencida. Engoli um grito quando ela me beliscou novamente, dessa vez na coxa.

— Estou me cansando disso tudo, sabe. Então, se você falar *qualquer palavra* sobre as minhas histórias, o Sandman vai vir atrás de você no mesmo minuto para arrancar seus olhos e colocar no ensopado, igual cavalinha. — E Helen estalou os lábios sugestivamente, cedendo, mas com o argumento final.

Estremeci ao imaginar aqueles globos oculares brancos e maleáveis nadando no ensopado de peixe de sexta-feira à noite.

— Prometo, Helen, juro pela minha vida. Não vou dizer nem uma palavra para ninguém e vou ficar bem quieta, você vai ver. — Coloquei as mãos sobre a boca, na escuridão, tremendo de expectativa.

Era a vez de Helen começar:

— Onde paramos? Ah, sim, então Buck e eu tínhamos acabado de trazer o cavalo celeste de volta, quando o doutor...

Não resisti. Abaixei as mãos.

— Não, não, Helen, ainda não. Você não se lembra? O doutor ainda não tinha chegado lá porque... — Eu não queria perder nenhum detalhe.

Os dedinhos marrons da Helen saltaram dos lençóis, e ela me deu um beliscão nas nádegas que me fez gritar de dor. Sua voz estava alta, indignada e cheia de uma fúria incontrolável.

— Viu? Viu? O que eu te disse, Phyllis? — Ela estava quase chorando de raiva. — Eu sabia! Ela não consegue deixar essa maldita língua dentro da boca nem por um minuto. Pois é, eu te disse, não? Não disse? E ainda por cima ela quer roubar a minha história agora!

— Shhh. Vocês duas! Mamãe está vindo pra cá agora, e vocês vão fazer a gente levar uma bronca!

Mas Helen não ia brincar mais. Ela se jogou num lado da cama, descontente e de costas para mim, e então pude sentir a cama balançar com seus soluços de raiva, abafados contra o travesseiro molhado.

Eu queria morder a língua.

— Desculpa, Helen, de verdade. — Eu me arrisquei. E realmente estava arrependida, porque percebi que minha boca grande tinha me feito perder o episódio daquela noite e, provavelmente, todos os outros no restante da semana. Também sabia que minha mãe não me deixaria sair de sua vista no dia seguinte por tempo suficiente para eu alcançar minhas irmãs quando elas corressem praia abaixo para completar sua história em segredo. — De verdade, foi sem querer, Helen. — Tentei pela última vez, estendendo a mão para tocá-la. Mas Helen sacudiu o corpo bruscamente para trás, e sua bunda me acertou no estômago.

Escutei seu aviso ainda indignado, rosnado entre os dentes cerrados:

— E não ouse me tocar! — Eu tinha sentido seus beliscões por vezes suficientes para saber quando deixá-la sozinha.

Então, me virei de bruços, disse "boa noite" para Phyllis e finalmente fui dormir também.

Na manhã seguinte, acordei mais cedo que Phyllis e Helen. Fiquei bem no meio da cama, tomando cuidado para não esbarrar em nenhuma das duas. Olhando para o teto, ouvi meu pai roncar, na cama ao lado, e o som da aliança da minha mãe batendo na cabeceira, enquanto ela dormia e jogava os braços sobre os olhos, contra a luz da manhã. Eu apreciava o silêncio, os novos cheiros das roupas de cama estranhas e a maresia, e os raios amarelos da luz solar derramando-se através das janelas como a promessa de um dia sem fim.

Bem ali, antes que alguém mais acordasse, decidi criar minha própria história.

6

Nos verões do Harlem dos meus primeiros anos, caminhava entre minhas irmãs enquanto elas tramavam a derrubada de universos, na linguagem casual de faz de conta das histórias em quadrinhos. Esses gibis eram outra paixão reinante e dominadora dos nossos dias de verão, além da biblioteca, e para comprá-los nós caminhávamos por quilômetros ladeira acima. Determinadas e muito decididas, subíamos pelo bairro Sugar Hill, passando pela Rua 145, indo da Avenida Lenox até o sebo em que negociávamos os quadrinhos, na Avenida Amsterdã, no bairro de Washington Heights, uma área da cidade totalmente branca naqueles dias anteriores à guerra, e onde minha mãe mora atualmente.

A loja era gerenciada por um homem branco gordo, com olhos lacrimejantes e uma barriga que pendia sobre o cinto como uma gelatina malfeita. Ele arrancava as capas dos quadrinhos que sobravam e vendia o miolo pela metade do preço, ou trocava por outros quadrinhos velhos em boas condições, dois por um. Havia fileiras, e fileiras, e fileiras de caixotes sobre as mesas, contendo quadrinhos espalhafatosos sem capa, e, assim que minhas irmãs se lançavam em busca de seus favoritos, Buck Rogers e Capitão Marvel, eu começava a procurar por figuras do Pernalonga. O velho me seguia pelo corredor, fumando seu maldito charuto.

Eu tentava voltar para minhas irmãs, mas era tarde demais. O corpo dele ocupava toda a fileira, e afinal eu estava cansada de saber que não deveria sair do lado delas.

— Xô ajudar você a subir, querida, você pode ver melhor. — E eu sentia seus dedos em minhas costelas, pegajosos como salsichas, me içando através de um arco nauseante de fumaça de charuto até a borda das caixas cheias de quadrinhos do Pernalonga e do Gaguinho. Eu agarrava os que estivessem mais próximos e me contorcia para ser colocada no chão, desesperada para sentir o piso debaixo dos meus pés mais uma vez e enojada com o toque pegajoso de sua barriga mole nas minhas costas.

Seus dedos nojentos moviam-se furtivamente para cima e para baixo no meu corpo, então preso entre seu volume me espremendo e as bordas do caixote. No momento em que ele afrouxava a pegada e me deixava escorregar para o chão abençoado, eu me sentia suja e com medo, como se tivesse participado de algum ritual imundo.

Logo aprendi que podia evitá-lo permanecendo perto das minhas irmãs. Se eu corresse para o outro lado da fileira, ele não me seguiria, mas então, quando minhas irmãs finalmente fossem registrar nossas compras, não haveria nenhum brinde "para o docinho". Os dedos pegajosos e o arco de fumaça eram o preço que eu pagava por um exemplar despedaçado e sem capa de uma revistinha velha do Pernalonga. Por anos, tive pesadelos em que era içada até o teto sem ter como descer.

Era um dia inteiro de jornada ladeira acima para nós, três garotinhas negras, uma que ainda nem sabia ler. Mas era um passeio de verão, bem melhor do que ficar em casa até minha mãe voltar do trabalho ou do mercado. Nunca podíamos sair e apenas brincar na rua. Era um dia inteiro de jornada, ida e volta, atravessando os dois quarteirões planos até a Oitava Avenida, onde ficava a cabine do sapateiro do Father Divine, e, depois, subindo as ladeiras sem fim, por quarteirões e quarteirões da cidade.

Às vezes, quando minha mãe anunciava ao meu pai, depois do jantar, nossa jornada planejada para o próximo dia, eles passavam a falar em patoá para uma breve consulta. Examinando suas expressões faciais cuidadosamente, eu podia notar que eles estavam discutindo se tinham ou não condições de dar aqueles poucos centavos necessários para financiar a expedição.

Outras vezes, éramos encarregadas por nosso pai de deixar seus sapatos na Father Divine para trocar a meia-sola. Também para engraxar, uma extravagância admissível porque custava apenas três centavos e uma saudação: "Paz, irmão, paz".

Assim que o café da manhã era retirado, minha mãe saía para o trabalho, e caminhávamos com ela até a esquina. Então, nós três virávamos à esquerda na Rua 145, depois do Boliche do Lido, de uns poucos bares e algumas docerias indefinidas cujo maior faturamento vinha de pequenos papéis brancos com números escritos neles.

Três garotinhas negras rechonchudas, joelhos com furinhos, esfregados e bem hidratados, cabelos trançados e amarrados com fitas. Nossas roupas de verão, feitas de anarruga por nossa mãe, ainda não eram uma vergonha para minha irmã mais velha.

Subimos a ladeira passando pelo Stardust Lounge, pelo Micky Cabeleireiro — Prensa quente e fria, pelo Harlem Bop Lounge, pelo Dream Café, pela Barbearia Freedom e pela Tabacaria Optimo, que parecia decorar cada uma das esquinas importantes naquela época. Tinha o Restaurante da Tia May e a loja de roupas femininas e infantis Sadie. Tinha o Bar Chop Suey do Lum e a Igreja Batista Missionária Shiloh, pintada de branco, com vitrais coloridos, a loja de discos com seu grande rádio acorrentado do lado de fora, dando ritmo à calçada na manhã que esquentava. E na esquina da Sétima Avenida, enquanto esperávamos pelo sinal verde, de braços dados, o cheiro azedo e sugestivamente misterioso emanando da escuridão fria além da porta entreaberta do Noon Saloon.

Começávamos a subir o morro, que na verdade eram seis ladeiras. Da parte de baixo da Oitava Avenida, olhando para cima, sob a claridade do sol forte, parecia que ia levar uma eternidade. Trilhos de bonde verticais dissecavam as ladeiras. As calçadas eram faixas de pavimento e gente. No meio da subida, do lado direito, entre as avenidas Bradhurst e Edgecombe, havia uma vasta extensão de tufos verdes, rodeada por uma cerca alta de ferro forjado, que era o Parque Colonial. Não era um parque público, ou, pelo menos, não era gratuito. Uma vez que nunca tínhamos dez centavos, o preço do ingresso, nunca entramos.

Meu braço estava dolorido de ser arrastada, mas esse era o preço que pagava se me atrevesse a ficar para trás. Assim como me levar era o preço que minhas irmãs alfabetizadas e leitoras de quadrinhos tinham que pagar se quisessem mesmo sair. Eu estava sempre sem fôlego para reclamar.

Atravessávamos a movimentada Rua 145, todas de mãos dadas. Parávamos no meio da ladeira da Avenida Bradhurst para pressionar o rosto contra as barras de ferro do portão em volta do Parque Colonial. Eu mal conseguia ouvir o barulho da água fria e clara e a risada molhada que vinha da piscina privativa semiescondida. Mesmo fracos, aqueles sons de frescor voavam vigorosamente para nossas bocas secas. Naquele ponto, parecia que tínhamos caminhado por uma eternidade. O sol batia sem piedade sobre o Parque Colonial. Nenhum lugar tinha sombra. Mas, ao lado do parque, o ar era um pouco mais fresco. Ficávamos lá por um tempo, apesar de não haver bancos do lado de fora. A vida movimentada daquela rua do Harlem deslizava diante de nós.

Contrariando as advertências de nossa mãe para não demorarmos, tardávamos perto do cheiro fresco da piscina verde. As sacolinhas com as revistas eram levadas zelosamente pelas mãos de cada uma das minhas irmãs, e, nas minhas mãos suadas, eu carregava uma bolsa com biscoitos de água e sal e três bananas para o lanche. Nosso almoço estava preparado e nos esperava em casa.

Cada uma de nós comia um biscoito, encostada contra a cerca do parque. Minha irmã Helen reclamava de mim porque eu esfarelava todos os biscoitos balançando a bolsa no ritmo dos meus passos. Limpávamos as migalhas com o guardanapo que também trazíamos e continuávamos nossa jornada subindo as ladeiras aparentemente intermináveis.

Finalmente, chegávamos ao topo da Avenida Amsterdã. Nos dias claros, eu ficava na ponta dos pés e olhava para o oeste, avistando com dificuldade os prédios entre a Broadway e a Riverside Drive. Além do forte declive arborizado da Riverside estava a linha de água, tênue, quase imaginária do Rio Hudson. Por anos, sempre que ouvia a música "America the Beautiful", eu pensava naqueles momentos no topo da Avenida Amsterdã. Na minha cabeça, a frase "do mar para o mar brilhante" era visualizada como sendo do leste para o Rio Hudson.

Enquanto esperávamos o semáforo mudar de fase na esquina da Avenida Amsterdã com a Rua 145, eu me virava e olhava o vale longo e estreito da Rua 145, lá embaixo. Meus olhos absorviam os quarteirões cheios de gente, carros e carroças puxadas por cavalos, por todo o morro até lá embaixo, passando pelo Parque Colonial, pelo Father Divine e pela drogaria da Avenida Lenox até a ponte do Rio Harlem que leva até o Bronx.

Eu tremia com um espasmo de terror repentino. E se eu caísse naquele ponto crucial? Poderia rolar ladeira após ladeira até passar da Avenida Lenox, e, se por acaso eu não acertasse a ponte, ia parar direto na água. Todos saltariam do meu caminho na descida da ladeira, do mesmo jeito que as pessoas faziam nas figuras do livro infantil *Johnny-Cake*. Pulariam para o lado para não serem derrubados e esmagados pela garotinha gorda deslizando aos gritos para as águas do Rio Harlem.

Ninguém me pegaria, nem me seguraria, nem me salvaria, e enfim eu flutuaria devagar para o mar, passando pelo arsenal da Rua 142 e pelas margens onde meu pai treinava regularmente aos fins de semana com a Guarda Nacional Negra. Eu seria levada para o oceano por aquela corrente traiçoeira que fluía pelo Rio Harlem de um lugar mítico chamado "Diabo Cuspidor", sobre o qual nosso pai nos advertia; essa corrente já tinha tomado para si muitos de nossos colegas de sala a cada verão antes de a Harlem River Drive ter sido finalmente construída, impedindo o acesso livre às águas refrescantes do rio a todas aquelas crianças negras, calorentas e empoeiradas que não tinham dez centavos para abrir as portas do frescor verde da piscina do Parque Colonial, nem irmãs para levá-las a lojas de quadrinhos.

7

A guerra chegou à nossa casa pelo rádio, numa tarde de domingo, depois da igreja, em algum momento entre *Olivio, The Boy Yodeler* [Olivio, o garoto tirolês] e as irmãs Moylan. Era o domingo do Pearl Harbor.

— Os japoneses bombardearam Pearl Harbor — meu pai anunciou gravemente, disparando até o rádio ao chegar em casa depois de mostrar um imóvel para um possível comprador.

— Onde é isso? — perguntou Helen, olhando pra cima enquanto tentava vestir sua gata Cleo com o vestido que tinha acabado de fazer para o animal.

— Deve ser por isso que não ouvimos o *Olivio* — disse Phyllis com um suspiro desapontado. — Imaginei que algo importante estivesse acontecendo, porque ele sempre começa neste horário.

E minha mãe deixou a sala para checar o estoque de café e açúcar sob a pia da cozinha.

Eu me sentei no chão, encostada no gabinete de madeira do rádio, com o *Livro azul das fadas* no meu colo. Amava ler e escutar rádio ao mesmo tempo, sentindo as vibrações do som nas costas como um pano de fundo que estimulava as imagens fluindo pela minha cabeça, tecidas pelos contos de fada. Olhei para cima, momentaneamente confusa e desorientada, como costumava ficar quando parava de ler de repente. Teriam duendes realmente atacado um porto onde estavam enterradas as pérolas de algum tesouro?

Eu podia notar que algo real e terrível tinha acontecido pelo cheiro que pairava na sala de estar e pelo tom baixo e grave na voz do meu pai, enquanto ele procurava entre as emissoras de rádio por Gabriel Heatter ou H. V. Kaltenborn, ou outro de seus comentaristas de notícias preferidos. Eles eram sua ligação constante com o mundo exterior, perdendo apenas para o *New York Times*. E dava para perceber que algo real e terrível devia ter acontecido, porque nem *O cavaleiro solitário*, nem *O Sombra*, nem *This is Your FBI* [Este é o seu FBI] foram transmitidos naquela noite.

Em vez disso, noticiário após noticiário, vozes graves e agitadas falavam de morte e destruição, e baixas, e navios em chamas, e homens corajosos, e guerra. Finalmente deixei os meus contos de fada de lado para ouvir com mais atenção, fascinada e assustada com aquele grande drama se desenrolando ao meu redor e, pela primeira vez, sábia o suficiente para manter a boca fechada. Mas meus pais estavam absortos demais nas notícias para me mandarem ir para a cozinha. Até o jantar foi mais tarde que de costume naquela noite.

Minha mãe disse alguma coisa em patoá, e meu pai respondeu. Observando seus olhos, eu percebia que eles estavam conversando sobre o escritório e sobre dinheiro. Ela se levantou e voltou para a cozinha.

— Bee, é hora de comer! — minha mãe chamou, finalmente, reaparecendo na porta da sala. — Não há nada que possamos fazer.

— Verdade, Lin. Mas a guerra chegou aqui. — Meu pai se esticou para desligar o rádio, e fomos todos para a cozinha jantar.

Poucos dias mais tarde, depois da escola, todos os alunos fizeram filas no auditório, classe por classe, e as freiras nos deram pequenos discos nos quais estavam escritos, em azul, nosso nome, endereço, idade e uma coisa chamada *tipo sanguíneo*. Cada um de nós devia usar esse disco pendurado no pescoço em uma longa corrente de níquel sem fecho que não deveria ser tirada até segunda ordem, sob pena de pecado mortal ou pior.

Essa expressão, *até segunda ordem*, começou a ganhar uma presença tangível e uma energia totalmente própria, como *infinito* ou *para sempre*.

As freiras nos disseram que as máscaras de gás chegariam depois e que deveríamos todos rezar para que não tivéssemos que fazer como as pobres crianças inglesas fizeram — deixar seus pais e ir para o campo, por segurança. Bem lá no fundo do meu coração, achei que aquela fosse uma possibilidade muito empolgante e desejei que pudesse acontecer. Abaixei a cabeça como os outros, mas não consegui rezar para que não acontecesse.

Em seguida, rezamos dez pai-nossos e dez ave-marias pela alma daqueles jovens corajosos que haviam perdido a vida em Pearl Harbor no domingo anterior, e mais cinco de cada oração pelas crianças famintas na Europa.

Quando terminamos de rezar, nos levantamos, e a madre Josepha nos mostrou como cruzar os braços sobre o peito, tocando o ombro oposto, a posição mais segura para o caso de cairmos enquanto corremos. Depois treinamos como correr, durante um ataque aéreo, para o porão da igreja através de uma passagem. Treinamos exercícios para o caso de um ataque aéreo até que conseguíssemos fazê-los de maneira absolutamente silenciosa e rápida. Comecei a ficar impressionada com a seriedade daquilo tudo, que pareceu durar horas, enquanto nossas mães esperavam sentadas no auditório. Já estava quase anoitecendo quando finalmente voltamos para casa no frio de dezembro, e as ruas pareciam estranhas e assustadoras, com as lâmpadas dos postes apagadas e já tampadas e as vitrines das lojas encobertas pelo blecaute.

Na primavera seguinte, todas as mães foram convidadas a ir ao colégio regularmente para ajudar a observar os céus, em busca de aeronaves inimigas que pudessem ter escapado da nossa defesa costeira. Mães de toda a cidade de Nova York estavam fazendo a mesma coisa nos telhados das escolas. Por causa da censura cuidadosa das notícias, acho que nenhum de nós, incluindo nossos pais, percebeu quão real era a ameaça de um bombardeio pelo mar, já que realmente havia submarinos alemães no Estuário de Long Island. Tudo que sabíamos era que, por sua proeminência na Costa Leste, de frente para a Europa, a cidade de Nova York era um alvo considerável para bombardeios.

Até uma simples conversa se tornou suspeita. *O silêncio vale ouro*; não era o que diziam os cartazes? Apesar de não ter nenhum segredo para contar, eu sempre sentia uma pontada de prazer presunçoso toda vez que passava pelo poste da esquina da Rua 142 com a Avenida Lenox. Nele estava pendurado um cartaz de cores vivas, com um homem branco com os dedos sobre os lábios. Embaixo de seu rosto meio de perfil, grandes letras maiúsculas avisavam: A SLIP OF THE LIP MAY SINK A SHIP! [Falar uma bobagem pode afundar um navio!]. Eu sentia meu silêncio ser social e patrioticamente endossado.

Mas, enquanto isso, a vida seguia quase como de costume, e era difícil, aos sete anos, distinguir entre esse drama da vida real e aqueles que eu ouvia no rádio.

As mães do Colégio St. Mark ficavam de guarda para detectar aeronaves inimigas num duto de drenagem do telhado, que se conectava à sala da terceira série e era acessado por uma entrada que ficava em frente à nossa sala. Na terceira série, tínhamos aula de ortografia logo antes do almoço, e o turno de guarda da minha mãe era das onze horas ao meio-dia.

Eu me inclinava sobre o livro de ortografia sentindo a luz quente da primavera e meu estômago roncando, ansioso pelo almoço. Do lado de fora da janela, podia ver minha mãe, com seu antiquado terno de lã escura e seus austeros oxfords de salto cubano, um chapéu de aba, desajeitado mas prático, protegendo seus olhos acinzentados. Seus braços estavam cruzados sobre o peito largo, enquanto ela franzia a testa, olhando atentamente para o céu, sob a aba do chapéu, desafiando qualquer avião inimigo a aparecer.

Eu explodia de orgulho por aquela mulher importante ser minha mãe. Ela era a única mãe na minha classe que ficava de guarda para avistar as aeronaves, e também estava envolvida no misterioso processo de distribuição dos tíquetes de racionamento, em uma mesa de aparência oficial no fundo do auditório da escola, num dia especialmente reservado para isso. E ela era a única mãe que eu conhecia que se sentava atrás de outra mesa, todo dia de eleição, no saguão da famigerada escola pública, checando os eleitores em enormes livros mágicos e vigiando as mágicas cabines de votação com cortinas cinzas. Embora ela fosse a única mãe que eu conhecia que nunca usava batom, nem sequer para ir à missa de domingo, também era a única mãe que eu conhecia que "ia ao escritório" todos os dias.

Eu tinha muito orgulho dela, mas às vezes, apenas às vezes, desejava que ela fosse como todas as outras mães, uma que me esperasse em casa com leite e biscoitos caseiros e um avental com babado, como as sorridentes mães loiras em *Dick e Jane*.

Nos feriados católicos ou nos dias em que saíamos mais cedo da escola, eu amava descer até o escritório com a minha mãe e me sentar atrás da mesa de carvalho do meu pai, em sua grande cadeira giratória de madeira, observando enquanto ela escrevia recibos de aluguel, ou entrevistava possíveis inquilinos, ou discutia imperiosamente com o entregador se o carvão deveria ser colocado na calçada ou no depósito subterrâneo.

Durante os anos de guerra, eu me lembro dos dias em que ficava ao lado da minha mãe, em frente às enormes janelas de vidro laminado que abriam para dentro, seladas então com fita adesiva contra o frio. Esperávamos ansiosamente, olhando ao longe, na Avenida Lenox, para ter o primeiro vislumbre do caminhão da Public Fuel, que traria carvão de baixa qualidade remanescente do "esforço de guerra", para aquecer os quartos daquelas pensões sombrias que ela e papai gerenciavam. Às vezes, meu pai se juntava a nós, mas geralmente ele estava mostrando alguma casa ou tratando de algum negócio imobiliário, ou fazendo pequenos reparos em algum dos imóveis precários. Conforme a demanda de trabalho aumentava e a guerra continuava, meu pai ficava cada vez menos no escritório, porque tinha conseguido um emprego na manutenção de uma indústria bélica, no Queens, que fazia acessórios de alumínio para os aviões. Ele trabalhava no turno da noite e, depois, vinha para o escritório de manhã, direto da fábrica. Fazia todos os reparos ou trabalhos necessários, verificando se havia vazamento nos encanamentos das casas no verão e canos congelados no inverno. Então, se ele não tivesse que mostrar nenhuma casa, subia até um quarto vago e dormia por algumas horas, enquanto minha mãe ia ao escritório e tomava conta dos negócios. Se ele tivesse algum compromisso, subia até o quarto para fazer a barba, tomar banho, se vestir e sair novamente, voltando à tarde para dormir um pouco.

Ao meio-dia, quando minha mãe nos trazia para almoçar em casa, ela eficientemente reaquecia e embalava uma refeição quente para o meu pai. Era de costume que essa refeição consistisse em sobras do jantar da noite anterior ou alguma iguaria que ela tivesse preparado mais cedo naquela manhã. Colocava a comida em frascos e os enrolava em toalhas, para mantê-la aquecida, e, depois de nos deixar novamente na escola, voltava para o escritório e acordava meu pai ou esperava que ele retornasse.

Ela fazia a contabilidade, resolvia problemas, costurava lençóis e fronhas na máquina de costura Singer que guardava no quarto dos fundos e arrumava os quartos do andar superior. Se a mulher que havia sido contratada para a limpeza faltasse naquele dia, minha mãe limpava todos os quartos vagos. Daí já seria hora de nos buscar na escola, a dez quarteirões de distância.

Alguns dias, quando o tempo e a necessidade permitiam ou demandavam, ela caminhava até o supermercado da Rua 125 para tentar encontrar algum pedaço de carne ou peixe fresco e vegetais nos mercados caribenhos ao longo do caminho. Depois das compras, pegava o ônibus para nos encontrar na escola, com os braços carregados com o peso das sacolas. Nesses dias, seu rosto parecia abatido e cansado, e seus olhos, especialmente intensos ao descer do ônibus na esquina da Rua 138, onde nós três ficávamos esperando silenciosamente, de olho na sua chegada. Eu tentava ler e decifrar a expressão no rosto da minha mãe assim que o ônibus parava e ela descia lentamente os degraus, com as sacolas batendo nas laterais das pernas. O olhar no seu rosto me dizia qual seria o teor de nossa caminhada ao longo dos sete quarteirões até em casa. Uma boca apertada significava uma surra em uma de nós, geralmente eu, quer ajudássemos a carregar as sacolas ou não.

Uma vez em casa, todos os castigos e reprimendas tinham de ser adiados pelo preparo do jantar, até que fosse colocado no fogo. Então, os relatórios ruins sobre o meu dia no colégio que tinham sido entregues às minhas irmãs seriam apresentados e examinados, e a pesada justiça doméstica da minha mãe começaria.

Outras vezes, para infrações particularmente más e pecaminosas, o veredito ameaçador era "Espere até o seu pai chegar". Meu pai nunca nos bateu. Havia um mito entre nossos parentes de que o tio Lorde era tão forte que, se colocasse a mão em alguém, poderia matar. Mas sua presença na administração do castigo tornava aquela surra de alguma maneira oficial e, por isso, mais aterrorizante e terrível. Provavelmente, a espera e a expectativa apavorante cumpriam o mesmo efeito.

Se era verdadeiro ou não o poder de matar que meu pai tinha, eu não sei. Ele era um homem muito grande e forte de um metro e oitenta e cinco que não mostrava muita gordura nas fotos de praia daquele período. Seus olhos eram pequenos mas penetrantes, e, quando ele cerrava a mandíbula enorme e baixava a voz para um tom grave e rouco, que significava que ele estava falando sério, ficava muito assustador.

Eu me lembro de uma noite despreocupada, antes da guerra, quando meu pai retornou do trabalho para casa. Estava sentada no colo da minha mãe enquanto ela escovava meu cabelo. Meu pai nos pegou nos braços juntas e nos levantou, rindo e nos chamando de seu "excesso de bagagem". Lembro de ter ficado encantada e emocionada com sua atenção, bem como de ficar assustada com o ambiente familiar ficando de repente "*cro-bo-so*".

Durante a guerra, meu pai quase nunca ficava em casa durante a noite, exceto nos fins de semana, então o castigo, em geral, tornou-se mais imediato.

À medida que a guerra se prolongava, mais e mais dinheiro passava a circular entre pessoas negras, e a imobiliária do meu pai ficava cada vez melhor. Depois dos levantes antirracistas de 1943, a área em volta da Avenida Lenox e da Rua 142 ficou conhecida como a "latrina" do Harlem. Minha família se mudou "morro acima", a mesma longa série de ladeiras que minhas irmãs e eu costumávamos atravessar nos dias de verão para trocar revistas em quadrinhos.

8

Quando eu era criança, a situação mais horrível que podia imaginar era fazer algo errado e ser descoberta. Erros poderiam significar exposição, talvez até aniquilação. Na casa da minha mãe, não havia espaço para cometer erros, não havia espaço para estar errada.

Cresci negra junto da minha necessidade de vida, de afirmação, de amor, de partilha — reproduzindo da minha mãe o que havia dentro dela, irrealizado. Cresci negra como Seboulisa, que eu encontraria nos salões de lama refrescante de Abomei muitas vidas depois — e tão sozinha quanto. As palavras da minha mãe me ensinaram todo tipo de defesa astuta e diversiva aprendida da língua do homem branco, da boca do seu pai. Ela teve de usar essas defesas, e sobreviveu por meio delas e, ao mesmo tempo, também morreu um pouco por meio delas. Todas as cores mudam e se transformam umas nas outras, se misturam e se separam, fluem em arco-íris e laços de forca.

Na escuridão, eu me deito ao lado das minhas irmãs, que passam por mim pela rua, desconhecidas e desprezadas. Quanto disso é a farsa de autorrejeição que se transformou numa irremovível máscara de proteção, quanto é o ódio programado com que fomos alimentadas para nos manter separadas, à parte?

Um dia (eu me lembro que estava na segunda série), minha mãe estava fazendo compras e minhas irmãs estavam conversando

sobre alguém ser *de cor*. Do meu jeito, aos seis anos, agarrei essa chance de descobrir o que era isso.
— O que quer dizer *de cor*? — perguntei. Para minha surpresa, nenhuma das minhas irmãs tinha muita certeza.
— Bem — Phyllis respondeu —, as freiras são brancas, e o homem-de-pescoço-curto da loja é branco, e o padre Mulvoy é branco, e nós somos de cor.
— E o que a mamãe é? Ela é branca ou de cor?
— Eu não sei — respondeu Phyllis impacientemente.
— Bem — eu disse —, se alguém me perguntar o que eu sou, vou responder que sou branca igual à mamãe.
— Ahhhhhhhhhh, menina, é melhor você não fazer isso — as duas responderam em coro, horrorizadas.
— Por quê? — perguntei, mais confusa do que nunca. Mas nenhuma delas sabia me dizer a razão.
Essa foi a primeira e única vez que minhas irmãs e eu conversamos sobre raça como uma realidade na minha casa ou, pelo menos, sobre como isso se aplicava a nós.

Nosso novo apartamento ficava na Rua 152, entre as avenidas Amsterdã e Broadway, em meio ao que era chamado de Washington Heights, já conhecido como um bairro "em transformação", o que queria dizer uma área onde os negros estavam começando a encontrar apartamentos a preços abusivos fora do centro desanimador e decadente do Harlem.
O prédio para onde nos mudamos pertencia a um pequeno proprietário. Nós nos mudamos no fim do verão, e, naquele mesmo ano, comecei a estudar num novo colégio católico que ficava bem do outro lado da rua.
Duas semanas depois da mudança para o novo apartamento, o proprietário se enforcou no porão. O *Daily News* relatou que o suicídio fora causado pelo desânimo do homem com o fato de ter de, enfim, alugar para negros. Fui a primeira estudante negra do Colégio St. Catherine, e todas as crianças brancas na minha sala da

sexta série sabiam sobre o proprietário que tinha se enforcado no porão por causa da minha família. Ele era judeu, eu era negra. Isso nos tornava alvo fácil para a curiosidade cruel dos meus colegas de classe pré-adolescentes.

Ann Archdeacon, a queridinha ruiva das freiras e do monsenhor Brady, foi a primeira a me perguntar o que eu sabia sobre a morte do proprietário. Como sempre, meus pais tinham discutido isso em patoá, e tudo que eu lia nos jornais eram os quadrinhos.

— Não sei de nada — eu disse, parada no pátio do colégio, na hora do almoço, retorcendo minhas tranças e procurando em volta por algum rosto amigável. Ann Archdeacon riu, e o restante do grupo que se reuniu ao nosso redor caiu na gargalhada, até que a irmã Blanche se aproximou para ver o que estava acontecendo.

Se as irmãs do Santíssimo Sacramento do Colégio St. Mark tinham sido esnobes, pelo menos o racismo delas estava disfarçado nos termos de sua missão. No Colégio St. Catherine, as irmãs da caridade eram abertamente hostis. O racismo delas não tinha enfeites nem desculpas, e era particularmente doloroso, porque eu não estava preparada para ele. Eu não tinha nenhum apoio em casa. As crianças da minha sala faziam piadas com as minhas tranças, e a irmã Victoire, a diretora, mandou um bilhete para a minha mãe pedindo que ela penteasse meu cabelo de uma maneira mais "apropriada", pois eu era crescida demais, ela disse, para usar "trancinhas".

Todas as garotas vestiam um uniforme de gabardine azul que, no início da primavera, já estava um pouco mofado, apesar das frequentes lavagens a seco. Eu voltava do intervalo e encontrava bilhetes na minha mesa que diziam: "Você fede". Mostrei-os para a irmã Blanche. Ela me disse que sentia que era seu dever cristão me dizer que pessoas negras tinham *mesmo* um cheiro diferente das pessoas brancas, mas que era cruel as crianças me escreverem bilhetes desagradáveis, porque eu não podia fazer nada a respeito, e que, se eu ficasse no pátio até mais tarde no dia seguinte, logo depois da hora do almoço, ela lhes pediria para serem mais gentis comigo!

115

O chefe da paróquia e do colégio, o monsenhor John J. Brady, disse para minha mãe, quando ela me matriculou, que ele nunca havia pensado que teria de admitir crianças negras em seu colégio. Seu passatempo preferido era colocar Ann Archdeacon ou Ilene Crimmons em seu colo e brincar com os cachos loiros e ruivos delas com uma das mãos enquanto deslizava a outra pelas costas do uniforme de gabardine azul. Eu não me importava com sua luxúria, mas me importava com ele me segurar todas as tardes de quarta-feira, depois da aula, para eu decorar substantivos latinos.

As outras crianças da minha sala faziam um teste rápido para avaliar seu conhecimento geral das palavras e iam embora, já que era o dia da semana em que éramos dispensados mais cedo para o ensino religioso.

Passei a odiar as tardes de quarta, sentada sozinha na sala de aula, tentando decorar o singular e o plural de uma longa lista de substantivos latinos e seus gêneros. A cada meia hora ou mais, o padre Brady vinha do presbitério e pedia para ouvir as palavras. Se eu hesitasse sobre alguma palavra ou seu plural ou seu gênero, ou trocasse a ordem da lista, ele girava no calcanhar sob a batina e desaparecia por mais meia hora. Apesar de a saída adiantada ser às 14h, em algumas quartas-feiras eu só chegava em casa depois das 16h. Em algumas noites de quarta, eu sonhava com a folha mimeografada, branca e com seu cheiro pungente: *agricola, agricolae*, masc., agricultor. Três anos depois, quando comecei o ensino médio na Hunter e tive de estudar latim a fundo, eu havia construído um bloqueio tão grande a tudo que se relacionava ao latim que fui reprovada nos meus dois primeiros semestres dessa disciplina.

Quando eu comentava em casa sobre o tratamento que recebia no colégio, minha mãe se enfurecia comigo.

— Por que você se importa com o que eles dizem sobre você? Eles colocam comida na sua mesa? Você vai para a escola para aprender, então aprenda e deixe o resto pra lá. Você não precisa de amigos. — Eu não conseguia ver seu desamparo nem sua dor.

Eu era a garota mais inteligente da sala, o que não contribuía em nada para a minha popularidade. Mas as irmãs do Santíssimo Sacramento tinham me ensinado bem, e eu estava muito à frente em matemática e fazia contas de cabeça.

Na primavera da sexta série, a irmã Blanche anunciou que teríamos eleição para dois presidentes de classe: um menino e uma menina. Qualquer um poderia concorrer, ela disse, e votaríamos na sexta-feira daquela semana. A votação deveria levar em consideração mérito, esforço e espírito de equipe, ela acrescentou, mas o mais importante seriam as notas.

É claro que Ann Archdeacon foi indicada imediatamente. Ela não era apenas a garota mais popular do colégio, era a mais bonita. Ilene Crimmons também: seus cachos loiros e sua posição de favorita do monsenhor garantiram a indicação.

Emprestei dez centavos, roubados do bolso do meu pai na hora do almoço, para Jim Moriarty, em troca da indicação. Uma risadinha percorreu a sala, mas ignorei. Eu estava no sétimo céu. Sabia que era a garota mais inteligente da sala. Eu tinha que ganhar.

Naquela tarde, quando minha mãe chegou em casa do escritório, contei para ela sobre a eleição e como eu ia concorrer, e ganhar. Ela ficou furiosa.

— Que diabos você está fazendo, se envolvendo com essa besteira? Você não tem nada melhor na cabeça? Que diabos você quer com essa eleição? Nós te mandamos para a escola para estudar, não para andar por aí com "presidente, isso; eleição, aquilo". Pegue o arroz, garota, e pare de falar essas bobagens.

Começamos a preparar a comida.

— Mas eu posso muito bem ganhar, mamãe. A irmã Blanche disse que o cargo deveria ir para a garota mais inteligente da sala. — Eu queria que ela visse o quanto isso era importante para mim.

— Não me encha com essa bobagem. Não quero ouvir mais nada disso. E não me venha aqui na sexta-feira, com uma cara feia, dizer "Eu não ganhei, mamãe", porque também não quero ouvir isso. Seu pai e eu já temos problemas suficientes para manter vocês na escola, não quero saber de eleição.

Abandonei o assunto.

A semana foi muito longa e emocionante para mim. O único jeito de chamar a atenção dos meus colegas da sexta série era tendo dinheiro e, graças às incursões cuidadosamente planejadas aos bolsos das calças do meu pai todas as noites daquela semana, garanti que tivesse o bastante. Todo dia ao meio-dia atravessava a rua correndo, engolia qualquer comida que minha mãe tivesse deixado para o meu almoço e voltava para o pátio da escola.

Às vezes, quando ia para casa almoçar, meu pai estava dormindo no quarto deles antes de retornar para o trabalho. Nessa época, eu tinha meu próprio quarto, e minhas irmãs compartilhavam outro. No dia antes da eleição, cruzei a casa na ponta dos pés até as portas francesas do quarto dos meus pais, e através de uma fenda no cortinado espiei meu pai adormecido. As portas pareciam estremecer por causa de seu ronco pesado. Eu assistia sua boca abrir e fechar um pouco a cada ronco, ruídos estentóreos irrompendo debaixo de seu bigode. As cobertas jogadas parcialmente para trás, revelando suas mãos adormecidas, enfiadas na parte de cima do pijama. Ele estava deitado de lado, na minha direção, e a frente das calças do pijama tinha se aberto. Eu podia ver apenas sombras dos segredos vulneráveis no escuro do vão das suas roupas, mas fiquei repentinamente abalada por essa imagem tão humana de meu pai e pela ideia de que eu podia espiá-lo sem ele notar, mesmo que ele estivesse dormindo. Dei um passo para trás e fechei a porta rapidamente, constrangida e envergonhada pela minha própria curiosidade, mas desejando que seu pijama tivesse se aberto mais para que eu pudesse enfim saber o que exatamente era o segredo misterioso que os homens carregavam entre as pernas.

Quando eu tinha dez anos, no telhado, um menino tirou os meus óculos, e assim, enxergando pouco, tudo que eu conseguia lembrar daquele encontro, quando lembrava, era uma coisa longa e fina como um lápis, que eu sabia que não poderia ter semelhança nenhuma com meu pai.

Antes de fechar a porta, porém, deslizei a mão por trás do cortinado até onde o terno do papai estava pendurado. Separei uma nota de um dólar do rolo fino que ele carregava no bolso das calças. Então retornei para a cozinha, lavei meu prato e meu copo e corri de volta para a escola. Eu tinha uma campanha eleitoral para fazer.

Sabia que não deveria dizer mais nada sobre a presidência para a minha mãe, mas aquela semana foi cheia de fantasias de como eu daria a notícia para ela na sexta-feira quando ela chegasse em casa.

"Ah, mamãe, aliás, posso ficar até mais tarde na escola na segunda-feira, para o encontro dos presidentes?", ou "Mãe, você poderia, por favor, assinar este bilhete dizendo que eu posso aceitar a presidência?", ou talvez, ainda, "Mãe, eu poderia fazer uma pequena reunião aqui para comemorar a eleição?".

Na sexta, amarrei uma fita em volta da presilha de aço que prendia firmemente o volume rebelde do meu cabelo na nuca. As eleições aconteceriam à tarde, e, quando cheguei em casa para almoçar, pela primeira vez na vida estava animada demais para conseguir comer. Enfiei a lata de sopa Campbell's que minha mãe tinha separado para mim atrás das outras latas na despensa e torci para que ela não tivesse contado quantas tinham sobrado.

Saímos em fila do pátio da escola e subimos as escadas para a sala da sexta série. As paredes ainda estavam forradas com pedaços de verde por causa da decoração recente para o Dia de São Patrício. A irmã Blanche distribuiu pedacinhos de papel em branco para usarmos como cédulas.

O primeiro duro despertar veio quando ela anunciou que o garoto escolhido seria o presidente, mas a garota seria apenas vice-presidenta. Achei isso monstruosamente injusto. Por que não o contrário? Já que não poderíamos, como ela explicou, ter dois presidentes, por que não uma garota presidenta e um garoto vice-presidente? Não importa tanto, eu disse para mim mesma. Posso aceitar ser vice-presidenta.

 Votei em mim mesma. As cédulas foram coletadas e passadas até a frente da sala e devidamente contadas. James O'Connor venceu entre os garotos. Ann Archdeacon venceu entre as garotas. Ilene Crimmons ficou em segundo. Tive quatro votos, sendo um deles o meu. Eu estava em choque. Aplaudimos os vencedores, e Ann Archdeacon se virou em sua carteira e abriu seu sorriso de merda para mim. "Pena que você perdeu." Sorri de volta. Queria quebrar a cara dela.

 Eu era muito filha da minha mãe para deixar que alguém pensasse que eu me importava. Mas me sentia destruída. Como isso podia ter acontecido? Eu era a garota mais inteligente da sala. Eu não tinha sido eleita vice-presidenta. Simples assim. Mas alguma coisa estava me escapando. Alguma coisa estava terrivelmente errada. Não era justo.

 Uma doce garotinha chamada Helen Ramsey tinha decidido que era seu dever cristão ser minha amiga e durante o inverno, certa vez, havia me emprestado seu trenó. Ela morava perto da igreja e, naquele dia depois da escola, me convidou para tomar chocolate quente em sua casa. Fugi sem responder, disparando pela rua e para dentro da segurança da minha casa. Subi as escadas correndo, minha mochila batendo contra as minhas pernas. Peguei a chave que estava presa ao bolso do meu uniforme e abri a porta do nosso apartamento. A casa estava quente, escura, vazia, silenciosa. Não parei de correr até chegar ao meu quarto, na frente da casa, onde joguei meus livros e o casaco no canto e desabei sobre o sofá-cama reversível, berrando de fúria e decepção. Finalmente, na privacidade do meu quarto, pude derramar as lágrimas que estavam queimando meus olhos por duas horas, e chorei e chorei.

Eu já tinha desejado outras coisas que não tinha conseguido. Tanto que tinha passado a acreditar que, se eu quisesse algo, o próprio ato de querer já era uma garantia de que não conseguiria. Seria isso que tinha acontecido com a eleição? Eu tinha desejado muito? Seria isso que minha mãe estava falando o tempo todo? O motivo de ela ter ficado tão brava? Porque desejar significava que eu não conseguiria? Mas, de alguma maneira, aquela situação parecia diferente. Foi a primeira vez que eu quis muito algo cujo resultado tinha certeza de que estava sob meu controle. O cargo deveria ter ido para a garota mais inteligente da sala, e eu era obviamente a mais inteligente. Isso era algo que eu tinha feito, sozinha, que deveria ter me garantido a eleição. A mais inteligente, não a mais popular. Era eu. Mas isso não aconteceu. Minha mãe estava certa. Eu não tinha vencido a eleição. Minha mãe estava certa.

Esse pensamento me machucou quase tanto quanto perder a eleição, e, quando o senti completamente, gritei com renovado vigor. Desfrutei da minha dor na casa vazia de uma maneira que jamais poderia ter feito caso houvesse mais alguém.

Do outro lado do apartamento e enterrada nas minhas lágrimas, ajoelhada com o rosto nas almofadas do sofá, não escutei a chave na fechadura, nem a porta principal sendo aberta. A primeira coisa que percebi foi minha mãe parada na porta do meu quarto, um tom de preocupação na sua voz.

— O que aconteceu, o que aconteceu? Qual o problema? Pra que esse berreiro?

Virei o rosto ainda molhado de lágrimas do sofá para ela. Queria um pouco de conforto para a minha dor e, me levantando, comecei a ir na sua direção.

— Perdi a eleição, mamãe — chorei, esquecendo seus avisos. — Sou a garota mais inteligente da sala, a irmã Blanche disse isso, mas, em vez de mim, escolheram a Ann Archdeacon! — A injustiça da situação me inundou novamente, e minha voz se quebrou em novos soluços.

Através das lágrimas, vi o rosto da minha mãe se retesar de raiva. Suas sobrancelhas se juntaram enquanto erguia a mão, ainda segurando a bolsa. Parei no meio do caminho quando o seu primeiro golpe acertou em cheio um lado da minha cabeça. Minha mãe não era nada fraca, e eu recuei, os ouvidos zumbindo. O mundo todo parecia estar enlouquecendo. Foi só então que me lembrei da nossa conversa anterior.

— Olha, o pássaro esquece, mas a armadilha, não! Eu te avisei! O que você pensa que está fazendo, entrando nessa casa e se lamentando sobre a eleição? Eu te falei uma vez, eu te falei cem vezes, não vá atrás dessas pessoas, não falei? Que tipo de idiota cresceu aqui para pensar que aqueles brancos covardes e inúteis deixariam uma lambisgoiazinha de lado para te eleger para qualquer coisa? — Tapa! — O que acabei de te dizer?

Ela me estapeou novamente, nos ombros dessa vez, enquanto eu me encolhia para escapar da chuva de golpes furiosos.

— Mas, é claro, não te disse para não vir aqui derramar suas lágrimas por causa de uma eleição inútil e idiota? — Tapa! — Por que diabos você acha que te mandamos para a escola? — Tapa! — Quer evitar problemas? Não se meta nas coisas dos outros. Pronto, agora chega de choro! — Tapa!

Ela me levantou do sofá onde eu tinha me afundado.

— É chorar que você quer? Vou te dar um bom motivo para chorar, então! — E ela me estapeou de novo, dessa vez com menos força. — Agora levanta daí e pare de agir como uma tola estúpida, se preocupando com os assuntos dessas pessoas que não lhe dizem respeito. Chispe daqui e vá limpar seu rosto. Comece a agir igual gente!

Me empurrando para a frente, minha mãe marchou de volta pela sala, até a cozinha.

— Eu venho aqui, cansada da rua, e você está aí, agindo como se o mundo estivesse acabando. É claro que pensei que alguma coisa horrível tivesse acontecido com você, para depois descobrir que era só a eleição. Agora me ajude a guardar essa comida.

Fiquei aliviada por ouvir seu tom amolecer, enquanto eu enxugava meus olhos. Mas segui mantendo uma boa distância de suas mãos pesadas.

— É só que não é justo, mãe. Era só por isso que eu estava chorando — eu disse, abrindo as sacolas de papel kraft sobre a mesa. Admitir minha mágoa me faria sentir, de alguma forma, culpada por estar ferida. — Não foi com a eleição que me importei tanto mesmo, foi por tudo ser tão injusto.

— Justo, justo, o que você acha que é justo? Se é justiça que você quer, busque no rosto de deus.

Minha mãe despejava energicamente as cebolas no cesto. Ela parou, se virou e ergueu meu rosto inchado, a mão sob meu queixo. Se antes seus olhos estavam tão penetrantes e furiosos, agora só pareciam cansados e tristes.

— Criança, por que você esquenta tanto a cabeça com o que é justo ou não é? Apenas faça o que deve fazer e deixe os outros cuidarem de si mesmos. — Ela tirou as mechas de cabelo da frente do meu rosto, e senti que a raiva tinha deixado seus dedos. — Olha, seu cabelo todo bagunçado atrás, de tanto ficar se descabelando por besteiras. Vá lavar o rosto e as mãos e volte aqui para me ajudar a preparar este peixe pro jantar.

9

Exceto para assuntos políticos, meu pai era um homem de poucas palavras. Mas todas as manhãs ele tinha longas conversas consigo mesmo no banheiro.

Durante os últimos anos da guerra, era mais fácil encontrar meu pai fora de casa do que dentro ou, na melhor das hipóteses, dormindo por algumas horas antes de sair novamente para o turno noturno na fábrica de artefatos bélicos.

Minha mãe se apressava do trabalho para casa, fazia supermercado, ralhava um pouco conosco e preparava o jantar. Phyllis, Helen ou eu já teríamos feito o arroz ou as batatas, e talvez minha mãe já tivesse temperado uma carne mais cedo, que estaria no fogão, com um bilhete para colocarmos a panela em fogo baixo assim que chegássemos. Ou talvez houvesse separado propositalmente algo do jantar da noite anterior ("Deixe um pouco disso para o seu pai jantar amanhã!"). Naquelas tardes, eu não esperava minha mãe voltar para casa. Em vez disso, eu mesma embalava a comida e saía de ônibus para o centro da cidade, em direção ao escritório do meu pai.

Eu aquecia cada porção da comida até ficar pelando. Cuidadosamente, embalava o arroz quente e pedaços saborosos de carne ensopada ou de frango picante e molho em garrafas de leite que tínhamos limpado e guardado para esse fim. Acondicionava os vegetais separadamente em outra garrafa, com um pouco de manteiga por cima, se conseguíssemos, ou margarina. Enrolava cada garrafa em camadas de jornal e depois em uma toalha velha para manter a comida aquecida. Colocando-as em uma sacola de mercado com a camiseta e o suéter que minha mãe tinha separado para eu levar para o meu pai, eu saía de ônibus para o escritório, cheia de um senso de missão e realização.

O ônibus que partia de Washington Heights ia para o centro e atravessava a Rua 125. Eu descia na Avenida Lenox e subia três quarteirões até o escritório, passando por bares e mercearias e pequenos grupos de pessoas em animadas conversas pela rua.

Às vezes, quando eu chegava, meu pai já estava lá embaixo, no escritório, examinando talões de recibos, impostos ou contas. Às vezes, ele ainda estava dormindo no quarto de cima, e o zelador tinha que subir e bater na porta do quarto para acordá-lo. Eu não tinha permissão para subir, nem para entrar no quarto onde meu pai dormia. Sempre me perguntei que mistérios ocorriam "lá em cima" e o que havia ali que meus pais nunca quiseram que eu visse. Acho que era a mesma vulnerabilidade com a qual tinha me chocado e me envergonhado no dia em que espiei dentro do quarto deles em casa. Sua ordinária humanidade.

Quando meu pai descia as escadas, eu o cumprimentava com um beijo e ele ia para os cômodos da parte de trás do escritório e lavava o rosto e as mãos, se preparando para comer. Eu arrumava a refeição cuidadosamente, numa mesa especial na sala dos fundos. Se alguém o procurasse enquanto estava comendo, eu preparava um recibo, orgulhosamente, ou transmitia o recado para ele. Meu pai entendia que comer era uma atividade demasiadamente humana para permitir que uma pessoa qualquer o visse fazendo uma refeição.

Se ninguém viesse, eu me sentava silenciosamente na sala dos fundos e o observava. Ele era meticulosamente elegante, colocando os ossos em fileiras regulares sobre o papel-toalha ao lado do prato. Às vezes, meu pai olhava para cima e me via olhando para ele, estendia a mão e me dava um pedaço de carne ou um bocado de arroz e molho do seu prato.

Outras vezes, eu me sentava com meu livro, lendo em silêncio, mas secretamente desejando e esperando por essa atenção especial. Mesmo que eu já tivesse comido a mesma comida, ou que ela fosse algo de que eu não gostasse tanto, esses sabores do prato do meu pai, na sala dos fundos do seu escritório, tinham um encantamento que era delicioso e mágico, precioso. Eles formam as lembranças mais queridas e próximas que eu tenho de momentos calorosos que compartilhei com meu pai. Não foram muitos.

Quando ele terminava a refeição, eu enxaguava as garrafas e lavava os pratos e talheres. Eu os colocava de volta na prateleira especialmente liberada para eles e cobria com o guardanapo de pano, que tinha sido deixado lá para isso, para protegê-los da poeira da sala dos fundos. Embrulhava cuidadosamente as garrafas novamente, colocava-as dentro da sacola de compras e pegava a moeda que meu pai me dava para a passagem do ônibus de volta. Eu me despedia dele com um beijo e voltava para casa.

Às vezes, não trocávamos mais que duas ou três frases durante todo o tempo que estávamos juntos no escritório. Mas eu me lembro dessas tardes, sobretudo durante a primavera, como momentos muito especiais e de contentamento.

10

A primeira vez que fui para Washington D.C. foi no auge do verão em que eu supostamente deveria deixar de ser criança. Ao menos era isso que nos diziam na formatura da oitava série. Na mesma época, minha irmã Phyllis se formou no ensino médio. Não sei o que ela supostamente devia deixar de ser. Mas, como presente de formatura para nós duas, toda a família fez uma viagem de Dia da Independência para Washington, a fabulosa e famosa capital do nosso país.

Foi a primeira vez que andei num trem de viagem durante o dia. Quando eu era pequena e costumávamos ir para o litoral de Connecticut, íamos sempre à noite, no trem do leite, porque era mais barato.

Os preparativos circundavam nossa casa antes mesmo de as aulas terem acabado. Fizemos as malas para uma semana. Eram duas malas enormes que meu pai carregava e uma caixa cheia de comida. Na verdade, minha primeira viagem para a capital foi um banquete móvel; comecei a comer assim que estávamos confortavelmente acomodados em nossos assentos e não parei até algum lugar depois da Filadélfia. Eu me lembro de que era a Filadélfia porque fiquei decepcionada por não termos passado pelo Sino da Liberdade.

Minha mãe tinha assado dois frangos e os trinchado em pedaços pequenos do tamanho de uma mordida. Ela embrulhou fatias de pão integral e manteiga e palitos de pimentão verde e de cenoura. Tinha pequenos bolos glaceados intensamente amarelos com bordas arredondadas, chamados de *marigolds*, da padaria Cushman. Tinha um pão doce com especiarias e bolinhos da padaria caribenha Newton, que ficava em frente ao Colégio St. Mark, na Avenida Lenox, e chá gelado num vidro de maionese embrulhado. Tinha conserva doce de pepinos para nós e de pepinos com endro para o meu pai, além de pêssegos, ainda com as cascas, individualmente embalados para evitar que se amassassem. E, para a limpeza, pilhas de guardanapos e uma pequena lata com um lenço umedecido com água de rosas e glicerina, para limpar as bocas gordurosas.

Eu queria comer no vagão-restaurante porque tinha lido tudo sobre ele, mas minha mãe me lembrou pela centésima vez que a comida do vagão-restaurante custava sempre muito caro e, além disso, nunca se sabia quais mãos tinham manipulado aquela comida, nem onde aquelas mesmas mãos tinham estado um pouco antes. Minha mãe nunca mencionou que pessoas negras não eram permitidas nos vagões-restaurante de trens que viajavam para o Sul em 1947. Como de costume, ela ignorava qualquer coisa de que não gostava e que não podia mudar. Talvez, se privado de sua atenção, aquilo desaparecesse.

Eu soube depois que a viagem de formatura da sala da Phyllis fora também para Washington, mas as freiras tinham devolvido seu pagamento, explicando, em particular, que os alunos da sua sala, que eram todos brancos, exceto Phyllis, ficariam num hotel onde ela "não se sentiria feliz"; ou seja, papai explicou para ela, também em particular, que eles não alugavam quartos para negros. "Nós mesmos vamos levar vocês para Washington", meu pai declarou, "e não vai ser por uma noite apenas em um hotel pulguento e miserável".

O racismo estadunidense era uma realidade nova e esmagadora que meus pais tiveram de enfrentar a cada dia de sua vida assim que vieram para este país. Eles lidavam com isso como uma desgraça particular. Minha mãe e meu pai acreditavam que poderiam proteger melhor suas filhas das realidades da raça e do racismo nos estados unidos se jamais os nomeassem nem muito menos discutissem sua natureza. Nos diziam que não deveríamos, em nenhuma condição, confiar em pessoas brancas, mas o *porquê* nunca nos foi explicado, nem a natureza dessa má vontade. Como muitas outras informações vitais na minha infância, eu deveria saber sem que tivessem me dito. Isso sempre me soou uma ordem estranha vinda da minha mãe, que se parecia tanto com uma daquelas pessoas em quem não deveríamos confiar. Mas alguma coisa sempre me alertava a não perguntar por que ela não era branca e por que titia Lillah e titia Etta também não eram, embora elas tivessem aquela mesma cor problemática, tão diferente da minha cor e da do meu pai, assim como da cor das minhas irmãs, que era uma tonalidade intermediária.

Na capital, ocupamos um quarto grande com duas camas de casal e uma cama dobrável extra, para mim. O hotel pertencia a um amigo do meu pai que trabalhava no mercado imobiliário, e ficava numa rua afastada. Passei o dia seguinte, depois da missa, apertando os olhos para ver o Memorial Lincoln, onde Marian Anderson cantou, depois que as Daughters of the American Revolution[9] impediram que ela cantasse em seu auditório porque era negra. Ou porque que ela era "de cor", disse meu pai quando nos contou a história. Só que provavelmente o que ele disse foi "negra", porque, para sua época, meu pai era bastante progressista.

Eu apertava os olhos porque estava naquela silenciosa agonia que caracterizou todos os verões da minha infância, de junho, quando as aulas acabavam, até o fim de julho, provocada pela exposição dos meus olhos sensíveis e dilatados à claridade do verão.

---

[9] "Filhas da revolução estadunidense", em tradução livre. Trata-se de uma organização sem fins lucrativos, fundada em 1890 por mulheres com o intuito de promover o patriotismo e os valores da Independência dos estados unidos. É uma entidade vista como elitista e racista. [N.E.]

A cada ano, eu via julho através de uma agoniante auréola de brancura ofuscante e sempre odiei o Dia da Independência, mesmo antes de perceber o escárnio que essa celebração representa para as pessoas negras neste país.

Meus pais não aprovavam o uso de óculos escuros nem a despesa que isso envolveria.

Passei a tarde apertando os olhos para ver os monumentos à liberdade, às presidências anteriores e à democracia, me perguntando por que a luz e o calor eram tão mais fortes em Washington do que em casa, em Nova York. Até as calçadas tinham um tom mais claro do que na minha cidade.

Naquele fim de tarde na capital, minha família e eu voltamos pela Avenida Pensilvânia. Éramos uma verdadeira caravana, mãe clara e pai marrom, as três garotas formando uma gradação de cores entre os dois. Movido pelo nosso entorno histórico e pelo calor do fim da tarde, meu pai anunciou mais um mimo. Ele tinha um grande senso histórico, um dom para o silêncio dramático e um senso do que havia de especial numa ocasião e numa viagem.

— Vamos parar e tomar algo para refrescar, Lin?

A dois quarteirões de distância do nosso hotel, a família parou para um sorvete de baunilha na sorveteria Breyer. O interior da loja era escuro e refrigerado por um ventilador, o que deliciosamente aliviava meus olhos ardentes.

Bem-arrumados e perfumados, nós cinco nos sentamos, um por um, no balcão. Fiquei entre minha mãe e meu pai, e minhas duas irmãs se sentaram do outro lado da minha mãe. Nos acomodamos ao longo do balcão de mármore branco mosqueado, e, quando a garçonete falou pela primeira vez, nenhum de nós entendeu o que ela estava dizendo, então nós cinco apenas ficamos ali sentados.

A garçonete se moveu ao longo da nossa fileira para mais perto do meu pai e repetiu:

— Eu disse que posso te vender para levar, mas vocês não podem comer aqui. Desculpe. — Ela baixou os olhos, parecendo muito envergonhada, e de repente todos nós ouvimos o que ela estava dizendo, ao mesmo tempo, em alto e bom som.

Com as costas eretas e indignados, um por um, minha família e eu descemos das banquetas do balcão, nos viramos e marchamos para fora da sorveteria, quietos e ofendidos, como se nunca tivéssemos sido negros antes. Ninguém respondeu a minhas perguntas enfáticas com algo que não fosse um silêncio culpado. "Mas não fizemos nada!" Não era certo nem justo! Não tinha eu escrito poemas sobre Bataan, e liberdade, e democracia para todos?

Meus pais não falaram sobre essa injustiça, não porque tivessem colaborado com ela, mas porque sentiam que deveriam tê-la antecipado e evitado. Isso me deixou ainda mais irritada. Não havia uma fúria similar para oferecer reconhecimento à minha. Até minhas duas irmãs reproduziram o fingimento dos meus pais, de que nada incomum ou antiamericano tinha acontecido. Precisei escrever sozinha a minha carta enraivecida para o presidente dos estados unidos, embora meu pai tivesse prometido que eu poderia datilografá-la na máquina de escrever do seu escritório, na semana seguinte, depois que mostrei a ele o rascunho que fiz no meu diário.

A garçonete era branca, e o balcão era branco, e o sorvete que nunca comi em Washington naquele verão em que deixei a infância era branco, e o calor branco, e as calçadas brancas e os monumentos de pedra branca do meu primeiro verão na capital me deixaram mal do estômago pelo resto da viagem, e ela acabou não sendo um grande presente de formatura no fim das contas.

11

Quando eu era criança, na casa da minha mãe, havia temperos de ralar e temperos de moer, e, sempre que se socava algum tempero, ou alho, ou outras ervas, usava-se um pilão. Toda mulher caribenha que se prezasse tinha seu próprio pilão. Porém, se você o perdesse ou quebrasse, era possível, é claro, comprar outro no mercado paralelo debaixo da ponte da Avenida Park, mas os pilões de lá geralmente eram porto-riquenhos e, mesmo sendo feitos de madeira e tendo exatamente o mesmo funcionamento, por algum motivo nunca eram realmente tão bons quanto os pilões caribenhos. Agora, de onde vinham os melhores pilões, nunca tive muita certeza, embora soubesse que devia ser nas proximidades daquele lugar indefinido e magicamente perfeito chamado "lar". E qualquer coisa que viesse daquele "lar" só poderia ser perfeita.

O pilão da minha mãe era um negócio elaborado, totalmente discrepante da maioria de seus outros pertences e, com certeza, da visão pública que ela projetava de si. Ele ficava lá, firme e elegante, numa prateleira do armário da cozinha desde que me lembro, e eu o amava.

O pilão era de uma madeira estrangeira, perfumada, muito escura para ser cerejeira, muito vermelha para ser nogueira. Para

■ Uma versão deste texto também consta em *Sou sua irmã: escritos reunidos e inéditos de Audre Lorde*. Trad. Stephanie Borges. São Paulo: Ubu, 2020, p. 91-102. [N.E.]

os meus olhos de criança, seu exterior era esculpido de forma intrincada e muito atraente. Havia ameixas arredondadas e frutas ovais indeterminadas, algumas longas e listradas, como uma banana, outras ovais e inchadas numa das pontas, como um abacate maduro. Entre elas, havia formas arredondadas menores, como cerejas, aglomeradas em grupos.

Eu amava tocar com a ponta dos dedos a firmeza arredondada da fruta esculpida, o acabamento sempre surpreendente das formas quando o entalhe terminava na borda e o bojo descia suavemente oval, mas eficiente. A robustez pesada desse utilitário de madeira sempre me fez sentir segura e, de alguma maneira, completa; como se evocasse, de todos os muitos sabores diferentes socados em seu interior, visões de deliciosos banquetes, tanto já apreciados como os ainda por vir.

O socador era longo e afunilado, feito da mesma misteriosa madeira rosada e se encaixava na mão quase de modo casual, familiar. Sua forma me lembrava uma abóbora de pescoço reta, mas levemente torcida em uma das extremidades. Também remetia a um abacate, com o pescoço alongado e o corpo próprio para bater, sem nunca perder a aparência de suave firmeza e o caráter de fruta que a madeira sugeria. Era um pouco maior na extremidade que moía do que a maioria dos socadores, e a curvatura alargada na extremidade cabia facilmente no bojo do pilão. O extenso uso e os anos de impacto e moagem haviam amolecido a superfície do socador de madeira, até que uma fina camada de fibras soltas revestiu, como uma camada de veludo, a extremidade arredondada. Uma camada de madeira puída aveludada também forrava o fundo do bojo do pilão.

Minha mãe não gostava muito de macerar temperos e considerava o advento das opções em pó uma bênção para quem cozinhava. Mas havia alguns pratos que pediam por um tipo especial de mistura saborosa de alho, cebola crua e pimenta, e *souse* era um deles.

Para o *souse* da nossa mãe, não importava o tipo de carne usado. Podia ser preparado com coração, ponta de peito bovino ou até mesmo carcaças e moelas de frango, quando estávamos realmente pobres. A mistura suculenta de temperos e ervas maceradas que se esfregava na carne, para marinar por algumas horas antes de cozinhar, tornava esse prato especial e inesquecível. Mas minha mãe tinha algumas ideias bem firmes sobre o que mais gostava de cozinhar e sobre quais eram seus pratos favoritos, e *souse*, definitivamente, não era nenhum dos dois.

Nas raríssimas vezes em que minha mãe deixava uma de nós três escolher a refeição — em vez de ajudar a prepará-la, o que era uma rotina diária —, minhas irmãs costumavam escolher um daqueles pratos proscritos, tão afetivos para nós, lembranças das mesas de nossos parentes, proibidos e tão raros na nossa casa. Às vezes pediam cachorro-quente, talvez besuntado de ketchup ou com feijão à moda de Boston; ou frango estadunidense, empanado e frito, crocante, como as pessoas do Sul faziam; ou uma coisa ou outra cremosa que uma das minhas irmãs tivesse experimentado na escola; croquetes de sei lá o quê ou frituras quaisquer; ou uma vez, até mesmo, um pedido ousado e extravagante de fatias frescas de melancia, vendidas na carroceria de madeira de uma caminhonete frágil, com a poeira da estrada para o Sul ainda nas tábuas, de onde um jovem negro raquítico, com um boné de beisebol virado pra trás, gritava, meio em canto tirolês: "Meeeeeeee-laan-ciiiiiiiiiiii-aaaaaaaaaa".

Havia muitos pratos estadunidenses que eu desejava muito também, mas, quando conseguia escolher a refeição, uma ou duas vezes ao ano, sempre pedia *souse*. Desse jeito, sabia que poderia usar o pilão da minha mãe, e isso, por si só, já era mais prazeroso para mim do que qualquer uma das comidas proibidas. Além disso, se eu quisesse mesmo cachorro-quente ou qualquer croquete tanto assim, podia roubar algum dinheiro do bolso do meu pai e comprar durante o recreio do colégio.

— Mãe, vamos comer *souse*! — eu dizia, sem nunca pensar duas vezes. Na minha mente, o gosto antecipado da carne macia e picante havia se tornado inseparável dos prazeres táteis de usar o pilão da minha mãe.

— Mas o que te faz pensar que alguém tem tempo para triturar todas essas coisas? — Minha mãe me encarava com seus olhos acinzentados de falcão, sob as pesadas sobrancelhas pretas. — Vocês, meninas, nunca param para pensar — e ela se voltava para qualquer coisa que estivesse fazendo. Se ela tivesse acabado de chegar do escritório com o meu pai, talvez estivesse checando os recibos do dia ou lavando as intermináveis pilhas de roupas de cama que sempre pareciam brotar das pensões.

— Ah, eu posso amassar o alho, mamãe! — Seria minha próxima fala nesse roteiro escrito por alguma mão secreta e milenar, e lá ia eu até o armário pegar o pesado pilão de madeira.

Escolhia uma cabeça de alho diretamente da vasilha na geladeira, retirava dez ou doze dentes, cuidadosamente removia a pele cor de lavanda de cada um e cortava-os ao meio, no comprimento. Jogava pedaço por pedaço no grande bojo do pilão à espera. Pegava uma fatia de uma cebola pequena, separava o restante para dispor sobre a carne temperada, cortava essa fatia em quatro e a adicionava também ao bojo. Em seguida, vinha a pimenta-do-reino fresca e moída grosseiramente e, então, uma camada generosa de sal. Por último, se tivéssemos, algumas folhas de salsão. Minha mãe, às vezes, adicionava uma rodela de pimentão verde, mas eu não gostava da textura da casca do pimentão sob o socador e preferia colocá-la depois, junto com a cebola reservada, sobre a carne temperada em repouso.

Depois que todos os ingredientes estivessem no bojo do pilão, eu pegava o socador e o girava lentamente algumas vezes, amassando suavemente todos os ingredientes para misturá-los. Só então eu o levantava e, com a mão pressionando firmemente em torno da lateral entalhada do pilão, acariciando a fruta de madeira com meus dedos perfumados, empurrava-o bruscamente para baixo, sentindo o movimento do sal e dos pequenos fragmentos duros de alho sob o socador de madeira. Para cima de novo, para baixo, em volta e para cima — assim começava o ritmo.

O soca empurra esfrega gira levanta repetido várias e várias vezes. O baque mudo do socador no leito de tempero moído, enquanto o sal e a pimenta absorviam o suco que escoava lentamente do alho e das folhas de salsão.

Soca empurra esfrega gira levanta. A mistura de fragrâncias subindo do bojo do pilão.

Soca empurra esfrega gira levanta. A sensação do socador preso entre meus dedos curvados e a parte externa do pilão arredondada como uma fruta na palma da minha mão enquanto eu a apoiava contra o meu corpo.

Tudo isso me transportava para um mundo de aroma, e ritmo, e movimento, e som que ficava cada vez mais excitante à medida que os ingredientes se desfaziam.

Às vezes, minha mãe me olhava com aquela irritação divertida que passava por ternura.

— O que você acha que está fazendo aí, sopa de alho? Chega, vá buscar a carne agora. — E eu pegava os corações de cordeiro, por exemplo, na geladeira e começava a prepará-los. Retirando as veias duras dos músculos firmes e macios, eu dividia cada coração oval em quatro partes e, pegando da tigela um pouco da pasta picante com a ponta dos dedos, esfregava cada pedaço com essa mistura saborosa, o cheiro de alho, cebola e salsão envolvendo a cozinha.

O último dia em que preparei o tempero para fazer *souse* foi no verão em que eu tinha quinze anos. Estava sendo um verão bastante desagradável para mim. Eu tinha acabado de terminar o primeiro ano do ensino médio. Em vez de visitar meus amigos recém-feitos, que viviam em outras partes da cidade, tive de acompanhar minha mãe numa rodada de médicos, com os quais ela tinha longas conversas sussurradas. Apenas uma questão de extrema importância poderia ter feito com que ela se ausentasse do escritório por tantas manhãs consecutivas. Mas minha mãe estava preocupada porque eu tinha catorze anos e meio e ainda não tinha menstruado. Os seios haviam se desenvolvido, mas eu não menstruava, e ela estava com medo de que houvesse algo "errado" comigo. Porém, já que nunca havíamos falado sobre esse negócio misterioso de menstruação, eu certamente não devia saber do que se tratava todo aquele sussurro, embora se referisse ao meu próprio corpo.

Claro, eu sabia tanto quanto era possível descobrir naquela época, nos livros quase inacessíveis da "estante restrita", que ficava atrás da mesa da bibliotecária na biblioteca pública, para onde eu tinha levado um bilhete falsificado de casa, a fim de ter a permissão de lê-los, sentada sob o olhar atento da bibliotecária em uma mesa especial reservada para esse fim.

Embora não fossem muito informativos, eram livros fascinantes e usavam palavras como *menstruação*, *ovulação* e *vagina*.

Mas, quatro anos antes, eu havia tentado descobrir se ficaria grávida, porque um menino da minha escola, muito maior do que eu, tinha me convidado para subir no telhado, no caminho da biblioteca até a minha casa, e então ameaçou quebrar meus óculos se eu não o deixasse enfiar sua "coisa" entre as minhas pernas. E, naquela época, eu sabia apenas que engravidar tinha alguma coisa a ver com sexo, e que sexo tinha alguma coisa a ver com aquela "coisa" fina parecida com um lápis e que era, no geral, desagradável e não era assunto de boas pessoas, e eu tinha medo de a minha mãe descobrir, e o que ela faria comigo então? De qualquer forma, eu não devia estar olhando para as caixas de correio do corredor daquele prédio, mesmo que a Doris, uma garota da minha sala no Colégio St. Mark, morasse ali e eu me sentisse sempre tão sozinha durante o verão, em especial no verão dos meus dez anos.

Em seguida, quando cheguei em casa, tomei banho e menti sobre o motivo de ter demorado no caminho de volta da biblioteca e levei uma surra por ter chegado tarde. Deve ter sido um verão difícil para os meus pais no escritório também, pois foi nessa época que eu tomava uma surra, por um motivo ou outro, quase todos os dias entre o Dia da Independência e o Dia do Trabalho.[10]

Quando não estava apanhando, eu me refugiava na biblioteca da Rua 135 e falsificava bilhetes da minha mãe para poder pegar livros da "estante restrita" e ler sobre sexo e sobre ter bebês, e esperei ficar grávida. Para mim, em nenhum dos livros parecia muito clara a relação entre menstruar e ter um bebê, mas todos eram muito claros sobre a relação entre pênis e engravidar. Ou talvez toda a confusão estivesse na minha cabeça, porque eu sempre havia sido uma leitora muito rápida, mas não muito cuidadosa.

Então, quatro anos depois, no décimo quinto ano de vida, eu era uma garotinha muito assustada, ainda meio com medo de que alguém daquele fluxo interminável de médicos examinasse meu corpo e descobrisse minha vergonha de quatro anos atrás e contasse para minha mãe, "Arrá! Então é isso que tem de errado! Sua filha está ficando grávida!".

Por outro lado, se eu deixasse minha mãe perceber que eu sabia o que estava acontecendo e o motivo desse safári médico, eu teria de responder às suas perguntas sobre como e por que eu sabia, já que ela não havia me contado, divulgando no processo toda a história horrível e autoincriminatória de livros proibidos, e bilhetes falsificados, e telhados, e conversas de escadaria.

Fazia um ano desde o incidente no telhado quando nos mudamos para um ponto mais alto da cidade. As crianças do St. Catherine pareciam saber muito mais sobre sexo do que as crianças do St. Mark. Na oitava série, eu havia roubado dinheiro e comprado um maço de cigarro para minha colega de sala, Adeline, e ela havia confirmado minhas suspeitas livrescas sobre como os bebês eram feitos. Minha resposta às suas descrições explícitas havia sido pensar: é óbvio que deve existir outro jeito

---

[10] Nos estados unidos, o Dia da Independência é comemorado em 4 de julho, e o Dia do Trabalho, na primeira segunda-feira de setembro. [N.E.]

que Adeline não conhece, porque meus pais tiveram filhos, e eu sei que eles nunca fizeram uma coisa dessas! Mas os princípios básicos estavam todos ali, e eles eram, de fato, os mesmos que eu tinha colhido no *Livro da família para os jovens*.

Então, no meu décimo quinto verão, de mesa de exame em mesa de exame, mantive as pernas abertas e a boca fechada, e, quando vi sangue na calcinha, numa tarde quente de julho, lavei-a secretamente no banheiro e a vesti novamente, molhada, porque não sabia como anunciar à minha mãe que tanto as suas preocupações quanto as minhas tinham finalmente acabado. (Em todo esse tempo, pelo menos eu tinha entendido que menstruar era um sinal de que não estava grávida.)

O que aconteceu depois pareceu uma cena de uma dança antiga e elaborada entre mim e mamãe. Ela finalmente descobre, por uma mancha no assento da privada, deixada propositalmente por mim como um anúncio mudo, o que tinha acontecido, e me repreende:

— Por que você não me contou? Não é nada para se chatear, você é uma mulher, não é mais uma criança. Agora vá até a farmácia e peça ao atendente por...

Eu estava apenas aliviada por tudo aquilo ter acabado. É difícil falar sobre mensagens dúbias quando não se tem uma língua dupla. Evocações e restrições aterrorizantes eram verbalizadas por minha mãe:

— Isso quer dizer que, a partir de agora, é melhor você andar com cuidado e não ser tão amigável com qualquer Tom, Dick e Harry... — o que devia significar minha demora na escola depois do horário para conversar com minhas amigas, porque eu nem conhecia nenhum garoto. — Ah, não se esqueça também de, depois de embrulhar os absorventes sujos num jornal, não os deixar jogados no chão do banheiro, para que seu pai não os veja; não que seja coisa vergonhosa, mas, de qualquer forma, lembre...

Junto com todas essas admoestações, tinha algo mais vindo da minha mãe que eu não conseguia decifrar. Era aquele meio-sorriso contente/irritado e discreto, de testa franzida, que me fez sentir — apesar de toda a implicância em suas palavras — que alguma coisa muito boa, e satisfatória, e agradável para ela tinha acontecido e que estávamos fingindo o contrário por razões muito sábias e secretas. Eu viria a entender essas razões depois, como uma recompensa, se eu me comportasse adequadamente. Então, no fim de tudo isso, minha mãe empurrou a embalagem de absorventes na minha direção (eu a havia trazido ainda na sacola simples da farmácia, junto com uma cinta elástica), me dizendo:

— Mas olha só que horas já são, o que será que vamos comer no jantar esta noite? — Ela esperou. A princípio, não entendi, mas rapidamente peguei a deixa. Eu tinha visto pontas de peito bovino na geladeira naquela manhã.

— Mamãe, por favor, vamos comer *souse*; eu posso triturar o alho. — Larguei a embalagem sobre uma cadeira da cozinha e comecei a lavar as mãos em antecipação.

— Bem, vá guardar seu negócio primeiro. O que eu te disse sobre deixar isso pela casa? — Ela enxugou as mãos da tina de lavar roupa onde estava trabalhando e me entregou o pacote de absorventes. — Vou ter que sair, esqueci de comprar chá na loja. E lembre-se de esfregar bem a carne.

Quando voltei para a cozinha, minha mãe já tinha saído. Fui em direção ao armário da cozinha para pegar o pilão. Sentia meu corpo novo e especial, desconhecido e suspeito, tudo ao mesmo tempo.

Podia sentir faixas de tensão percorrendo meu corpo, de um lado para o outro, como ventos lunares sobre a face da lua. Eu senti o leve roçar da protuberância do absorvente de algodão entre as minhas pernas, e o cheiro delicado de fruta-pão subindo pela frente da minha blusa estampada, que era meu próprio cheiro de mulher, quente, vergonhoso mas secreta e absolutamente delicioso.

Anos depois, já adulta, ao pensar no meu cheiro naquele dia, fantasiava que minha mãe enxugava as mãos depois de lavar as roupas, desamarrava o avental e o guardava cuidadosamente olhando para mim deitada no sofá, e então, lentas e minuciosas, trocávamos toques e carícias nos lugares mais secretos de cada uma das duas.

Peguei o pilão e esmaguei os dentes de alho com a base, para soltar as finas cascas mais rapidamente. Fatiei-os e joguei-os no bojo do pilão, junto com pimenta-do-reino e folhas de salsão. Entrou o sal, como uma nevasca cobrindo os outros ingredientes. Acrescentei a cebola e alguns pedaços de pimentão verde, e peguei o socador.

Ele escorregou entre meus dedos e caiu com um estrondo no chão, rolando em semicírculo, de um lado para o outro, até que me abaixei para recuperá-lo. Agarrei o topo da haste de madeira e me levantei, meus ouvidos zumbiam levemente. Sem sequer lavá-lo, enfiei o socador no bojo, sentindo o manto de sal ceder e os dentes de alho se quebrarem logo abaixo. O impulso do socador de madeira para baixo desacelerou com o contato, um giro para a frente e para trás, e o ritmo gentilmente alterado para incluir uma batida para cima e para baixo. Para trás, para a frente, um giro, para cima e para baixo, para trás, para a frente, um giro, outro giro, para cima e para baixo... No meu interior, havia uma grande plenitude, excitante e perigosa.

Enquanto eu continuava triturando os temperos, uma conexão vital pareceu se estabelecer entre os músculos dos meus dedos curvados firmemente em volta do pilão, no seu insistente movimento para baixo, e o centro liquefeito do meu corpo, cuja fonte emanava de uma nova plenitude madura logo abaixo da boca do estômago. Aquele fio invisível, teso e sensível como um clitóris exposto se estendeu através dos meus dedos curvados por meu braço marrom inteiro até a realidade úmida da minha axila, cujo odor forte e quente, com um novo toque estranho, se misturava com o cheiro de alho maduro do pilão e os aromas comuns do suor intenso do alto verão.

O fio corria pelas costelas e pela coluna, formigando e cantando, até uma bacia suspensa entre os quadris, agora pressionados contra o balcão da cozinha diante do qual eu estava socando os temperos. E, dentro dessa bacia, havia a maré de um oceano de sangue, começando a se tornar real e disponível para mim, como fonte de força e conhecimento.

Os choques fortes do socador aveludado, atingindo o leito de temperos, viajavam por um trajeto invisível ao longo do fio até meu centro, e a severidade dos impactos repetidos tornou-se cada vez mais insuportável. A bacia da maré suspensa entre meus quadris estremecia a cada repetição dos golpes, que agora eu sentia como ataques. Independentes da minha vontade, os golpes descendentes do socador foram ficando cada vez mais suaves, até que sua superfície aveludada parecesse quase acariciar a massa liquefeita no fundo do pilão.

Todo o ritmo dos meus movimentos ficou suave e alongado, até que, como num sonho, parei, com uma das mãos firmemente curvada em volta do pilão entalhado, apoiando-o contra o centro do meu corpo; a outra mão, em volta do socador, esfregava e pressionava o tempero umedecido num movimento amplo e circular.

Eu cantarolava desafinadamente para mim mesma enquanto trabalhava na cozinha quente, pensando com alívio sobre como minha vida seria simples agora que havia me tornado uma mulher. O catálogo de terríveis cuidados com a menstruação que minha mãe tinha me passado saiu da minha cabeça. Meu corpo se sentia forte, e cheio, e aberto, ainda capturado pelos gentis movimentos do socador, e pelos ricos aromas que enchiam a cozinha, e pela plenitude do calor do início do verão.

Escutei a chave da minha mãe na fechadura.

Ela deslizou até a cozinha vivamente, como um barco a todo vapor. Havia pequenas gotinhas de suor sobre seu lábio superior e vincos verticais entre as sobrancelhas.

— Não vai me dizer que a carne ainda não está pronta? — Minha mãe jogou seu pacote de chá em cima da mesa e olhou por cima dos meus ombros, fazendo um muxoxo ruidoso com desgosto e cansaço. — O que você está fazendo agora? Você tem a noite toda para ficar aí, brincando com a comida? Vou até o mercado e volto, e mesmo assim você não consegue amassar alguns dentes de alho para temperar a carne? Mas você sabe fazer melhor que isso! Por que você me irrita tanto?

Ela tirou o pilão das minhas mãos e começou a moer vigorosamente. E ainda havia pedaços de alho deixados no fundo do bojo.

— Olhe, é assim que se faz! — Ela conduziu o socador dentro do bojo do pilão com destreza, esmagando o resto do alho. Ouvi o barulho de madeira descendo pesadamente contra madeira e senti o impacto brusco ao longo do meu corpo, como se algo tivesse se quebrado dentro de mim. Soca, soca, seguiu o socador, decididamente, para cima e para baixo, do velho modo familiar.

— Estava quase pronto, mãe — ousei protestar, me virando para a geladeira. — Vou pegar a carne. — Fiquei surpresa com a minha própria ousadia em responder.

Mas alguma coisa na minha voz interrompeu o eficiente movimento da minha mãe. Ela ignorou minha contestação implícita, um ato de revolta estritamente proibido na nossa casa. A moedura parou.

— O que tem de errado com você agora? Está doente? Quer ir pra cama?

— Não, estou bem, mãe.

Mas senti seus dedos fortes no meu braço, me virando, sua outra mão no meu queixo enquanto ela olhava para o meu rosto. Sua voz ficou suave.

— É a sua menstruação que está te deixando tão lenta hoje? — Ela deu uma pequena sacudida no meu queixo, enquanto eu olhava para seus olhos acinzentados, agora se tornando quase gentis. A cozinha ficou, de repente, opressivamente quente e calma, e senti que começava a tremer.

Lágrimas que não entendi começaram a cair dos meus olhos, enquanto eu percebia que meu antigo prazer com o jeito enérgico com que tinha sido ensinada a moer temperos seria sentido de maneira diferente por mim a partir de agora, e também que, na cozinha da minha mãe, só havia um jeito certo de fazer qualquer coisa. Talvez minha vida não tivesse se tornado tão simples assim, no fim das contas.

Minha mãe se afastou do balcão e colocou o braço pesado sobre os meus ombros. Eu podia sentir a calidez que era só dela subindo de seu braço e de seu corpo, misturada com o aroma de glicerina e água de rosas e com o cheiro do seu volumoso coque.

— Eu termino de fazer o jantar — ela sorriu para mim, e havia ternura em sua voz e uma ausência de aborrecimento que era bem-vinda, ainda que desconhecida. — Vá para a sala e deite no sofá, vou fazer um chá quente para você.

Seu braço em volta dos meus ombros estava quente e ligeiramente úmido. Descansei a cabeça sobre seu ombro e percebi, com um choque de prazer e surpresa, que eu estava quase da altura da minha mãe, enquanto ela me levava para a sala fria e escura.

12

Em casa, minha mãe dizia: "Lembrem-se de ser irmãs na presença dos diferentes". Ela queria dizer "pessoas brancas", como a mulher que tentou me fazer levantar para lhe dar meu assento no ônibus número 4 e que cheirava a solvente. No Colégio St. Catherine, diziam: "Sejam irmãs na presença dos diferentes", e queriam dizer "pessoas não católicas". Durante o ensino médio, as garotas diziam: "Sejam irmãs na presença dos diferentes", e elas queriam dizer "homens". Minhas amigas diziam: "Sejam irmãs na presença dos diferentes", e elas queriam dizer "caretas".

Mas, no ensino médio, minhas irmãs de verdade eram diferentes; meus professores eram racistas; e minhas amigas tinham aquela cor na qual eu nunca deveria confiar.

No ensino médio, minhas melhores amigas eram "As Marcadas", como nossa irmandade de rebeldes, às vezes, se chamava. Nunca conversávamos sobre as diferenças que nos separavam, apenas sobre as que nos uniam contra "os outros". Minhas amigas e eu conversávamos sobre quem estudava alemão ou francês, quem gostava de poesia ou de dançar "o *twist*", quem saía com garotos e quem era "progressista". Falávamos até mesmo sobre nosso lugar de mulher num mundo que supostamente era para ser governado por homens.

Mas nunca conversamos sobre o que significava e como era ser negra ou branca e os efeitos disso em nossa amizade. Com certeza, todo mundo com alguma noção deplorava a discriminação racial, teoricamente e sem discussão. Podíamos superar essa questão ignorando-a.

Eu tinha crescido num mundo de tal forma isolado que era difícil para mim reconhecer diferenças como algo que não fosse uma ameaça, porque geralmente era. (A primeira vez que vi minha irmã Helen nua na banheira, quando eu tinha catorze anos, pensei que ela fosse uma bruxa, porque seus mamilos eram palidamente rosados diante de seus seios marrom-claros, e não profundamente roxos como os meus.) Mas, às vezes, eu ficava quase maluca por acreditar que tinha algo secretamente errado comigo, como pessoa; algo que formava uma barreira invisível entre mim e minhas amigas, que eram brancas. O que era isso que impedia as pessoas de me convidarem para as suas casas, suas festas, para passar um fim de semana em suas casas de veraneio? Seria porque suas mães não gostavam que tivessem amigos, assim como a minha não gostava? Será que suas mães lhes diziam para nunca confiarem em estranhos? Mas elas se visitavam. Tinha algo errado ali que estava me escapando. Já que o único lugar que eu não conseguia ver claramente era atrás dos meus próprios olhos, obviamente o problema estava em mim. Eu não tinha palavras para o racismo.

No nível mais profundo, eu provavelmente sabia então o que sei agora. Mas, para minha mente de criança, não era benéfico entender isso, e eu precisava muito permanecer criança por um pouco mais de tempo.

Éramos As Marcadas, a Margem Lunática, orgulhosas da nossa extravagância e da nossa loucura, nossas tintas de cores bizarras e canetas de pena. Aprendemos a zombar da galera convencional e a cultivar a paranoia do nosso grupo como um instinto de proteção, que sempre paralisava nossas travessuras um pouco antes da expulsão. Escrevíamos poemas obscuros e valorizávamos nossa estranheza como espólios do fracasso, e nesse processo aprendemos que dor e rejeição machucam mas não são fatais, e que podem ser úteis, já que não podem ser evitadas. Aprendemos que não sentir nada era pior do que sofrer. Naquela época, sofrer era claramente o que fazíamos de melhor. Nós nos tornamos As Marcadas porque aprendemos como fazer disso uma virtude.

Como foi escasso o amparo que recebi ao longo dos quatro anos do ensino médio... No entanto, como esse amparo foi importante para a minha sobrevivência. Relembrar aquele período é como ver velhas fotografias minhas num campo de prisioneiros, catando restos comestíveis dos montes de lixo e sabendo que, sem esse lixo, eu poderia ter morrido de fome. O racismo esmagador da maior parte do corpo docente, incluindo o de algumas das minhas piores paixonites de estudante. Como aceitei poucas formas de contato humano, em comparação com o que eu tinha consciência de querer.

Foi durante o ensino médio que passei a acreditar que era diferente dos meus colegas de sala brancos, não porque era negra, mas porque era eu.

Por quatro anos, o ensino médio na Hunter foi uma tábua de salvação. Não importava o que fosse, na verdade; lá eu conseguia algo de que precisava. Pela primeira vez, conheci jovens mulheres da minha idade, negras e brancas, que falavam numa linguagem que eu geralmente entendia e na qual conseguia responder. Conheci garotas com quem podia compartilhar sentimentos, sonhos e ideias, sem medo. Encontrei adultos que toleravam meus sentimentos e ideias sem punições por insolência, e até mesmo alguns poucos que as respeitavam e admiravam.

Escrever poesia se tornou um empenho cotidiano, não um segredo ou um vício rebelde. As outras garotas da Hunter que escreviam poesia também não me convidavam para suas casas, mas me elegeram editora literária da revista de artes da escola.

No segundo ano do ensino médio, eu estava em batalha em todas as áreas da minha vida, exceto a escola. A relação com a minha família tinha passado a se assemelhar com nada menos do que uma versão caribenha da Segunda Guerra Mundial. Cada conversa com meus pais, sobretudo com a minha mãe, era como uma reprise da Batalha das Ardenas, num panorama negro, com som estereofônico. A *Blitzkrieg* se tornou meu símbolo preferido para casa. Eu fantasiava todas as minhas tratativas com eles tendo como pano de fundo Joana d'Arc em Reims ou a Guerra Revolucionária.

Eu limpava minhas armas todas as noites e fundia minhas balas de chumbo depois da meia-noite, quando toda a família estava dormindo. Havia descoberto um mundo novo que se chamava solidão voluntária. A madrugada era o único tempo possível na casa da minha família. Em qualquer outra hora, uma porta fechada ainda era considerada um insulto. Minha mãe via qualquer ato nosso de se separar dela como uma denúncia contra a sua autoridade. Eu podia fechar a porta do meu quarto apenas enquanto fazia as tarefas escolares e nada mais do que isso. Meu quarto dava para a sala de estar, e uma hora depois do jantar eu já podia ouvir minha mãe me chamando:

— O que essa porta ainda está fazendo fechada? Você ainda não terminou suas tarefas?

Eu ia até a porta do quarto.

— Ainda estou estudando, mãe. Tenho prova de geometria amanhã.

— Você não pode trazer o livro e estudar aqui fora? Veja sua irmã fazendo isso no sofá.

Um pedido por privacidade era tratado como um ato de insolência, para o qual a punição era rápida e dolorosa. No primeiro ano, fiquei grata pelo advento da televisão na nossa casa. Isso me deu uma desculpa para me retirar para o quarto e fechar a porta por um motivo aceitável.

Quando finalmente ia dormir, cenas de violência e destruição povoavam os meus pesadelos, como pimenta branca e preta. Frequentemente, eu acordava e encontrava minha fronha vermelha e endurecida por sangramentos nasais que jorravam durante a noite, ou úmida e impregnada pelo cheiro acre de lágrimas e suor de medo.

Eu abria o zíper da fronha e a lavava à mão disfarçadamente todo fim de semana, quando trocava as roupas de cama. Eu a estendia para secar atrás do aquecedor do meu quarto. Essa fronha se tornou um registro de musseline pesado e cru de todas as ofensivas noturnas da minha guerra emocional. Secretamente, eu gostava bastante do cheiro rançoso e pungente da minha fronha, até mesmo das manchas amareladas que ficavam depois de lavar meu sangue. Por mais feias que fossem, assim como o cheiro, eram a evidência de algo vivo, e tantas vezes eu me sentia como se tivesse morrido e acordado num inferno chamado casa.

Decorei o poema de Edna St. Vincent Millay, "Renascimento", todas as oito páginas. E declamava para mim mesma, frequentemente. As palavras eram tão bonitas que eu ficava feliz por escutá-las, mas eram a tristeza, a dor e a renovação que me davam esperança.

> Mas leste e oeste vão premir o coração
> Que não puder mantê-los à parte;
> E aos de alma plana — o céu
> Sobre eles desaba, algum dia.

Minha mãe reagia a essas mudanças em mim como se eu fosse uma estrangeira hostil.

Tentei me abrir com uma orientadora da escola. Ela também chefiava o departamento de inglês e ficava me dizendo que eu poderia fazer muito mais se tentasse; que eu poderia realmente ser um orgulho para o meu povo.

— Você está tendo problemas em casa, querida?

Como ela sabia? Talvez ela pudesse ajudar, no fim das contas. Abri meu coração para ela. Contei-lhe todas as minhas infelicidades. Contei-lhe sobre a rigidez, a crueldade e a injustiça da minha mãe e sobre como ela não me amava porque eu era ruim e gorda, e não elegante e bem-comportada como minhas duas irmãs. Contei para a senhora Flouton que queria sair de casa quando fizesse dezoito anos, ou ir embora para estudar, mas minha mãe não queria que eu fosse.

Os sons do trânsito do lado de fora da janela, da Avenida Lenox, ficaram mais altos. Eram 15h30. A senhora Flouton olhou para o relógio.

— Nós temos que parar por aqui, querida. Por que você não diz para sua mãe dar uma passadinha para me ver amanhã? Tenho certeza de que podemos resolver esse probleminha.

Eu não sabia a qual problema ela se referia, mas seu sorriso condescendente era doce, e foi bom ter um adulto do meu lado, pelo menos dessa vez.

No dia seguinte, minha mãe saiu do escritório mais cedo e foi até a Hunter. Na noite anterior, eu tinha dito que a senhora Flouton queria vê-la. Ela me encarou com um olhar penetrante pelo canto de seus olhos cansados.

— Não me diga que você está causando problemas, novamente, nessa escola também!

— Não, mãe, é em relação a fazer faculdade.

Alguém estava do meu lado. Eu me sentei do lado de fora da sala de orientação enquanto minha mãe conversava, lá dentro, com a senhora Flouton.

A porta abriu. Minha mãe saiu da sala e se dirigiu para a saída da escola, sem sequer olhar para mim. Poxa. Eu teria permissão para ir para a faculdade se conseguisse uma bolsa de estudos?

Alcancei minha mãe na saída.

— O que a senhora Flouton disse, mãe? Eu posso ir para a faculdade?

Pouco antes de chegar à rua, minha mãe se virou para mim, e eu vi, chocada, que seus olhos estavam vermelhos. Ela tinha chorado. Não havia fúria em sua voz, só uma dor pesada e horrível. Tudo que ela me disse, antes de se virar de novo, foi:

— Como você pôde dizer todas aquelas coisas sobre a sua mãe para aquela mulher branca?

A senhora Flouton tinha repetido todas as minhas palavras para a minha mãe, com uma satisfação mórbida nos detalhes. Talvez porque viu minha mãe como uma mulher negra metida, que recusava sua ajuda, ou porque nos viu como um experimento sociológico que não envolvia sentimentos humanos, confidencialidade ou bom senso; nunca saberei. Ela foi a mesma orientadora que me aplicou um teste de aptidão, um ano depois, e me disse que eu deveria pensar em ser protética porque tinha uma pontuação muito alta em ciências e destreza manual.

Em casa, tudo parecia muito simples e muito triste para mim. Se meus pais me amassem, eu não os incomodaria tanto. Já que eles não me amavam, eles mereciam ser incomodados tanto quanto fosse possível dentro dos limites da minha autopreservação. Às vezes, quando minha mãe não estava gritando comigo, eu a flagrava me observando com olhos doloridos e assustados. Mas meu coração ansiava cada vez mais por algo que eu não sabia nomear.

13

No meu primeiro ano na Hunter, havia três outras garotas negras na minha série, mas não na minha sala. Uma delas era muito recatada e evitava As Marcadas com grande cuidado. As outras duas tinham vindo da mesma escola, no Queens, e andavam juntas por autoproteção.

No meio daquele ano, mais duas garotas negras vieram para a Hunter. Uma era irmã de Yvonne Grenidge, que tinha namorado meu primo Gerry. Isso fez com que meus mundos totalmente separados, escola e família, se aproximassem ameaçadoramente. Estava acostumada a pensar neles como planetas independentes.

A outra garota era a Gennie.

Gennie foi o começo de uma vida dupla para mim na Hunter; na verdade, tripla. Tinha As Marcadas, com quem eu fazia sessões espíritas e entrava em contato com os fantasmas de Byron e Keats. Tinha a Maxine, minha tímida amiga judia, pianista, com quem eu perambulava pelos vestiários depois do toque de recolher e que sofreu um colapso nervoso porque tinha medo de estar morrendo de lepra. E tinha a Gennie.

Cada parte da minha vida escolar era separada da outra, sem nenhuma conexão exceto eu mesma. Nenhuma das pessoas envolvidas teria qualquer vínculo com as outras. Maxine achava As Marcadas muito perigosas e Gennie, muito extravagante. As Marcadas achavam que Maxine era uma criança mimada e achavam Gennie uma esnobe. Gennie achava todas elas entediantes e dizia isso em voz alta, a cada provocação.

— Você anda mesmo com umas pessoas esquisitas. Elas agem como se as estrelas fossem suas joias. — Eu ri enquanto ela enchia a sapatilha com lã de cordeiro e a amarrava ao redor dos tornozelos. Gennie estava sempre indo ou vindo de uma aula de dança.

Eu compartilhava as aulas e o almoço com As Marcadas, alguns almoços e o tempo depois da aula com Maxine, e os tempos de estudo, e qualquer outra oportunidade que tivesse, com a Gennie. Ela era a única que eu encontrava nos fins de semana.

De repente, a vida se tornou um jogo excitante de quanto tempo conseguia passar com as pessoas com quem queria estar. Aprendemos a apreciar a suavidade uma da outra atrás dos armários, usando todos os tipos de nomes e jogos, de pega-pega, até qual-é-a-sensação, até consigo-bater-mais-forte-que-você. Até o dia em que a Gennie me perguntou: "Essa é a única maneira de fazer amigos que você conhece?", e, a partir daí, eu precisei aprender outras maneiras.

Aprendi como sentir primeiro e questionar depois. Aprendi como valorizar primeiro a fachada e depois o fato de ser marginal.

Naquela primavera, Gennie e eu fizemos coisas que deixariam As Marcadas no chinelo. Fumamos nos banheiros e pelas ruas. Matamos aula e falsificamos bilhetes uma para a outra, imitando as letras das nossas mães. Nós nos escondemos na casa da Gennie e assamos marshmallows na cama da mãe dela. Roubamos moedas das bolsas das nossas mães e andamos pela Quinta Avenida cantando canções sindicais. Fizemos brincadeiras sexuais com os garotos latinos nas encostas de granito sobre o Parque Morningside. E conversamos muito. O Bloqueio de Berlim estava apenas começando, e o Estado de Israel representava uma esperança recém-nascida para a dignidade humana. Nossa florescente consciência política já tinha nos deixado amargas com a democracia da Coca-Cola.

Gennie praticava balé clássico. Nunca a vi dançando, exceto privadamente, para mim. No começo do terceiro ano, ela abandonou a escola para ter mais tempo para se dedicar à dança, ela disse. Na verdade, foi porque ela odiava fazer os trabalhos da escola. Nossa amizade, então, se tornou menos conectada com a escola.

Gennie foi a primeira pessoa na vida que tive consciência de amar.

Ela foi minha primeira amiga de verdade.

O verão de 1948 foi um poderoso período de mudanças ao redor do mundo. Gennie e eu nos sentíamos parte disso, assim como a maioria das garotas da Hunter. Tínhamos inveja das garotas judias que já faziam planos de ir para Israel e trabalhar num *kibutz* na nova nação. O homenzinho magro e meigo, coberto por um lençol branco, havia prevalecido, e a Índia estava finalmente livre, embora ele tenha sido assassinado por isso. Não havia mais dúvidas na cabeça de ninguém de que a China seria, em breve, a China Vermelha, e três vivas para os comunistas. Meu fervor revolucionário, que tinha começado com uma garçonete branca se recusando a servir sorvete para a minha família na capital do país, estava se tornando uma posição cada vez mais evidente, uma lente através da qual eu via o mundo.

Nós tínhamos nos amontoado sob as carteiras em simulações de ataques aéreos e tremíamos de medo da ideia de uma cidade inteira ser destruída instantaneamente por uma bomba atômica. Tínhamos dançado nas ruas e ouvido as buzinas dos bombeiros e dos rebocadores no rio, no dia em que a guerra acabou. Para nós, em 1948, a paz era uma questão muito real e viva. Milhares de jovens estadunidenses haviam morrido para tornar o mundo seguro para a democracia, embora minha família e eu não pudéssemos ter sorvetes servidos em Washington. Mas mudaríamos tudo isso, Gennie e eu, com nossas saias rodadas e sapatilhas de balé, o novo estilo.

Havia um vento soprando no mundo todo, e éramos parte dele. Gennie morava com a mãe numa quitinete na Rua 119, entre a Oitava Avenida e a Avenida Morningside. Gennie ficava com o quarto e sua mãe, Louisa, dormia num largo sofá na sala de estar.
Louisa ia trabalhar todos os dias. Eu acordava Gennie ao chegar, matando as aulas de verão, e passávamos as horas seguintes decidindo o que ela vestiria e quem nós seríamos para o mundo naquele dia em particular. Se não tivéssemos algo adequado para vestir, costurávamos e prendíamos com alfinetes um monte de saias largas e lenços. Já que Gennie era mais magra do que eu, muitas vezes tínhamos de modificar algo para que as roupas me servissem, mas sempre de uma maneira que pudesse ser facilmente restaurada.
Passávamos horas e horas nos enfeitando, às vezes trocando o visual inteiro no último minuto, para nos tornarmos duas pessoas diferentes, sempre nos elogiando. Brotávamos na rua, finalmente, depois de horas de tachinhas e alfinetes e decisões de último minuto sobre a tábua de passar.
Naquele verão, toda Nova York, incluindo museus, parques e avenidas, era o nosso quintal. Para o que queríamos, mas não tínhamos como pagar, roubávamos das nossas mães.
Bandidas, ciganas, estrangeiras de todos os tipos, bruxas, prostitutas e princesas mexicanas — tínhamos trajes apropriados para cada papel, e lugares apropriados na cidade onde interpretar todos eles. Era sempre necessário fazer algo para combinar com quem quer que tivéssemos decidido ser.
Quando decidíamos ser trabalhadoras, vestíamos calças largas, embrulhávamos nossas lancheiras lustradas com graxa de sapato e amarrávamos uma bandana vermelha no pescoço. Subíamos e descíamos a Quinta Avenida nos velhos ônibus abertos de dois andares, gritando e cantando canções sindicais a plenos pulmões.

Solidariedade para sempre, o sindicato nos faz fortes!
Quando a inspiração do sindicato correr pelo sangue dos trabalhadores...

Quando decidíamos ser vulgares, vestíamos saias justas e sapatos de salto alto que machucavam e seguíamos homens bonitos com aspecto de advogados respeitáveis pela Quinta Avenida e pela Avenida Park, fazendo em voz alta o que pensávamos ser comentários mundanos e atrevidos sobre o corpo deles.
— Que belo traseiro ele tem.
— Aposto que ele dorme de perspectiva exposta. — Era um eufemismo na escola para nu.
— Ele está fingindo que não nos escuta, menino tolo.
— Não, ele só está com vergonha de se virar.
Quando éramos africanas, cobríamos a cabeça com saias alegremente estampadas e conversávamos no nosso próprio idioma inventado, no metrô, a caminho do Greenwich Village. Quando éramos mexicanas, vestíamos saias rodadas, blusas de camponesas e *huaraches* [sandálias] e comíamos tacos, que comprávamos numa pequena barraca na frente da joalheria Fred Leighton, na Rua MacDougal. Uma vez, trocamos a palavra "querida" por "fodida" durante as conversas de um dia inteiro e fomos colocadas para fora do ônibus 5 por um motorista irado.

Às vezes, caminhávamos pelo Village vestidas com saias de camponesa do Alpes e cintos grossos por cima, com flores nos cabelos, nos revezando para dedilhar o violão da Gennie enquanto cantávamos canções adaptadas dos primeiros poemas de Pablo Neruda.

> Seus ianques vermelhos, vocês todos são
> filhos de um belo de um camarão,
> paridos de uma garrafa de rum,
> paridos de uma garrafa de rum.

Às vezes, inventávamos as nossas:

> Bebendo gim bebum bebendo gim, bebendo gim
> bebum bebendo gim,
> Se você não bebe gim comigo, bebum,
> Não bebe gim nenhum
> Bebendo gim bebum bebendo gim...

com o ritmo mais monótono possível.

No Village, conheci a amiga da Gennie, Jean, que também era bailarina. Sua pele era escura, ela era linda, morava bem perto da Gennie e frequentava a Escola de Música e Arte. Jean estava noiva de um rapaz branco chamado Alf, que tinha abandonado a escola para ir para o México pintar com Diego Rivera. Às vezes, eu as acompanhava a uma das aulas de dança no New Dance Group, na Rua 59.

Mas, na maioria das vezes, Gennie e eu saíamos pela cidade sozinhas. Por um acordo tácito, não nos vimos com regularidade durante os fins de semana daquele verão por causa das nossas famílias. Os fins de semana se tornaram infindáveis pontes aborrecidas entre a sexta e a segunda-feira. O verão inteiro foi feito de dias gloriosos e excitantes com Genevieve e noites de guerra, em casa, começando com minha mãe: "Por onde você esteve o dia inteiro e por que suas roupas não estão arrumadas?". Ou meu quarto limpo, ou o chão da cozinha lavado, ou o leite comprado.

Partíamos ao sol da tarde para lançar nosso ataque conjunto sobre a cidade. Nos dias em que não tínhamos dinheiro para a passagem de ônibus, íamos para o Central Park ver os ursos. Às vezes, apenas dávamos as mãos e caminhávamos pelas ruas do Harlem, em volta da casa da Gennie. Elas me pareciam muito mais vivas do que as ruas de Washington Heights, onde eu morava. Elas me lembravam de onde cresci, na Rua 142.

Comprávamos e tomávamos raspadinhas, feitas de um bloco de gelo e colocadas num copinho de papel, depois cobertas generosamente com xaropes grudentos e brilhantes armazenados em um arco-íris de garrafas alinhadas dos dois lados do gelo. Eram vendidas em carrinhos de madeira caseiros, com um guarda-chuva colorido protegendo o gelo, que estava sempre derretendo lentamente sob uma toalha turca displicentemente limpa.

Esses copos gelados de raspadinha eram os doces mais deliciosamente refrescantes do mundo, ainda mais pela veemência com que nossas mães os haviam proibido. Raspadinhas eram suspeitas, para muitas mães negras, de espalhar poliomielite pelo Harlem, por isso deveriam ser evitadas, assim como as piscinas públicas. Depois de um tempo, os carrinhos de raspadinha foram banidos das ruas pelo prefeito La Guardia. Onde quer que estivéssemos, quando as sombras do fim de tarde começavam a se alongar, iniciávamos o caminho de volta para casa. Sabíamos que havia um limite para o quanto podíamos ousar antes que nossa liberdade fosse cortada, e tentávamos ficar desse lado da linha. Algumas vezes, errávamos e ultrapassávamos alguma regra ignorada, então Gennie ficava de castigo em casa por alguns dias. Para mim, os castigos eram sempre muito mais rápidos, diretos e curtos, e, durante muitos dias daquele verão, meus braços e costas ficaram doloridos de qualquer artefato conveniente que minha mãe tivesse à mão para me bater.

Quando Gennie estava de castigo, eu ia para a casa dela durante o dia. Sentávamos, e conversávamos, e tomávamos café na mesa da cozinha, ou dormíamos peladas no sofá-cama de sua mãe, na sala de estar, e ouvíamos rádio, e bebíamos Champale, que o homem da loja da esquina vendia fiado para Gennie, achando que era para a mãe dela. Às vezes visitávamos sua avó, que vivia no andar de cima, e ela nos deixava ouvir seus discos de Nat King Cole.

> *Dance, Ballerina, dance*
> *and do your pirouette*
> *in rhythm with your achin' heart.*[11]

A mãe de Gennie a criara sozinha desde quando ela era bebê. O pai havia abandonado Louisa logo após o nascimento da filha. Eu gostava da senhora Thompson. Ela era jovem e bonita e muito razoável, eu achava, se comparada à minha mãe. Ela tinha ido para a faculdade, e, de alguma forma, isso fazia com que fosse ainda mais aceitável aos meus olhos. Ela e Gennie podiam conversar de um jeito que não era possível entre mim e minha mãe. Louisa me parecia muito moderna. Genevieve e ela compartilhavam os mesmos interesses, e as mesmas roupas, e eu pensava como devia ser emocionante ter uma mãe que se veste e gosta dos mesmos tipos de roupa que você.

Naquele verão, Genevieve conheceu seu pai, Phillip Thompson. Ela ficou completamente enredada no charme dele. Era um homem sagaz e amargo, de muito humor e pouco amor, que se aproveitava de qualquer admiração que pudesse encontrar. (Genevieve tinha quinze anos quando conheceu o pai. Faltavam dois meses para completar dezesseis, quando ela morreu.)

Frequentemente, Gennie visitava Phillip e Ella, a mulher com quem ele vivia. Ela e Louisa começaram a brigar, cada vez mais, por causa da vontade que Gennie sentia de estar com o pai. Durante quinze anos, Louisa tinha trabalhado para prover, sozinha, casa, alimentação, roupas e estudos para a filha. Agora, de repente, Phillip aparecia, bonito e irresponsável, e Gennie ficava arrebatada. Louisa Thompson não era mulher de ficar calada.

No meio do verão e com o estímulo de Phillip, Gennie decidiu que queria morar com o pai e Ella. Louisa ficou fora de si e foi muito enfática em sua negativa. Foi então que Gennie começou a

---

[11] "Dance, bailarina, dance,/ E dê sua pirueta/ No ritmo do seu coração dolorido." [N.E.]

dizer para mim, e para qualquer outra pessoa que a ouvisse, que se suicidaria no fim do verão.

Eu acreditava e não acreditava nela. Ela não insistia nisso. Gennie não falava sobre suicídio por dias e dias seguidos, e eu acreditava que ela tinha esquecido o assunto ou mudado de ideia de maneira rápida e decisiva, como costumava fazer. Depois, no ônibus, ela faria algum comentário casual ou alguma referência temporal a algo que planejávamos fazer, ou sobre quanto tempo lhe restava antes de morrer.

Isso me dava uma sensação muito estranha, e eu não queria pensar a respeito. Gennie falava em se matar como uma decisão já tomada e irreversível, como se não houvesse nenhuma dúvida e eu só tivesse que aceitar, com a mesma resignação com que aceitava a aproximação do inverno. Um pedaço de mim sempre gritava por dentro: não, não, não, e, um dia, voltando para casa do Parque Washington Square, eu disse para ela:

— Mas, Gennie, e todos nós que te amamos? — querendo dizer eu e Jean e todas as suas outras amizades que eu ainda não conhecia, mas imaginava.

Gennie deu sua familiar balançada arrogante nas duas longas tranças pretas. Franziu as sobrancelhas grossas acima dos olhos escuros e disse, da maneira mais imperiosa:

— Bom, acho que vocês vão ter que cuidar de si mesmos agora, não? — E, de repente, aquilo me pareceu uma coisa muito idiota de se dizer, e eu não tinha resposta para ela.

O dia que Gennie escolheu para morrer foi o último de agosto. Era um sábado úmido e chuvoso, e eu estava deitada no sofá da sala de estar escura da minha família, abraçando um travesseiro e rezando para deus não deixar Genevieve morrer. Eu não conversava com deus havia um bom tempo e não acreditava realmente mais nisso. Mas estava disposta a me agarrar ao que fosse. Eu me sentia impotente para fazer qualquer outra coisa.

Prometi não roubar o dinheiro da coleta da missa de domingo e voltar a me confessar depois de tantos anos.

Era o sábado antes do Dia do Trabalho, e o verão tinha acabado. Durante todo o verão, Gennie disse que iria cortar os pulsos quando o verão acabasse.
E foi exatamente isso que ela fez.
Sua avó a encontrou, fumando um cigarro manchado de sangue, na banheira cheia de água quente e já avermelhada.
Não nos vimos por duas semanas, mas nos falávamos diariamente pelo telefone. Gennie disse que estava chateada consigo mesma por não ter feito direito, mas satisfeita com o resultado. Louisa havia concordado em deixá-la morar com Phil e Ella.
Eu estava apenas grata por ela ainda estar viva. Voltei a frequentar a missa de domingo, encontrei uma igreja afastada, no lado leste de Manhattan, e fui me confessar.

O outono chegou bem rápido. Gennie e eu nos víamos menos, já que estávamos em escolas diferentes. Eu dizia, pelo telefone, que sentia sua falta. A vida na casa de Phil e Ella era bem diferente, eu percebia, da vida com Louisa, mas Gennie não gostava muito de conversar sobre isso. Às vezes, eu a visitava lá, e nos sentávamos no sofá-cama do quarto de Phil e Ella, bebíamos Champale e comíamos marshmallows espetados num lápis e tostados com um palito de fósforo. Tínhamos de ficar soprando a chama ao redor do doce.
Mas havia uma sensação desagradável em relação àquela casa para mim, e Gennie sempre pareceu diferente por lá, provavelmente porque eu ouvia Ella sempre escutando atrás da porta fechada de onde ela estivesse varrendo ou tirando o pó. Parecia que Ella estava sempre limpando a casa, de chinelos e com um trapo em volta da cabeça, cantarolando a mesma musiquinha sem parar.
Nunca podíamos ir para a minha casa, porque meus pais não permitiam visitas quando eles estavam fora. Eles não aprovavam amigos, no geral, e não gostavam muito de Gennie porque minha mãe a achava muito "espalhafatosa". Então geralmente marcávamos nossos encontros na Columbus Circle ou no Parque

Washington Square, e, por alguns momentos, as folhas douradas perto de cada fonte escondiam a aspereza das cores confusas e estranhas que se amontoavam por nossos caminhos.

Sem Gennie, a Hunter tinha uma outra configuração de mundos. Naquele outono, particularmente, houve a Maxine com sua música, seus tratamentos para acne e sua paixonite desesperada pela presidenta do departamento de música. Coincidindo com a dela, tive a minha própria paixonite pela mais recente contratação do corpo docente de inglês, que vestia terno e sapatilhas e tinha uma má oclusão muitíssimo charmosa. E havia também as constantes encrencas em que nos metíamos por ficar de bobeira no vestiário depois das aulas.

Nunca sabíamos bem do que estávamos sendo acusadas de fazer lá embaixo. Sabíamos apenas que não deveríamos estar lá e que aquele era o único lugar em que podíamos ficar totalmente sozinhas, ou seja, sem as nossas mães. Nenhuma de nós queria ir para casa, para as guerras familiares. O vestiário era um mundo privado para Maxine e eu. Às vezes, quando caminhávamos por lá, cruzávamos com o mundo privado de outras fugitivas das trincheiras, sussurrando animadamente, em pares, pelos corredores de armários, enquanto passávamos.

Eu fazia o papel de bravo cavalheiro e pisava audaciosamente e sem medo nas baratas velozes e vigorosas que pareciam cavalgar de um lado para o outro. Elas eram uma visão muito comum, cercadas por garotas gritando, paralisadas. Eu me tornei a matadora de baratas oficial da sociedade do vestiário, e isso serviu para me tornar ainda mais corajosa. Uma vez, até matei uma lustrosa barata-americana de dez centímetros. Isso foi anos antes de admitir o quanto eu também tinha medo delas. Para mim, era muito importante parecer destemida, no controle e corajosa, uma celebrada campeã no extermínio de baratas.

Gennie e eu tivemos uma briga por um motivo qualquer no fim de janeiro. Não nos falamos nem nos vimos por duas semanas. Ela me telefonou no meu aniversário, e nos vimos alguns dias depois, no aniversário de Washington.[12] No zoológico do Central Park, demos as mãos e vimos os macacos. O mandril nos olhou com olhos grandes e tristes, e concordamos com ele que, estando com raiva ou não, nunca mais ficaríamos tanto tempo sem nos falarmos de novo, porque a amizade é importante demais e, além disso, nenhuma de nós conseguia se lembrar por que havíamos discutido.

Depois disso, fomos para a casa dela. Começou a nevar e nos deitamos no sofá, com a cabeça de Gennie sobre a minha barriga, assamos marshmallows e fumamos cigarros. Aquele quarto era o único cômodo privado na casa. Gennie dormia no sofá da sala de estar, exceto quando seu tio vinha, então ela dormia no chão. Ela disse que odiava não ter um lugar permanente para dormir ou guardar suas roupas.

Era meio de março quando Gennie veio para minha casa numa noite. Ela me ligou e disse que precisava conversar comigo e perguntou se podia aparecer. Minha mãe permitiu, de má vontade. Eu disse que precisávamos estudar geometria para uma prova. Eram quase nove da noite quando Gennie chegou. Não era hora para uma visita durante a semana, minha mãe observou acidamente ao responder ao cumprimento da Gennie.

Fomos para o meu quarto e fechamos a porta. Gennie estava com um aspecto terrível. Tinha olheiras e arranhões longos e feios nos dois lados do rosto. Suas tranças compridas e geralmente arrumadas estavam desgrenhadas e bagunçadas. Tudo que me disse foi que acontecera uma briga entre ela e seu pai e que não tinha onde dormir e não queria conversar mais sobre isso. Gennie perguntou se poderia passar a noite na minha casa. Eu sabia que era impossível. Meus pais nunca permitiriam e iam querer saber o motivo. Eu estava dividida, mas sabia que já tinha passado do limite deles com a visita.

---

[12] Feriado nacional nos estados unidos em que se comemora o aniversário de George Washington, primeiro presidente do país. [N.T.]

— Você não pode ficar com a Louisa? — perguntei. Que pai arranharia a filha daquele jeito? — Não volte para lá, por favor, Gennie.

Gennie me olhou como se eu não pudesse entender nada, mas sua voz não estava tão impaciente como de costume. Ela parecia cansada.

— Não posso voltar pra lá, ela não tem mais espaço pra mim. Redecorou o quarto e tudo e, além disso, disse que eu tinha que escolher, e eu escolhi. Ela disse que, se eu fosse para a casa do Phillip, não poderia voltar. E agora a Ella foi para o Sul visitar a mãe, e meu pai e o tio Leddie bebem o tempo inteiro. E, quando o Phillip bebe, ele não sabe o que...

Parecia que Gennie ia chorar, e, de repente, fiquei terrivelmente assustada. Ouvi minha mãe na sala, avisando, em voz alta:

— São nove e meia da noite, vocês terminaram, crianças? Têm certeza de que é coisa da escola que vocês estão estudando a essa hora da noite?

— Gennie, por que você ao menos não liga para a sua mãe? — eu estava implorando para ela. Ela teria que ir embora logo. No minuto seguinte, minha mãe entraria, furiosa.

Gennie se levantou, com um traço súbito da sua antiga personalidade.

— Já disse que não, né? Não posso contar para a minha mãe sobre o Phil. Às vezes, ele fica louco. — Ela passou os dedos sobre os arranhões no rosto. — Certo, estou indo. Olha, eu te vejo na Hunter, depois das suas provas de sexta, ok? Que horas você termina? — Ela vestiu o casaco.

— Meio-dia. O que você vai fazer, Gennie? — Eu estava preocupada com o aspecto dela. E também aliviada por ela estar indo embora. Já podia prever a cena entre mim e minha mãe, assim que Gennie saísse.

— Não se preocupe comigo. Estou indo para a casa da Jean. Boa sorte com as provas. Te vejo na sexta, perto do começo da Rua 68, ao meio-dia. — Eu a acompanhei até a porta, e atravessamos juntas o corredor polonês da sala de estar.

— Como vai, Genevieve? — meu pai perguntou, asperamente, e voltou os olhos para o jornal. Ele não se envolvia nesses assuntos, a menos que desse muito trabalho para a minha mãe.

— Boa noite, querida — minha mãe disse docemente. — Seu pai não se preocupa com você andando sozinha tão tarde da noite?

— Não, senhora. Eu só vou pegar um ônibus direto para a casa da minha mãe — mentiu Gennie serenamente, abrindo um de seus sorrisos mais radiantes.

— Bom, já é tarde. — Minha mãe deu o mais leve dos seus murmúrios de reprovação. — Cuide-se, vá e diga boa-noite à sua mãe por mim. — Vi minha mãe reparando astutamente nos arranhões no rosto de Gennie e apressei-a pelo corredor.

— Tchau, Gennie. Por favor, tome cuidado.

— Não seja boba. Eu não preciso tomar cuidado, só preciso dormir. — Fechei a porta em seguida.

Quando voltei para a sala de estar, fiquei surpresa por encontrar minha mãe mais preocupada do que brava.

— O que houve com sua amiga, hein? — Minha mãe me olhou atentamente por cima dos óculos.

— Nada, mãe. Eu só precisava de algumas anotações de geometria dela.

— Você tem o dia todo na escola para estudar. Você chega aqui em casa e, de repente, precisa de anotações de geometria, a essa hora da noite? Hum... — Minha mãe não estava convencida. — Traga sua roupa de cama, se quiser que seja lavada amanhã. — Ela se levantou, deixando sua costura de lado, e me seguiu até o meu quarto.

A intuição da minha mãe tinha se prendido em algo, ela não sabia o quê. Ela não podia questionar sua percepção; eu não conseguia explorar a preocupação de sua voz. Como ela ousava me seguir até o meu quarto, como um lembrete peremptório de que nenhum lugar dessa casa era sacrossanto para ela?

Minha mãe farejava problema, mas sua preocupação estava no lugar errado; não era eu quem estava em perigo.

Ela fuçou nas minhas roupas sujas por um momento, distraidamente, apanhando uma anágua rasgada com um dedo.

— Você não tem nada melhor pra vestir do que esse trapo que chama de anágua? Daqui a pouco, vai andar pelas ruas com uma mão na frente e outra atrás? — Ela jogou a roupa de lado enquanto eu juntava o que iria para a lavanderia.

— Ouça, minha filha querida, deixe eu dizer uma coisa para o seu próprio bem. Não se meta com os problemas dessa garota e dos pais dela, ouviu? Que tipo de mulher à toa... e deixar a filha ir com aquele imprestável que ela chama de pai... — Minha mãe tinha conhecido Phil Thompson na Rua 125, quando estávamos comprando as roupas da escola. Gennie o apresentou orgulhosamente, e ele mostrou o seu lado mais cortês e superficial.

Ela pegou as roupas sujas das minhas mãos.

— Bem, enfim. Preste atenção. Não quero você andando por aí até altas horas da noite com essa garota. O que quer que ela esteja fazendo, está buscando sarna para se coçar. Anote o que eu digo. Eu não ficaria nem um pouco surpresa se ela aparecesse embarrigada!

Eu podia sentir a raiva encobrindo minha visão como uma cortina fina.

— Mãe, não há nada de errado com a Genevieve, e ela não é assim. — Tentei manter a indignação longe da minha voz. Mas como ela podia dizer algo assim sobre Gennie? E ela nem mesmo a conhecia. Só porque éramos amigas.

— Não fale nesse tom de voz com sua mãe, jovem — meu pai avisou, ameaçadoramente, da sala de estar.

Insolência real ou imaginária contra a minha mãe era um pecado mortal e sempre levava meu pai da sua pose de observador neutro para a guerra entre mim e minha mãe. Meu pai estava prestes a se envolver, e essa era a última coisa de que eu precisava.

Uma das minhas irmãs estava datilografando um trabalho. Pela porta francesa que separava o quarto delas da sala de estar, vinha o *staccato* da máquina de escrever. Eu me perguntava se

Gennie já teria chegado na casa da Jean. Se eu entrasse numa briga com meus pais, talvez tivesse que ir direto para casa depois de todas as minhas provas daquela semana. Engoli a fúria, e ela ficou como um ovo podre no meio do caminho entre a garganta e o estômago. Eu podia sentir o gosto azedo na boca.

— Não tive a intenção de usar nenhum tom, papai. Me desculpe, mãe. — Voltei para a sala de estar. — Boa noite.

Beijei cada um deles obedientemente e voltei para a segurança relativa do meu quarto.

>Nós não choramos por aquilo que outrora foi uma criança
>não choramos por aquilo que havia sido uma criança
>não choramos por aquilo que havia sido
>nem pelos silêncios profundos e sombrios
>que comeram da carne tão jovem.
>Mas nós choramos ante a visão de dois homens sozinhos
>contra o céu, sozinhos,
>deitando terra como um cobertor
>para manter embaixo o sangue jovem.
>Pois nos vimos no cobertor-mãe, escuro e quente
>nos vimos nas profundezas do seio intumescido da terra —
>já não tão jovens —
>e nos reconhecemos pela primeira vez
>mortas e sozinhas.
>Nós não choramos por aquilo — choramos por aquilo
>não choramos por aquilo que já foi,
>outrora, uma criança.

22 de maio de 1949

14

Coisas que nunca fiz com a Genevieve: deixar nossos corpos se tocarem e dizer as paixões que sentíamos. Ir a um bar gay do Village ou a outro bar em qualquer lugar. Fumar maconha. Descarrilar o trem que levava animais de circo para a Flórida. Fazer um curso de obscenidades internacionais. Aprender suaíli. Ver o grupo de dança da Martha Graham. Visitar a Pearl Primus. Pedir que nos levasse com ela para a África na próxima viagem. Escrever O LIVRO. Fazer amor.

A voz de Louisa no telefone às 15h30, aflita e incrédula.

— Encontraram Gennie nos degraus no Centro Comunitário da Rua 110 essa manhã. Ela tomou veneno de rato. Arsênico. Eles acham que ela não vai sobreviver.

Não era verdade. Gennie ia sobreviver. Ela nos enganaria novamente. *Gennie, Gennie, por favor, não morra, eu te amo.* Alguma coisa vai salvá-la. Alguma coisa. Talvez ela tenha fugido, talvez tenha apenas fugido de novo. Não para a casa de seus parentes em Richmond dessa vez. Ah, não. Gennie vai pensar em algum lugar onde ninguém cogitaria procurá-la e vai aparecer caminhando alegremente com uma roupa nova que ela vai ter feito alguém comprar para ela e dizer, balançando a cabeça daquele jeito rápido: "Eu estava bem esse tempo todo".

— Onde ela está, senhora Thompson?

— Ela está no Sydenham. Ao que tudo indica, ela andou de metrô a noite toda, foi o que ela contou para a polícia, mas ninguém sabe onde ela esteve antes. Ela não foi para a escola ontem. Cortando a voz de Louisa, o som da Lanchonete do Mike. Ontem, depois da escola, ouvindo a música favorita da Genevieve naqueles dias — os tons intensamente alongados da voz de chocolate da Sarah Vaughan repetindo sem parar:

> *I saw the harbor lights they only told me we were parting*
> *The same old harbor lights that once brought you to me*
> *I watched the harbor lights, how could I help if tears were starting,*
> *were starting,*
> *were starting...*[13]

Mike se aproximou e chutou a máquina. "Mágica albanesa", ele sorriu, e voltou para a grelha. O gosto detestável de café puro e limão na minha boca. *Gennie Gennie Gennie Gennie...*

— Posso vê-la, senhora Thompson? Quando é a hora da visita? Será que eu posso ir ver a Gennie e ainda voltar antes que minha mãe chegue em casa?

— Você pode vir a qualquer momento, querida, mas é melhor se apressar.

Revirando as velhas bolsas da minha mãe por dez centavos para a condução. Meu estômago vazio se embrulhando. As lágrimas de Louisa enquanto ela me cumprimenta na porta da sala de emergência, enquanto ela segura minhas mãos.

— Eles estão ocupados com ela de novo, querida. Não vão sequer admiti-la na enfermaria. Disseram que ela não vai aguentar até a noite.

---

[13] "Eu vi as luzes do porto, elas me disseram que estávamos nos separando/ As mesmas velhas luzes do porto que uma vez trouxeram você para mim/ Eu vi as luzes do porto, como poderia evitar que as lágrimas brotassem,/ Que brotassem/ Que brotassem..." [N.E.]

A cama do hospital no cubículo envidraçado atrás da sala de emergência no Hospital do Harlem. A mãe e a avó de Gennie e eu nos consolávamos umas às outras. Louisa cheirava a Soir de Paris, perfume que sempre me fazia espirrar. Minha cabeça, um caleidoscópio infinito de imagens frias, confusas, repetidas.
    Aula de expressão oral, a única aula que tivemos juntas.

Jenny, come tie my,
Jenny, come tie my,
Jenny, come tie my bonny cravat;
I've tied it behind,
I've tied it before,
And I've tied it so often, I'll tie it no more.[14]

A voz monótona da senhorita Mason nos sabatinando com os exercícios inúmeras vezes. "Quero ver um belo ó, agora. De novo, classe." A avó de Gennie, sua insistente voz sulista buscando sentido.
    — Ela não falou sobre isso dessa vez. Ninguém sabia. Se ao menos ela tivesse dito algo. Eu teria acreditado nela dessa vez...
    O jovem médico branco:
    — Você pode entrar agora, mas ela está dormindo.
    Gennie Gennie Gennie eu nunca vi você dormindo antes. Você fica igual a quando está acordada, exceto pelos olhos fechados. Suas sobrancelhas ainda se curvam no meio, como se estivesse franzindo o rosto. Que horas minha mãe vai chegar em casa? E se eu pegar o mesmo ônibus que ela, voltando do escritório para casa? O que devo dizer para eles quando chegar em casa?

Minha mãe estava em casa quando cheguei. Uma falta de vontade de compartilhar qualquer parte do meu mundo particular,

---

[14] "The bonny cravat", cantiga tradicional de autoria anônima. Em tradução livre: "Jenny, venha dar um nó,/ Jenny, venha dar um nó,/ Jenny, venha dar um nó na minha bela gravata;/ Eu dei um nó atrás/ e dei um nó antes/ e eu já dei nós tantas vezes que não darei mais nenhum nó". [N.E.]

mesmo a dor, me fez mentir. Disse que Gennie estava no hospital porque tinha ingerido veneno por acidente. Iodo, da caixa de remédios.

— Como uma garota pode crescer numa casa dessas? Como ela pode cometer um erro desses, pobrezinha? A madrasta dela não estava em casa?

— Eu não sei, mãe. Isso foi tudo o que o pai dela me contou.

— Sob o olhar curioso da minha mãe, mantive minha cara cuidadosamente sem expressão.

Muito cedo na manhã seguinte. Usando o meu dinheiro da igreja para pagar a passagem de ônibus. O odor do hospital e o som baixo do alto-falante. Ninguém ao redor, ninguém para me impedir. A cama do hospital no cubículo envidraçado. *Você não pode simplesmente morrer assim, Gennie, nós ainda não tivemos o nosso verão. Você não lembra? Você prometeu.* Ela não pode morrer. Muito veneno, eles disseram. Ela colocou veneno de rato em cápsulas de gelatina, comeu todas, uma por uma. Nós tínhamos comprado duas dúzias de cápsulas na sexta.

Uma flor murcha sobre a cama do hospital. Arsênico é corrosivo. Ela persistia, uma espuma de cheiro metálico nos cantos da boca, escura e úmida. Suas tranças tortas, se desfazendo. Os doze centímetros finais revelando um aplique. Como é que eu nunca soube disso? Gennie tinha cabelo postiço nas tranças. Ela tinha tanto orgulho dos cabelos longos. Às vezes, ela os enrolava em volta da cabeça, como uma coroa. Agora, eles se desfaziam no travesseiro do hospital enquanto ela jogava a cabeça de um lado para o outro, os olhos fechados no vazio e na calma da luz do hospital na manhã de domingo. Segurei sua mão.

— Eu deveria estar na igreja, Gennie, mas tinha que vir te ver.

Ela sorriu, os olhos ainda fechados. Virou a cabeça para mim. Sua respiração estava curta, com um hálito fétido.

— Não morra, Gennie. Você ainda quer?

— Claro que sim. Eu não te disse que morreria?

Eu me curvei para perto dela e toquei sua testa.

— Ai, por quê, Gennie, por quê? — sussurrei.

Seus grandes olhos pretos se abriram. Sua cabeça se moveu sobre o travesseiro numa imitação da sua velha arrogância. As sobrancelhas se contraíram.

— Por que o quê? — ela disparou. — Não seja boba. Você sabe por quê.

Mas eu não sabia. Examinei seu rosto, voltado para mim, os olhos novamente fechados. O encontro das sobrancelhas grossas ainda enrugado. Eu não sabia por quê. Apenas que, para a minha amada Gennie, a dor havia se tornado razão suficiente para não querer ficar. E nossa amizade não havia sido capaz de mudar isso. Eu me lembrei dos versos preferidos de Gennie em um dos meus poemas. Eu tinha encontrado rascunhos rabiscados nas margens de muitas das páginas dos cadernos que ela tinha confiado aos meus cuidados naquela tarde de sexta-feira no cinema.

> e no breve momento que é o hoje
> por esperanças selvagens zela esta sonhadora
> pois tenho ouvido sussurros
> sobre vida em outras estrelas.

Ninguém de nós tinha dado a ela uma razão suficiente para permanecer aqui, nem mesmo eu. Eu não conseguia escapar disso. Era essa a ira por trás de seus grandes olhos fechados? Sob os meus dedos, a pele da bochecha de Gennie estava quente e vermelha.

Por que o quê? Você sabe por quê. Essas foram as últimas palavras que Gennie disse para mim.

Não se vá, Gennie, não se vá. *Não posso deixar que ela se vá. Duas dúzias de cápsulas vazias. Aguentando o filme duas vezes. Na esquina, esperando o ônibus da Rua 14. Eu nunca deveria tê-la deixado sozinha. Mas já estava escurecendo. Com medo de mais uma surra por chegar em casa muito tarde. Venha para casa comigo, Gennie. Nem me importo mais com o que minha mãe diria sobre isso. Gennie, brava comigo. Mandando eu ir embora. Eu fui. Não se vá, Gennie, não se vá.*

Na tarde de segunda-feira, Genevieve estava morta. Da escola, liguei para o hospital. Saí do prédio e fui para casa, deixando meus livros para trás, querendo ficar sozinha. Minha mãe abriu a porta. Ela colocou um braço em volta de mim, enquanto eu caminhava para a cozinha.

— Genevieve morreu, mãe. — Desabei, sentando à mesa.

— Eu sei. Telefonei para o pai dela para saber se tinha alguma coisa que nós poderíamos fazer, e ele me contou. — Ela examinava meu rosto. — Por que você não nos contou que foi suicídio?

Eu queria chorar — até mesmo aquele pedacinho tinha desaparecido.

— O pai dela disse. Você não sabe nada sobre isso? Pode me contar, sou sua mãe, afinal. Dessa vez, não vamos dizer nada sobre você ter mentido. Ela conversou com você sobre isso?

Deitei a cabeça sobre a mesa. Desse ângulo, podia ver a janela da cozinha entreaberta. A mulher do outro lado do fosso de ventilação estava preparando a comida.

— Não.

— Vou fazer um chá. Você não deve ficar tão perturbada com isso tudo, coração. — Minha mãe se virou, esfregando várias vezes a borda da peneira de chá para secá-la. — Olha, minha filha, sei que ela era sua amiga e que você se sente mal, mas é sobre isso que eu estava te alertando. Cuidado com quem você anda. Vocês, crianças, fazem as coisas de um jeito diferente nesse lugar e acham que somos estúpidos. Mas, nessa minha cabeça velha, eu sei o que sei. Tinha algo totalmente errado ali desde o começo, anote o que estou dizendo. Aquele homem que se diz pai estava usando aquela garota para sei lá o quê.

A qualidade impiedosa das intuições desastradas da minha mãe transformou sua tentativa de consolo em outro ataque.

Como se sua severidade pudesse me conferir invulnerabilidade. Como se, nas chamas da verdade, tal como ela a enxergava, eu pudesse, por fim, ser forjada numa réplica sua, resistente à dor.

Mas nada disso vinha ao caso. Do outro lado do fosso de ventilação que escurecia, a senhora Washer abaixou a persiana. *Gennie estava morta. Morta morta morta, o vento entrando pela porta.*

Quando meu pai chegou em casa, ele também sabia.

— Da próxima vez, não minta para nós. Sua amiga estava com problemas?

Dias depois, eu me sentei no banquinho ao lado da janela de Louisa, aberta recentemente, recém-removidas as fitas adesivas que a isolavam durante o inverno. Era uma das primeiras tardes de primavera. A estação tinha começado excepcionalmente quente. A rua lá fora estava molhada da última chuva, o asfalto ainda escorregadio, refletindo arco-íris oleosos.

Louisa se empoleirou no parapeito da janela. Um lado do seu quadril se encostava no batente de madeira da janela, e uma perna, de meia-calça, movia-se para a frente e para trás bem lentamente. A outra pendia sobre a borda do banco onde eu estava sentada.

— Você e a Gennie eram muito amigas. — O tom de voz de Louisa era ríspido e nostálgico. — Na verdade, ela te via mais do que... — Ela tocou a espiral do caderno de Gennie, que eu tinha lhe entregado, mantendo o diário para mim. Os olhos de Louisa estavam secos e aflitos por conversar. Subitamente, eu me lembrei de Gennie dizendo que sua mãe, uma vez, tinha sido professora numa escola do Sul e se orgulhava de falar corretamente — ... do que ela via qualquer outra pessoa. — Louisa terminou abruptamente. Saboreei essa informação em silêncio. *A melhor amiga de Gennie.* "Vocês se pareciam tanto que poderiam ser irmãs", as pessoas diziam. *Exceto que Gennie era mais clara e mais magra e bonita.*

Alguma coisa no olhar de Louisa me alertou, e eu me levantei rapidamente.

— Preciso ir, senhora Thompson, minha mãe... — me estiquei para pegar meu casaco do sofá. Que antes tinha sido o sofá-cama onde Louisa dormia, aquele onde Gennie e eu deitávamos rindo, conversando e fumando. Quando Gennie se foi, Louisa redecorou o pequeno apartamento e ficou com o quarto. De repente, revi o rosto arranhado e os olhos cansados de Gennie quando ela me respondeu bruscamente naquela noite: "Não posso voltar, não tem mais espaço para mim... Não posso contar para minha mãe sobre o Phillip...".

Abotoei meu casaco apressadamente.

— Ela está me esperando para fazer compras, porque minhas irmãs têm ensaio na escola. — Mas, num movimento ágil, Louisa me segurou, pôs a mão no meu braço antes que eu pudesse abrir a porta.

Louisa tirou os óculos sem aro e não parecia a mãe de ninguém. Parecia jovem demais, e bonita demais, e cansada demais, e seus olhos avermelhados estavam suplicantes e marejados. Ela tinha 34 anos, e no dia seguinte íamos enterrar sua única filha, uma suicida de dezesseis.

— Vocês eram melhores amigas — insistente, menos polida, seus dedos apertando a manga do meu casaco. — *Você* sabe por que ela fez isso?

Louisa tinha uma verruga no rosto, do lado do nariz, quase exatamente no mesmo lugar que Gennie tinha. Ela parecia maior, ampliada pelas lágrimas que rolavam por suas bochechas. Desviei o olhar, minha mão ainda na maçaneta.

— Não, senhora. — Levantei o olhar de novo. Eu me lembrei das palavras da minha mãe, resistindo a elas: "Aquele homem que se diz pai estava usando aquela garota para sei lá o quê". — Eu preciso ir agora.

Abri a porta, pisei na barra de metal presa ao chão, onde eu tinha tropeçado tantas vezes antes, e fechei a porta atrás de mim. Escutei o som metálico da trava de segurança deslizando de volta para o lugar, misturado aos sons abafados dos soluços de Louisa.

Gennie foi enterrada no Cemitério Woodlawn, no primeiro dia de abril. A notícia sobre sua morte no *Amsterdam News* dizia que ela não estava grávida, então nenhum motivo para o suicídio pôde ser estabelecido. Nada mais.
    O som dos torrões de terra reverberando contra o caixão branco. O som dos pássaros que não entendiam a morte como motivo para silêncio. Um homem vestido de preto balbuciando palavras num idioma estrangeiro. Nenhum solo sagrado para suicidas. O som de mulheres chorando. O vento. O primeiro marco da primavera. O som da grama crescendo, das flores começando a desabrochar, dos galhos distantes de uma árvore. Torrões contra o caixão branco.

Nos afastamos do túmulo descendo uma colina sinuosa. A última coisa que vi naquele lugar foram dois coveiros grandes, com a barba por fazer, puxando as correias para baixar o caixão. Eles jogaram as flores ainda vivas numa caixa e despejaram terra sobre a cova. Dois sepultadores dando os toques finais num monte de terra, delineados contra o céu repentinamente cinza e ameaçador de abril.

15

Duas semanas depois de ter me formado no ensino médio, eu me mudei da casa dos meus pais. Não tinha planejado dessa forma, mas foi assim que aconteceu. Fui morar com uma amiga da Jean que tinha seu próprio apartamento no Lower East Side, na Rua Rivington.

Eu trabalhava no Hospital Beth David durante a noite, como ajudante de enfermeira, e tinha um caso com um rapaz chamado Peter.

Eu o conheci numa festa da Liga da Juventude Trabalhista em fevereiro, e marcamos um encontro. Na tarde seguinte, ele foi me buscar para irmos ao cinema. Era aniversário de Washington, e meus pais estavam em casa. Meu pai abriu a porta e não quis deixá-lo entrar porque ele era branco. Aquilo imediatamente catapultou o que teria sido um capricho passageiro de adolescente a uma *cause célèbre* revolucionária.

Os fatores precipitantes da minha saída de casa foram alguns comentários depreciativos que meu pai fez sobre Gennie, já morta havia quase dois anos, e uma briga com a minha irmã Helen. Minha mãe ameaçou chamar a polícia, e eu saí. Fui trabalhar, voltei para casa depois que minha família estava dormindo e fiz as malas. O que eu não conseguia carregar, enrolei num lençol, arrastei rua abaixo e abandonei na calçada em frente à delegacia. Peguei minhas roupas, alguns livros, o violão da Gennie, e fui para a casa da Iris. No dia seguinte, chamei um homem que estava na rua com uma caminhonete e paguei cinco dólares para ele vir comigo pegar minha estante na casa da minha família. Não tinha ninguém lá. Deixei um bilhete enigmático na mesa da cozinha, dizendo: "Estou me mudando. Como os motivos são óbvios, os resultados são bem conhecidos". Acho que quis dizer o contrário, mas estava muito animada e muito assustada.

Eu tinha dezessete anos.

Quando me mudei da casa da minha mãe, insegura e determinada, comecei uma relação diferente com este país em que residíamos. Comecei a procurar respostas mais proveitosas do que a simples amargura deste lugar de exílio da minha mãe, cujas ruas vim a conhecer melhor do que ela jamais havia conhecido. Mas, graças ao que ela sabia e pôde me ensinar, sobrevivi melhor do que poderia ter imaginado. Assumi um compromisso adolescente, selvagem e poderoso, de lutar usando meu próprio ponto de vista e minhas próprias forças, que, afinal, não eram muito diferentes do ponto de vista e das forças da minha mãe. E encontrei outras mulheres que me nutriram e com quem aprendi outras formas de amar. Aprendi a cozinhar alimentos que eu nunca tinha provado na casa materna. A dirigir um carro com câmbio manual. A me desprender e não me perder.

Suas imagens se juntam nos meus sonhos às de Linda e de vó Liz e de tia Anni, sonhos em que elas dançam com espadas nas mãos, passos fortes e majestosos, marcando o tempo em que eram todas guerreiras.

Em libação, eu rego o solo em homenagem às minhas antepassadas.

Passei o verão me sentindo livre e apaixonada, pensei. Também sentia dor. Ninguém tinha ao menos tentado me encontrar. Eu tinha esquecido de quem era o colo em que aprendi meu orgulho. Peter e eu nos vimos muito, e dormimos juntos, como era esperado.

O sexo parecia muito desanimador e intimidador, e um pouco humilhante, mas Peter disse que eu me acostumaria, e Iris disse que eu me acostumaria, e Jean disse que eu me acostumaria, e eu me perguntava por que não era possível apenas amar um ao outro e ter afeto e ficar junto e deixar os grunhidos de lado.

Em setembro, me mudei para um lugar meu, em Brighton Beach. As Marcadas e eu tínhamos encontrado esse quarto no começo do verão, mas estava ocupado. A proprietária disse que poderia alugá-lo por vinte e cinco dólares por mês, durante todo o inverno. Como eu estava ganhando apenas cem dólares e uma refeição ao dia no hospital, não poderia pagar mais do que isso.

O nome da proprietária era Gussie Faber. O irmão dela se ofereceu para ajudar a trazer minhas coisas da casa da Iris. Quando tínhamos terminado tudo e a senhora Faber tinha ido para o andar de cima, seu irmão fechou a porta do meu quarto e disse que eu era uma boa garota e que não precisaria pagá-lo pela mudança se apenas ficasse quieta e parada, por um minuto.

Achei aquilo tudo muito idiota, e ele sujou de porra toda a parte de trás do meu macacão.

Era um quarto de solteiro grande, com o uso compartilhado de um banheiro e de uma cozinha no fim do corredor. Eu compartilhava ambos com uma inquilina permanente, uma mulher idosa cujos filhos pagavam o aluguel para que ela não morasse com eles. De noite, ela falava sozinha em voz alta e chorava porque seus filhos a fizeram morar com uma *schwartze* [preta]. Eu conseguia ouvi-la através da parede que dava para a nossa cozinha nada privativa. De dia, ela se sentava na mesa da cozinha e bebia meu refrigerante enquanto eu estava no trabalho e na faculdade.

Quando as aulas começaram, Peter e eu terminamos. Eu não sabia realmente por que tínhamos começado e não sabia por que tínhamos terminado. Um dia, Peter simplesmente me disse que provavelmente deveríamos parar de nos ver por um tempo, e eu concordei, pensando que era o certo a fazer.

O restante do outono foi uma agonia de solidão, longos trajetos de metrô e poucas horas de sono. Eu trabalhava 44 horas por semana no hospital e ia para a faculdade por mais quinze. Viajava três horas por dia, indo e voltando de Brighton Beach. Sobravam meio sábado e todo o domingo para chorar pelo silêncio de Peter e para pensar se a minha mãe sentia a minha falta. Eu não conseguia estudar.

Perto do fim de novembro, simplesmente fiquei na cama por três dias e, quando me levantei, descobri que tinha perdido meu emprego no hospital.

Ficar desempregada trouxe um monte de experiências novas e extremamente instrutivas. Significou penhorar minha máquina de escrever, o que me trouxe pesadelos, e vender meu sangue, o que me deu calafrios.

Saindo do banco de sangue entre as ruas Bowery e Houston, segurando meus cinco dólares, eu me imaginei ajustando o tubo de transfusão sobre uma paciente enquanto eu trabalhava no Beth David. De quem seriam as veias em que meu sangue logo estaria fluindo? E o que essa pessoa então se tornaria para mim? Que tipo de relacionamento se estabelecia com a venda do sangue, de uma pessoa para a outra?

Acima de tudo, estar desempregada significava beber água quente, gratuita na cantina da faculdade, e a aniquilação opressora das agências de emprego e dos funcionários que sorriam diante da minha presunção de me candidatar para vagas de recepcionista na área médica, ainda por cima de meio período. (Eu ganhava dez dólares por semana de uma bolsa de estudos, e a maior parte disso ia para o aluguel.)

Um pouco antes do Natal, consegui um emprego por meio da faculdade, trabalhando durante a tarde para um médico. Isso me possibilitou retirar a máquina de escrever da penhora e um pouco mais de tempo para ficar deprimida. No inverno, dei longas caminhadas pela praia. Coney Island ficava a quase dois quilômetros de distância, e, agora que os quiosques estavam fechados, o calçadão tinha um silêncio adorável que combinava com o que eu precisava. Ainda que amasse filmes, eu não podia ir ao cinema, porque estaria rodeada de pessoas em grupos e casais, e eles sublinhariam minha solidão até que eu sentisse meu coração a ponto de se quebrar se ficasse um pouco mais sozinha.

Numa noite em que não conseguia dormir, caminhei até a praia. A lua estava cheia, e a maré, alta. Na quebra de cada pequena onda, em vez de espuma branca, havia uma coroa fluorescente. A linha de encontro entre o mar e o céu estava encoberta; ângulos de chamas verdes atravessavam a noite, linha após linha, até que toda a escuridão se iluminou em conchas brilhantes, fosforescentes, movendo-se ritmicamente em direção à costa sobre as ondas.

Nada que eu fizesse poderia pará-las nem fazer com que retornassem.

Aquele foi o primeiro Natal que passei sozinha. Fiquei na cama o dia inteiro. Podia ouvir a velha senhora do quarto ao lado vomitando na bacia. Eu tinha colocado *nux vomica* dentro da garrafa do meu refrigerante.

Naquela noite, Peter ligou, e o reencontrei durante a semana seguinte. Fizemos planos para viajar no fim de semana do Ano-Novo para um acampamento do sindicato dos peleiros. Eu ia encontrá-lo na rodoviária da Autoridade Portuária depois do trabalho. Estava animada; nunca tinha acampado antes.

Levei botas e jeans e minha mochila para o trabalho, além de um saco de dormir que havia emprestado da Iris. Troquei de roupa no consultório do doutor Sutter e cheguei à rodoviária às 19h30. Peter tinha marcado às 20h, e nosso ônibus sairia às 20h45. Ele nunca apareceu.

Por volta das 21h30, percebi que ele não apareceria. A rodoviária estava quente, e eu fiquei lá sentada por mais uma hora, mais ou menos, atordoada e cansada demais para me mexer. Por fim, juntei minhas coisas e comecei a marchar pela cidade até a estação de metrô da BMT. A multidão já estava se formando, e as festividades e cornetas de boas-vindas ao Ano-Novo já estavam começando. Atravessei a Times Square com o jeans, e as botas, e minha jaqueta de lenhador, carregando a mochila e o saco de dormir, e as lágrimas rolaram pelo meu rosto enquanto eu abria espaço através da multidão e da neve derretida. Não conseguia acreditar que aquilo tudo estivesse acontecendo comigo.

Ele me ligou poucos dias depois com uma explicação, e desliguei na cara dele imediatamente, em autoproteção. Queria fingir que ele nunca tinha existido e que alguém jamais havia me tratado dessa forma. Nunca mais permitiria que me tratassem assim.

Duas semanas depois, descobri que estava grávida.

Tentei me recordar dos fragmentos de informações colhidas de amigas de conhecidas que já tinham estado "em apuros". Do médico da Pensilvânia que fazia abortos limpos e de boa qualidade por um custo bem baixo porque sua filha tinha morrido em cima de uma mesa de cozinha depois de ele ter se recusado a fazer um aborto nela. Mas às vezes a polícia ficava desconfiada, então nem sempre ele estava trabalhando. Em um telefonema, na surdina, descobri que ele não estava.

Encurralada. Alguma coisa — qualquer coisa — tinha de ser feita. Ninguém mais pode resolver isso. O que eu vou fazer?

O médico que me deu o resultado positivo do teste de gravidez era amigo da tia da Jean, que me disse que poderia "ajudar". Essa ajuda significava me colocar num lar para mães solteiras, fora da cidade, dirigido por um amigo dele. "Qualquer outra coisa", ele disse, "é ilegal".

Eu estava apavorada com as histórias do *Daily News* que tinha ouvido na escola e de minhas amigas sobre os açougues e fábricas de aborto. Abortos baratos em mesas de cozinha. Uma amiga da Jean tinha morrido a caminho do hospital, no ano passado, depois de tentar fazer isso com o cabo de um pincel número 1.

Esses horrores não eram apenas histórias, nem raros. Eu tinha visto muitos dos resultados de abortos malsucedidos nas macas ensanguentadas enfileiradas nos corredores do lado de fora da sala de emergência.

Além disso, eu nem sequer tinha contatos.

Pelas ruas escuras do inverno, caminhei do consultório médico até o metrô, sabendo que não podia ter um bebê, e sabendo disso com uma certeza que me galvanizou muito além das opções que eu conhecia.

A garota da Liga da Juventude Trabalhista que me apresentou ao Peter tinha feito um aborto, mas custara trezentos dólares. O garoto tinha pagado. Eu não tinha trezentos dólares e não tinha como conseguir essa quantia, e eu a fiz jurar segredo, dizendo a ela que o bebê não era do Peter. O que quer que devesse ser feito, eu tinha de fazê-lo. E rápido.

Óleo de rícino e uma dúzia de comprimidos de quinino não ajudaram.

Banhos de mostarda me causaram erupções na pele, mas também não ajudaram.

Nem ajudou pular de cima de uma mesa numa sala de aula vazia da Hunter College, e eu quase quebrei meus óculos.

Ann era uma técnica de enfermagem que eu conhecia do turno da noite no Hospital Beth Davis. Costumávamos flertar na copa das enfermeiras, depois da meia-noite, quando a enfermeira-chefe tirava um cochilo num dos quartos particulares vagos do andar. O marido de Ann era soldado na Coreia. Ela tinha 31 anos — e *sabia se virar*, em suas próprias palavras —, bonita e amigável, pequena, forte e negra retinta. Uma noite, enquanto estávamos esquentando o álcool e o talco para as massagens nas costas daquele turno, ela puxou o seio direito para fora, para me mostrar a verruga que tinha surgido bem na linha em que sua auréola roxo-escura encontrava o marrom chocolate mais claro de sua pele e que, ela me disse com uma risada suave, "deixava todos os médicos loucos".

Ann tinha me apresentado às amostras de anfetamina naqueles longos turnos noturnos sonolentos, depois dormíamos em sua quitinete iluminada na Cathedral Parkway, tomando café puro e fofocando até o amanhecer sobre os hábitos estranhos das enfermeiras-chefes, entre outras coisas.

Liguei para Ann no hospital e encontrei com ela numa noite, depois do trabalho. Contei para ela que estava grávida.

— Eu pensei que você fosse gay!

Ouvi a meia pergunta decepcionada na voz de Ann e subitamente me lembrei da nossa pequena cena na copa das enfermeiras. Mas a minha experiência com pessoas que tentavam me definir era que elas geralmente faziam isso para me desprezar ou me usar. Eu nem havia reconhecido minha própria sexualidade ainda, muito menos feito qualquer escolha nesse sentido. Deixei o comentário passar batido.

Pedi que Ann trouxesse da farmácia um pouco de ergometrina, uma droga que, segundo o que eu tinha ouvido das conversas das enfermeiras, podia ser usada para estimular sangramento.

— Você está louca? — ela me perguntou, horrorizada. — Você não pode brincar com essas coisas, garota, isso pode te matar. Causa hemorragia. Me deixa ver o que eu posso descobrir pra você.

Todo mundo conhece alguém, Ann disse. Para ela, foi a mãe de outra enfermeira de cirurgia. Muito seguro e limpo, infalível e barato, ela disse. Um aborto espontâneo induzido por uma sonda Foley. Um aborto caseiro. O tubo estreito de borracha dura, usado em pós-operatórios para manter diversos canais do corpo abertos, amolecia quando era esterilizado. Quando passava pelo colo para o corpo do útero, ainda amolecido, enrolava-se, todos os seus quase quarenta centímetros acomodando-se dentro do útero. Uma vez endurecido, suas curvaturas angulares rasgavam as paredes sangrentas e provocavam as contrações uterinas que, por fim, expulsavam o feto implantado, junto com a membrana. Isso se não fosse expelido cedo demais. Isso se não perfurasse o útero.

O processo levava cerca de quinze horas e custava quarenta dólares, o que significava o salário de uma semana e meia.

Caminhei até o apartamento da senhora Muñoz depois que terminei o trabalho no consultório do doutor Sutter naquela tarde. O degelo de janeiro já tinha passado, e, ainda que fosse uma da tarde, o sol não oferecia calor nenhum. O cinza do inverno de meados de fevereiro e as manchas mais escuras da neve suja do Upper East Side. Contra meu casaco ao vento, eu carregava uma sacola contendo um par de luvas de borracha novas, a sonda vermelha que Ann tinha roubado do hospital para mim e um absorvente. Eu levava a maior parte do meu último salário, mais cinco dólares que Ann havia me emprestado.

— Querida, tire a saia e a calcinha agora enquanto fervo isso. — A senhora Muñoz tirou a sonda da bolsa e derramou água fervente de uma chaleira sobre ela, numa bacia rasa.

Eu me sentei encolhida na beira da cama larga, envergonhada da minha seminudez diante dessa estranha. Ela colocou as finas luvas de borracha e, pondo a bacia sobre a mesa, olhou para onde eu estava, empoleirada no canto daquela sala miserável mas bem cuidada.

— Deite-se, deite-se. Você está com medo, hum? — Ela me olhou por baixo do limpo lenço branco que cobria completamente sua pequena cabeça. Eu não podia ver seu cabelo e não conseguia deduzir, pelo seu rosto de traços penetrantes e olhos brilhantes, quantos anos ela tinha, mas parecia tão jovem que me surpreendeu que tivesse uma filha com idade suficiente para ser enfermeira.

— Você está com medo? Não tenha medo, querida — ela disse, pegando a bacia com a borda de uma toalha e trazendo-a até a outra beira da cama. — Agora se deite e levante as pernas. Não precisa ter medo de nada. Não é nada de mais: eu faria isso na minha própria filha. Agora, se você estivesse com três, quatro meses, digamos, seria mais difícil, porque demoraria mais, entendeu? Mas você não está assim tão avançada. Não se preocupe. Hoje à noite, amanhã, talvez, vai sentir um pouco de dor, como cólicas fortes. Você tem cólicas?

Balancei a cabeça afirmativamente, muda, os dentes cerrados de dor. Mas suas mãos estavam ocupadas entre as minhas pernas enquanto ela olhava com atenção para o que estava fazendo.

— Tome apenas uma aspirina, com um pouco de água. Não muito. Quando estiver pronta, a sonda desce, e o sangramento vem com ela. Depois, sem mais bebê. Da próxima vez, tome mais cuidado, querida.

No momento em que a senhora Muñoz terminou de falar, ela já tinha habilmente passado a longa sonda esguia pela minha cérvix para dentro do útero. A dor tinha sido aguda, mas curta. A sonda estava enrolada dentro de mim como uma cruel benfeitora, prestes a romper a delicada parede e levar minhas preocupações embora com o sangue.

Já que qualquer dor, para mim, estava além do suportável, mesmo esse curto período pareceu interminável.

— Viu, então, terminou. Não foi tão ruim, né? — Ela deu um tapinha carinhoso na minha coxa trêmula. — Acabou. Agora pode se vestir. E coloque o absorvente — ela avisou, enquanto retirava as luvas de borracha. — Você vai começar a sangrar dentro de poucas horas, então se deite. Aqui, você quer as luvas de volta?

Neguei com a cabeça e entreguei o dinheiro para ela. Ela me agradeceu.

— Foi um preço especial, porque você é amiga da Ann — ela sorriu, me ajudando com o casaco. — Mais ou menos neste horário, amanhã, tudo estará terminado. Se você tiver qualquer problema, me ligue. Mas não vai ter nada, apenas uma leve cólica.

Parei na Rua 4 Oeste e comprei uma garrafa de conhaque de damasco por 89 centavos. Era a véspera do meu aniversário de dezoito anos, e eu tinha decidido celebrar o meu alívio. Agora, tudo que eu tinha que fazer era sentir dor.

No lento trem de sábado, voltando para o meu quarto mobiliado em Brighton Beach, a cólica começou, aumentando continuamente. Tudo vai ficar bem, repetia para mim mesma enquanto me inclinava um pouco no banco do metrô, basta chegar ao dia seguinte. Eu consigo. Ela disse que era seguro. O pior já passou, e, se alguma coisa errada acontecer, eu sempre posso ir para o hospital e dizer que não sei o nome dela e que eu estava com os olhos vendados para não saber onde estava.

Eu me perguntava o quão forte a dor poderia se tornar, e isso me aterrorizava mais do que qualquer coisa. Não pensava se podia morrer de hemorragia ou com uma perfuração no útero. O terror só dizia respeito à dor.

O vagão do metrô estava quase vazio.

Na primavera passada, por volta do mesmo horário de uma manhã de sábado, acordei na casa da minha mãe com o cheiro de bacon frito na cozinha e a abrupta percepção, assim que abri os olhos, de que o sonho que estava tendo, em que dava à luz uma menina, era, na verdade, apenas um sonho. Eu me sentei completamente ereta na minha cama, de frente para a janela que dava para o fosso de ventilação, e chorei e chorei e chorei de decepção até que minha mãe entrou no quarto para ver o que estava acontecendo.

O metrô saiu do túnel pela margem escura do sul do Brooklyn. O campo de salto de paraquedas de Coney Island e um grande tanque cinza de armazenamento de gás eram as únicas rupturas no horizonte de chumbo.

Eu me desafiei a sentir qualquer arrependimento.

Aquela noite, por volta das oito da noite, eu estava deitada, enrolada na minha cama, tentando me distrair das dores agudas na virilha decidindo se queria ou não pintar o cabelo de preto-carvão.

Eu não podia imaginar os riscos que corria. Mas uma outra parte de mim estava maravilhada com minha própria ousadia. Eu tinha conseguido. Mais ainda do que sair de casa, esse feito que estava rasgando as minhas entranhas e que poderia me levar à morte, exceto que não morreria — esse feito que era uma espécie de deslocamento da segurança para a autopreservação. Foi uma escolha entre dores. Era isso que significava viver. Eu me agarrei a isso e tentei sentir apenas orgulho.

Eu não tinha cedido. Não tinha sido meramente uma espectadora passiva de tudo até que fosse tarde demais. Eles não me pegaram.

Ouvi uma batida na porta que dava para o beco de trás e olhei pela janela. Minha amiga Blossom, da escola, tinha pedido para uma de nossas antigas professoras do ensino médio que a levasse para ver se eu estava "bem" e para me entregar uma garrafa de conhaque de pêssego pelo meu aniversário. Ela foi uma das pessoas que eu tinha consultado, mas não quis se envolver com um aborto, dizendo que eu devia ter o bebê. Não me dei ao trabalho de lhe contar que bebês negros não eram adotados. Eles eram absorvidos nas famílias, abandonados ou "entregues". Mas não adotados. Mesmo assim, eu sabia que ela estava preocupada, já que foi do Queens para Manhattan e, depois, para a Brighton Beach.

Fiquei comovida.

Conversamos apenas sobre coisas irrelevantes. Nenhuma palavra sobre o que estava acontecendo dentro de mim. Agora esse era o meu segredo; a única maneira de lidar com isso era sozinha. Senti que ambas estavam gratas por isso.

— Você tem certeza de que vai ficar bem? — Bloss me perguntou. Acenei positivamente com a cabeça.

A senhorita Burman sugeriu que fôssemos caminhar pelo calçadão na escuridão fresca de fevereiro. Não havia lua. A caminhada ajudou um pouco, e o conhaque também. Mas, quando voltamos para o meu quarto, eu não conseguia mais me concentrar na conversa. Eu estava distraída demais com o furor que corroía a minha barriga.

— Você quer que a gente vá embora? — Bloss perguntou com sua característica franqueza. A senhorita Burman, simpática mas austera, permaneceu silenciosamente no corredor de entrada, olhando os meus pôsteres. Balancei a cabeça para Bloss, assentindo agradecida. A senhorita Burman me emprestou cinco dólares antes de partir.

O resto da noite foi uma agonia de ficar andando de um lado pro outro do corredor, do quarto para o banheiro, encurvada pela dor, vendo coágulos de sangue caírem do meu corpo na privada e me perguntando se estava tudo bem comigo, afinal. Eu nunca tinha visto coágulos vermelhos tão grandes saírem de mim. Isso me assustou. Tive medo de que estivesse sangrando até a morte naquele banheiro de uso comum em Brighton Beach, no meio da madrugada do meu aniversário de dezoito anos, com uma senhora maluca no corredor, resmungando sem parar durante o sono. Mas eu ia ficar bem. Logo tudo isso acabaria, e eu estaria a salvo.

Observei uma uma espécie de mucosa acinzentada desaparecer no vaso sanitário, e me perguntei se era o embrião.

Ao amanhecer, quando fui tomar mais uma aspirina, a sonda havia se deslocado para fora do meu corpo. Eu estava sangrando muito, muito mesmo. Mas minha experiência nas enfermarias obstétricas me dizia que eu não estava tendo uma hemorragia.

Lavei a sonda longa e rígida e guardei-a numa gaveta, depois de examiná-la cuidadosamente. Essa ferramenta da minha salvação era de um vermelho perverso, mas de aparência inócua.

Tomei uma anfetamina sob o sol fraco da manhã e me perguntei se devia gastar 25 centavos num café com pão doce. Lembrei que devia trabalhar como porteira num concerto na faculdade naquela tarde e receberia dez dólares, um valor alto para uma tarde de trabalho, que me permitiria pagar minhas dívidas com Ann e com a senhorita Burman.

Preparei um café com leite doce e tomei um banho quente, embora ainda estivesse sangrando. Depois disso, a dor diminuiu gradualmente para uma cólica fraca e intermitente.

Num capricho repentino, eu me levantei, vesti algumas roupas e saí pela manhã. Peguei o ônibus para Coney Island, até uma lanchonete que abria cedo perto do cachorro-quente do Nathan, e tive meu enorme café da manhã de aniversário, completo com batatas fritas e um muffin inglês. Havia muito tempo que eu não fazia uma refeição de verdade em um restaurante. Custou quase metade dos cinco dólares da senhorita Burman, porque era kosher e cara. E deliciosa.

Em seguida, voltei para casa. Me deitei na cama, preenchida por uma sensação de bem-estar e de alívio da dor e do terror, que era quase uma euforia. Eu estava bem de verdade.

Conforme a manhã deslizava para a tarde, percebi que estava exausta. Mas a ideia de conseguir dez dólares por uma tarde de trabalho me fez levantar contrariada e me pôs de volta no trem do fim de semana, para a longa viagem até a Hunter College.

No meio da tarde, minhas pernas tremiam. Caminhei para cima e para baixo, devagar, pelos corredores, ouvindo com dificuldade o quarteto de cordas. Na última parte do concerto, fui até o banheiro das mulheres para trocar o absorvente interno e os panos que estava usando. Na cabine, fui acometida por uma onda de náusea repentina que me fez me dobrar e prontamente, com muita força, perdi meu café da manhã de Coney Island, de dois dólares e meio, incluindo gorjeta, que eu nem sequer havia digerido. Fraca e tremendo, me sentei no banquinho, a cabeça contra a parede. Um novo ataque de cólica me atravessou tão fortemente que gemi baixinho.

A senhora Lewis, a negra encarregada do banheiro feminino que me conhecia desde o ensino médio, estava no fundo da sala, no seu cubículo, e tinha me visto entrar no banheiro vazio.

— É você, Autray, gemendo desse jeito? Você está bem? — Eu vi seus pés, de sapato baixo, pararem diante da minha cabine.

— Sim, senhora — arfei pela porta, amaldiçoando a minha sorte por ter entrado naquele banheiro específico. — É só a minha menstruação.

Eu me recompus e arrumei as minhas roupas. Quando finalmente saí, bravamente e com a cabeça erguida, a senhora Lewis ainda estava do lado de fora, os braços cruzados.

Ela sempre havia mantido um interesse constante, mas impessoal, pela vida das poucas garotas negras na escola e era um rosto familiar que fiquei feliz de ver quando nos encontramos no banheiro da faculdade no outono. Contei para ela que agora estava na faculdade e que tinha saído de casa. A senhora Lewis levantou as sobrancelhas e apertou os lábios, balançando a cabeça grisalha. "Vocês, meninas, não existem!", ela disse na ocasião.

Sob a rispidez intransigente das luzes fluorescentes, a senhora Lewis olhou fixamente para mim através de seus óculos dourados austeros, que se equilibravam como antenas redondas sobre seu largo nariz marrom.

— Menina, você tem certeza de que está bem? Não parece. — Ela reparou no meu rosto. — Senta aqui um minuto. Você acabou de menstruar? Está branca como se fosse filha de outra pessoa.

Aceitei o banco que ela me ofereceu, agradecida.

— Estou bem, senhora Lewis — protestei. — Só sinto muita cólica, é isso.

— Só cólica? Tão ruim? Então por que você veio pra cá desse jeito? Deveria estar em casa, na cama, olha como estão seus olhos. Você quer um pouco de café, querida? — ela me ofereceu sua xícara.

— Porque preciso do dinheiro, senhora Lewis. Vou ficar bem, de verdade.

Balancei a cabeça para o café e me levantei. Um espasmo subiu das minhas coxas contraídas e atingiu a parte inferior das costas, mas só descansei a cabeça contra a porta do banheiro. Então, pegando uma toalha de papel da pilha da prateleira de vidro que estava na minha frente, molhei-a e enxuguei o suor frio da minha testa. Sequei o restante do rosto e limpei cuidadosamente meu batom borrado. Sorri para o meu reflexo no espelho e para a senhora Lewis, que permanecia ao meu lado, atrás de mim, com os braços cruzados contra seus seios fartos e o tronco curto. Ela fez um muxoxo, inalando profundamente e dando um longo suspiro.

— Menina, por que você não volta para a casa da sua mãe, que é o seu lugar?

Quase desatei a chorar. Senti vontade de gritar, abafando sua voz lamuriosa e gentil de velha que continuava agindo como se tudo fosse muito simples.

— Você não acha que ela está preocupada com você? Ela sabe que você está com todos esses problemas?

— Não estou com problemas, senhora Lewis. Só não me sinto bem porque estou menstruada. — Me afastando, amassei a toalha usada e joguei dentro do cesto, depois me sentei de novo, pesadamente. Minhas pernas estavam terrivelmente fracas.

— Certo. Bem. — A senhora Lewis fez outro muxoxo e enfiou a mão no bolso do avental. — Aqui — ela disse, puxando quatro dólares do bolso. — Você pega isso e toma um táxi para casa. — Ela sabia que eu morava no Brooklyn. — E vá direto pra casa agora mesmo. Vou riscar o seu nome da lista lá embaixo para você. E você pode me devolver quando puder.

Peguei as notas amassadas de suas mãos escuras marcadas pelo trabalho.

— Muito obrigada, senhora Lewis — eu disse, agradecida. Me levantei de novo, dessa vez com um pouco mais de firmeza. — Mas não se preocupe comigo, isso não vai durar muito. — Caminhei trêmula até a porta.

— E coloque os pés pra cima, e uma compressa de água fria na barriga, e fique na cama por alguns dias também — disse ela atrás de mim, enquanto eu fazia meu percurso até os elevadores para ir ao andar principal.

Pedi para o taxista me deixar na entrada do beco, em vez de desembarcar na Avenida Brighton Beach. Estava com medo de que minhas pernas não me levassem aonde eu queria ir. Fiquei pensando se eu não tinha quase desmaiado.

Já em casa, tomei três aspirinas e dormi por 24 horas.

Quando acordei, na segunda à tarde, os lençóis da cama estavam manchados, mas o meu sangramento tinha diminuído e estava normal, e a cólica tinha passado.

Fiquei pensando se, no domingo de manhã, havia consumido alguma comida estragada na lanchonete que tivesse me deixado doente. Em geral, nunca ficava indisposta e me orgulhava do meu estômago de ferro. No dia seguinte, estava de volta às aulas.

Na sexta, depois da faculdade e antes de ir trabalhar, peguei meu pagamento pelo trabalho no concerto. Procurei a senhora Lewis no banheiro do auditório e devolvi a ela os quatro dólares.

— Ah, obrigada, Autray — disse ela, parecendo um pouco surpresa. Dobrou as notas cuidadosamente e guardou-as na bolsinha verde que carregava no bolso do uniforme. — Como você está se sentindo?

— Bem, senhora Lewis — eu disse alegremente. — Eu te disse que ia ficar bem.

— Você não disse, não! Você disse que *estava bem*, e eu sabia que você não estava, então não me venha com essa, que não quero ouvir. — Ela me olhou maliciosamente. — Você já voltou para a sua mãe?

16

Meu apartamento na Rua Spring não era exatamente um palácio encantado, mas era meu primeiro apartamento de verdade e era todo meu. O apartamento da Iris, na Rua Rivington, foi uma breve parada depois do trauma de me declarar independente. O da Brighton Beach era, afinal, apenas um grande quarto mobiliado com acesso a uma cozinha. Mas o apartamento na Rua Spring era realmente meu, ainda que fosse sublocado de um amigo da Jean que estava em Paris por um ano. Ele tinha deixado um sistema de som de alta-fidelidade muito complicado, um cavalinho-balanço de madeira e uma sujeira inacreditável encrostada pela cozinha inteira. Além disso, não havia muito mais, exceto linóleo sujo em todos os cômodos e cinzas numa lareira que era a única fonte de calor para todo aquele pequeno apartamento de três cômodos. Mas o aluguel custava apenas dez dólares por mês.

Eu me mudei duas semanas depois do aborto. Já que estava fisicamente bem e saudável, não me ocorreu que eu não estivesse totalmente livre de qualquer consequência daquele acontecimento penoso. Mas os meses entre aquele fim de semana do meu aniversário, em fevereiro, e os primeiros aromas estimulantes da primavera no ar, enquanto eu pegava um trem para Bennington para passar o fim de semana, transcorreram como um borrão. Eu estava visitando a Jill, uma d'As Marcadas.

Eu chegava em casa, depois da escola e do trabalho de meio período, e me sentava, às vezes, na beirada da cama no centro do quarto, ainda de casaco, e, de repente, percebia que já havia amanhecido e eu ainda nem tinha tirado o casaco, muito menos guardado o leite comprado para o gato que eu havia encontrado para compartilhar a minha desgraça.

A casa era a única coisa que me pertencia, e o gato que peguei na mercearia da vizinhança, e dois calafates numa pequena gaiola que Martha e Judy me trouxeram como um presente de mudança. Elas ainda estavam no último ano do ensino médio e tinham aparecido numa tarde de domingo com os pássaros, uma garrafa de conhaque de damasco e quatro fortes braços jovens e dispostos. Depois de pendurarmos algumas cortinas nas janelas altas e estreitas do cômodo da frente, que davam para as janelas do fundo do cortiço vizinho, nós três nos sentamos no sofá, olhando para a lareira e pensando em arrancar o gesso rachado que a recobria para expor o bonito tijolo vermelho que estava por baixo dele. Ficamos sentadas, no frio, ouvindo o grasnido indignado dos passarinhos, com Rachmaninoff na vitrola e bebendo conhaque de damasco. Mais tarde, à noite, acendemos a lareira, e eu derrubei a garrafa de conhaque, ou Martha derrubou, porque ela sempre fazia coisas desse tipo e se desculpava demais. Todas nós rimos e divagamos sobre cavar o assoalho de madeira macia para ver se encontrávamos madeira limpa para fazer palitos de dente com gosto de conhaque de damasco.

Mas esse é o único momento que consigo lembrar entre a mudança e o primeiro dia do verão. Ainda assim, eu ia para a faculdade e passei em todas as disciplinas daquele semestre. Também ia para o norte da cidade nas noites de quinta, para os encontros do Grupo de Escritores do Harlem.

O apartamento era muito pequeno, e é chocante pensar em mais de uma pessoa vivendo ali, mas certamente alguma vez uma família inteira já tinha habitado esses três cômodos minúsculos. O prédio defrontava um pátio estreito separando seus três andares do prédio principal do cortiço, que tinha seis andares.

No cômodo da frente estavam a lareira e a porta principal do apartamento. O cômodo central era ainda menor, sem janela e com espaço suficiente apenas para uma cama de casal e uma cômoda pequena, e a porta da cozinha, equipada com pia, fogão, geladeira e banheira.[15] Uma outra porta, fechada com cadeado, levava para o corredor de fora. O apartamento ia de uma ponta à outra do edifício. Não havia água quente no prédio, que tinha seis apartamentos, dois por andar. Os banheiros ficavam do lado de fora, no corredor, um por andar, um para cada dois apartamentos. Ralph, meu vizinho de porta, e eu colocamos um cadeado no nosso, para evitar que os mendigos do Bowery subissem e o usassem.

Esfreguei o apartamento o máximo que pude, sem acreditar no tanto de sujeira que o antigo morador tinha deixado acumular. Eu me livrei do que foi possível e resolvi ignorar o que não pude eliminar. A cozinha era o pior, por isso me concentrei em deixar os outros dois cômodos do jeito que eu queria.

Levei para o apartamento minha estante, meus livros e discos, o violão e a máquina de escrever, e fiquei com a sensação de que estava adquirindo um monte de coisas, incluindo um pequeno aquecedor elétrico.

As duas compras grandes foram uma cama e um colchão, na promoção, com dois travesseiros de pena macios. Eu já tinha lençóis e fronhas, do tempo na Brighton Beach. Também comprei outro cobertor de lã, na Rua Orchard. Era um cobertor branco e vermelho brilhante, de estilo indiano, quente e felpudo, e parecia esquentar o quarto frio e escuro.

Eu raramente conseguia usar a cozinha, exceto para ferver água. Era, sobretudo, um lugar para deixar a geladeira, na qual eu guar-

---

[15] Muitos apartamentos antigos em Nova York tinham uma banheira na cozinha. Esse arranjo peculiar tem como causa uma legislação do início do século XX, que, por razões sanitárias, tornava obrigatória a presença de uma pia e uma banheira em cada apartamento. No caso de unidades pequenas, de três cômodos, não havia espaço para colocar a banheira em outro lugar senão na cozinha. [N.E.]

dava o pouco de comida que eu não trazia para casa já preparada. Mas me lembro de cozinhar pés de galinha ensopados para Jean e Alf, numa noite de sábado. Emagreci bastante, para o meu padrão.

Quando o verão chegou, As Marcadas desceram para a Rua Spring num fim de semana e limparam e esfregaram. Depois disso, passei a cozinhar mais.

Quebrei a parede de gesso em cima e em volta da lareira e lixei até que o tijolo antigo ficasse bonito, liso e uniforme. Pendurei o violão da Gennie em cima da lareira, mais deslocado para um dos lados.

O verão chegou com força no pequeno prédio dos fundos, e as duas janelas do apartamento não proporcionavam nenhum alívio. Comecei a aprender como deitar de costas e aproveitar o calor, como não lutar contra ele, abrir meus poros e deixar o calor entrar e o suor sair.

Eu costumava me sentar de calcinha e anágua e datilografar sobre a mesa de jogos na sala de estar, às três da madrugada, com o suor descendo pelo colo e por entre os seios. Os passarinhos agora estavam mortos, e o gato fugiu depois de matá-los. Escrever era a única coisa que fazia com que me sentisse viva.

Eu nunca relia o que escrevia. Eram poemas estranhos sobre morte, destruição e profundo desespero. Quando ia para os encontros da revista *Harlem Writers' Quarterly*, eu só lia poemas antigos, dos meus dias no ensino médio, um ano antes.

> Eu vim do vale
> rindo com a negridão
> entre a boca das montanhas que escalei
> chorando, com frio
> interceptada pelas almas apegadas de homens mortos
> trêmula
> com reverberações dos minutos perdidos
> anos nascituros.

Eu era a história de um povo fantasma
era a esperança de vidas jamais vividas
era um raciocínio do vazio do espaço
e o espaço nas cestas vazias de pão
Eu era a mão esticada para o sol
a crosta queimada em busca de alívio.
E na árvore das aflições eles me enforcaram
as emoções perdidas de um povo furioso
me enforcaram, esquecendo que eu demorava
para morrer
como eu persistia, imortal
esquecendo que facilmente
eu poderia me levantar
de novo.

20 de abril de 1952

17

Quando descobri que tinha reprovado em alemão e trigonometria no trimestre de verão daquele ano, não me ocorreu em momento algum que fosse porque eu tinha passado o verão como ama de leite d'As Marcadas no meu pequeno cortiço.

Nem me ocorreu que foi porque todo fim de tarde, quando chegava em casa do trabalho, em vez de fazer as tarefas para as aulas do dia seguinte, preparava para nós todas café com cubos de gelo e canela misturados no leite em pó com dextroanfetamina. Éramos todas pobres e insaciáveis. Nos sentávamos no chão da minúscula sala de estar com a lareira agora apagada e as duas janelas altas abertas, tentando pegar um pouco de ar enquanto nos esparramávamos no colchão trazido do quarto. Nossas únicas vestimentas eram anáguas de nylon que subíamos sobre os seios, às vezes com uma faixa amarrada.

Eu disse para mim mesma que tinha reprovado no verão porque simplesmente era incapaz de aprender alemão. Resolvi que algumas pessoas eram capazes e outras, não; e eu não era.

Além disso, estava muito entediada e decepcionada com a Hunter College, que me parecia uma extensão de um colégio católico para meninas, e não lembrava nada o ensino médio na Hunter High School, quando nossa vida era empolgante e emocionalmente complicada. Para a maioria das mulheres que conheci nas aulas do primeiro ano da faculdade, uma complicação emocional significava matar aula para jogar *bridge* na cantina.

Além disso, eu estava transtornada, pois sexualmente frustrada diante da presença de todas aquelas belas jovens mulheres que estava acolhendo, como uma *banshee*[16] ferida. O aborto tinha me deixado com uma tristeza adicional sobre a qual eu não podia falar, certamente não para essas garotas que viam minha casa e minha independência como um refúgio e pareciam pensar que eu era firme, forte e segura — o que, claro, era exatamente o que eu queria que elas pensassem.

Se elas estavam ou não dormindo umas com as outras na minha cama de casal da Bloom & Krup e no meu colchão, enquanto eu estava na faculdade e no trabalho, eu não sabia. Nós fizemos comentários jocosos a respeito disso muitas vezes, mas, se acontecia, nenhuma delas me contou, e eu nunca mencionei como eram, para mim, atraentes e intimidadores os estranhos segredos loiros, e ruivos, e castanhos que despontavam sob as anáguas erguidas, no calor de 38 graus daquele pequeno apartamento.

Naquele verão decidi que ia, definitivamente, ter um envolvimento com uma mulher — nessas palavras. Como isso aconteceria, eu não tinha ideia, nem mesmo sabia o que queria dizer com "envolvimento". Mas eu sabia que era mais do que abraçar debaixo das cobertas e beijar na cama da Marie.

Marie, assim como eu, tinha estado nas margens d'As Marcadas no ensino médio. Ela era pequena e rechonchuda, com imensos olhos mediterrâneos brilhando num rosto em formato de coração. Compartilhávamos uma fraqueza apaixonada por memorizar as mesmas baladas românticas e por recitar Millay. Marie não quis ir para a faculdade e conseguiu, depois do ensino médio, um emprego que lhe dava alguma independência, embora ela ainda vivesse com sua rigidíssima família italiana.

---

[16] Pertencente ao folclore irlandês, é um espírito espectral de mulher, uma forma obscura de fada cuja característica marcante é entoar um grito triste e estridente. Segundo a lenda, ouvir o grito sofrido das *banshees* indica que a morte está próxima. [N.E.]

Fui jantar na casa dela algumas vezes, no outono, após ter saído da casa dos meus pais. A comida era farta e abundante, servida em silêncio por sua mãe generosa, que tinha uma opinião nada favorável sobre mim, principalmente por eu ser negra, mas agora, também, porque morava sozinha. Nenhuma boa menina deixava a casa da mãe antes de se casar, a menos que fosse uma prostituta, o que, aos olhos da senhora Madrona, era, de qualquer forma, sinônimo de ser negra.

Às vezes, eu ficava para dormir e dividia com a Marie o seu sofá-cama na sala de estar, porque o irmão dela ocupava o segundo quarto. Permanecíamos acordadas até tarde, nos agarrando debaixo das cobertas, à luz da vela votiva do altar da Nossa Senhora no canto da sala, nos beijando e nos abraçando e rindo baixinho para que a mãe dela não nos ouvisse.

No fim da primavera, quando as outras integrantes d'As Marcadas voltaram de suas várias universidades prestigiadas, tivemos o grande encontro/festa de limpeza no meu apartamento.

Todas, exceto Marie. Ela tinha fugido de casa e se mudado para a YWCA,[17] e se casado com alguém que sentou na sua mesa na Cafeteria Waldorf. Na mesma noite. Eles dirigiram até Maryland e encontraram um juiz de paz.

Abri minha casa para As Marcadas, e elas a viram como um segundo lar. Já que era verão, nenhuma de nós se importou muito com a falta de aquecimento ou água quente no apartamento, mas não ter chuveiro era um problema.

Às vezes, meu vizinho de porta e eu íamos até o apartamento de um amigo dele, na esquina, para tomar um banho quente.

Tinha um constante vaivém de mulheres jovens no meu apartamento, a maioria delas em períodos e circunstâncias variadas de angústia. Eu me lembro, particularmente, de Bobbi, que morava na vizinhança e estava numa série anterior à nossa no ensino médio. Cursava agora o último ano e sempre apanhava

---

[17] Young Women's Christian Association [Associação cristã de moças]. [N.E.]

de sua mãe. Bobbi decidiu fugir para a Califórnia, embora ainda não tivesse terminado os estudos. Naquela época, era uma coisa estranhamente bizarra e corajosa de se fazer, e ela se escondeu no meu apartamento até pegar o avião. Nós todas a achamos muito ousada, ainda que ela fosse também muito jovem e tola.

Por sorte, Bobbi e seu namorado, igualmente tolo, tinham acabado de sair quando o FBI veio até a minha casa, procurando por ela.

Isso aconteceu em 1952, o auge da era McCarthy, e eu sabia muito bem que não devia deixá-los passar pela minha porta. Eles ficaram do lado de fora, estúpidos, e machos, e decorosos, e loiros, e só um pouco ameaçadores em suas camisas abotoadas e gravatas listradas. Um deles tinha um corte de cabelo militar; o outro usava o cabelo repartido ao meio e penteado para baixo.

Todos os meus amigos sabiam que éramos uma ameaça para o status quo e definíamos nossas rebeldias como tal. Cientistas haviam decifrado o silabário Linear B, o que lhes permitiu ler a antiga escrita micênica. No dia anterior à presença dos agentes do FBI na minha porta, Eva Perón tinha morrido na Argentina. Mas, de alguma maneira, *nós* éramos uma ameaça para o mundo civilizado.

Um dia, Marie veio ao meu apartamento com seu novo marido. Não gostei nem um pouco dele, embora gostasse muito de Marie, e fiquei feliz por mandá-los embora. Seu hálito exalava álcool, e ele tinha um sorriso nojento e algumas fantasias sexuais muito estranhas que Marie me confidenciou aos sussurros quando ele foi comprar mais uísque. Meu coração doeu ao pensar nela junto dele, mas ela insistia que ele a amava. Eu não podia entender como, mas acreditei nas palavras dela.

Menos mau, porque a mãe dela apareceu na minha porta, dois dias depois, com um novo contingente de homens do FBI, indistinguíveis dos anteriores. A economia ainda estava em recessão; havia poucos empregos para veteranos. Os estudantes universitários brancos estavam obcecados por estabilidade e aposentadoria, e parecia haver, em 1952, um estoque infindável de detetives loiros, com olhos azuis e aparência ligeiramente ameaçadora e ligeiramente estúpida.

A mãe da Marie estava histérica, e eu sabia que Ralph, meu amigo pacifista, dormia durante o dia, então deixei-os entrar dessa vez. Meu primo Gerry estava dormindo no quarto, e seus sapatos e calças estavam à mostra em cima do sofá. Deu para notar que isso não causou uma boa impressão naqueles homens do FBI ou na mãe da Marie. Mulheres jovens não viviam sozinhas a menos que fossem prostitutas, e ali estava a evidência pendurada no meu sofá. Não dei importância. Era óbvio que a saliência na minha cama era uma só, e não me importava muito com o que a mãe da Marie pensava.

Marie e Jim, seu marido, não estavam na minha casa, e isso era tudo que o FBI, legitimamente, poderia me perguntar. Suspirei aliviada assim que fechei a porta atrás deles. Antes de ir, eles me disseram que Jim era procurado por tráfico de mulheres no Texas, acusado de transportar garotas menores de idade pela fronteira do país para fins de prostituição.

Fiquei tão mexida com essa conversa que acordei Gerry, e ele me convenceu a irmos para um cinema com ar-condicionado.

Foi uma d'As Marcadas, Lori, quem me contou sobre os muitos empregos disponíveis nas fábricas de Stamford, Connecticut. Sair de Nova York e de suas complicações emocionais por um tempo soou como uma boa ideia para mim, e a tal abundância de empregos era particularmente atraente. Eu tinha decidido largar a faculdade, já que não conseguia aprender alemão.

Coloquei um cadeado cifrado na porta do meu apartamento e deixei a senha com As Marcadas, que logo voltariam para suas universidades. Arrumei minhas poucas roupas, alguns dos meus livros e discos, peguei minha máquina de escrever portátil e me mudei para Stamford.

Eu tinha 63 dólares no bolso.

Cheguei a Stamford no trem para New Haven, na tarde de uma quinta-feira. Fui para o Centro da Comunidade Negra, cujo endereço eu tinha conseguido numa visita prévia, na semana anterior. Lá, consegui o endereço de alguém que tinha um quarto para alugar. Aluguei o quarto, que custava exorbitantes oito dólares por semana, guardei minha bagagem e disse tchau para Martha, que tinha vindo comigo para me ajudar a carregar todos os meus pertences portáteis. Na manhã seguinte, consegui um emprego numa fábrica de fitas decorativas onde Lori tinha trabalhado durante o verão. Eu começaria a trabalhar na manhã da próxima segunda-feira.

Meu quarto era muito pequeno, e eu compartilhava o banheiro com outras duas mulheres que também alugavam quartos naquela casa. Não tínhamos cozinha, então arranjei, escondida, uma chapa elétrica para esquentar as latas de sopa, que se tornaram a minha refeição noturna habitual.

Naquele fim de semana andei por Stamford, para ter uma ideia do lugar. Nunca tinha morado numa cidade pequena antes, nem em qualquer lugar além de Nova York. Na farmácia Liggett, na via principal, a Avenida Atlantic, não sabiam o que era um *egg cream*.[18] Eles chamavam refrigerante de "pop". Descendo a Avenida Atlantic até a estação de trem e voltando, atravessando a pequena ponte sobre o Rio Rippowam, que separava as porções leste e oeste da avenida principal e a comunidade negra da branca, fiquei maravilhada com a escala diferente em que a vida parecia se mover.

As ruas eram estranhamente vazias e vagarosas para uma tarde de sábado. Enquanto eu olhava para as pequenas lojas sujas ao longo da parte sul da Atlantic, me perguntava por que, se tinham tantos negócios, todas pareciam tão pobres e som-

---

[18] Bebida gelada tipicamente nova-iorquina, que, apesar do nome, não leva ovo entre os ingredientes, mas leite, água gaseificada e xarope de chocolate. [N.E.]

brias. Levei algumas semanas para perceber por que o sábado não era o dia de compras como em Nova York.

Naquele fim de semana, decidi que iria trabalhar em Stamford, juntar dinheiro e ir para o México.

Eu poderia fazer isso, pensei, economizando com comida, o que não seria difícil, já que eu não podia cozinhar no quarto. Encontrei um supermercado e comprei cinco latas de sardinha Mooseabec, um pão e cinco latas de sopa de mondongo picante da Campbell's, a minha favorita de todos os tempos. Pensei estar pronta para a semana, com um sanduíche no almoço e uma lata de sopa no jantar. Tinha decidido que me presentearia, no fim de semana, com salsichas ou ensopado de pés de galinha.

Na segunda, comecei a trabalhar às oito da manhã. Caminhava durante meia hora no percurso entre minha moradia e o trabalho. Eu me sentava numa mesa comprida, com outras mulheres, operando uma máquina à manivela que enrolava as fitas, transformava-as em meadas alegremente torneadas e as amarrava com uma pequena tira de metal. O trabalho era inacreditavelmente entediante, mas as cores das fitas eram vibrantes e alegres, e a mesa, na hora do almoço, parecia uma árvore de Natal. Ainda era setembro, mas a fábrica já estava trabalhando para os pedidos natalinos. Demorei um tempo até pegar o jeito da máquina e aprender a enrolar meadas bem-acabadas, que não fossem devolvidas pelo supervisor com um sorriso de escárnio. A mulher que trabalhava do meu lado me consolava.

— Não se preocupe, querida. Em três semanas, ele vai deixar você em paz.

Stamford era uma cidade de sindicalização compulsória, e os trabalhadores tinham que entrar para o sindicato dentro de três semanas após terem começado no trabalho. Quando comecei, recebia noventa centavos por hora; quando entrasse para o sindicato, passaria a receber 1,15 dólar, o salário mínimo da época. Minha colega de trabalho sabia de algo que eu não sabia. Era procedimento-padrão, na maioria das fábricas têxteis, contratar trabalhadores negros por três semanas, depois demiti-los antes que pudessem se filiar ao sindicato e então contratar novos empregados. O trabalho não era difícil de aprender. Três semanas depois, eu estava com meu primeiro salário e sem emprego.

Naquele outono, recomecei a escrever poemas, após meses de silêncio. As minhas noites de fim de semana ficaram tomadas pela barulheira vacilante da minha surrada máquina de escrever portátil. A mulher do quarto ao lado insinuou delicadamente, quando nos cruzamos na escada externa, que silêncio depois da meia-noite era a regra geral da casa para rádios e máquinas de escrever. Dobrei o meu cobertor e usei-o como almofada para amortecer o som, enquanto trabalhava na máquina empoleirada na mesa bamba, calçada entre a chapa elétrica contrabandeada e duas pilhas bem organizadas de latas de sardinhas Mooseabec e de sopas Campbell's.

Nas noites suaves de setembro nesse novo lugar, era como se Gennie tivesse voltado à vida. Eu me pegava, naquelas noites, caminhando por ruas desconhecidas, explicando a ela, em voz baixa, quais ruas eram aquelas, como era a fábrica, e discutindo os estranhos trejeitos desses não nova-iorquinos.

> E você não voltou em abril
> apesar da grande tentação da primavera
> você esperou seu tempo em silêncio
> sabendo que os mortos devem persistir.
>
> E você não voltou também para o verão
> nem antes de os carvalhos verdes deixarem
> vestígios de sangue no outono
> e de haver tempo para o luto.

Gennie foi minha única companhia naquelas primeiras semanas em Stamford, e às vezes, por dias seguidos, ela era a única pessoa com quem eu falava.

18

Eram dez horas de uma manhã fria de segunda-feira, e o Centro Comunitário West Main estava quase vazio. Fiquei parada, olhando para a frente, enquanto esperava a senhora Kelly terminar. Engomada e cor de chocolate, cada cacho cinza-chumbo no seu devido lugar, ela analisava minha inscrição através de seus óculos com armação dourada. Do outro lado do saguão, havia um letreiro branco pendurado em frente à placa de bronze com o nome do local na parede. CENTRO CRISPUS ATTUCKS, o letreiro dizia. Algum dignitário da cidade, sem dúvida.

Eu me virei quando a senhora Kelly suspirou e olhou para mim.

— E o que podemos fazer por você, jovem? — ela sorriu. Sua voz era gentil e maternal, mas eu podia ver em seus olhos que ela estava se lembrando da garota estranha de Nova York, nova na cidade, que tinha vindo procurar um lugar para ficar.

Alisei a saia do vestido de cintura marcada que eu estava usando para causar boa impressão. Era o único que eu tinha, e inclinava meus ombros ligeiramente para a frente, esperando que a senhora Kelly não reparasse que, como em qualquer vestido barato, o corpete apertava demais os meus seios.

— Estou procurando emprego, senhora Kelly.

— E que tipo de emprego você está procurando, querida?

Eu me inclinei para a frente.

— Bem, na verdade, eu gostaria de trabalhar como recepcionista médica.

— Como o quê, você disse?
— Como recepcionista médica, senhora. Eu já trabalhei com dois médicos antes, em Nova York.

A senhora Kelly arqueou as sobrancelhas e desviou os olhos, o que me fez sentir como se eu tivesse arrotado sem tapar a boca.

— Bem, tinha uma vaga aberta para auxiliar de limpeza no Hospital Estadual de Newton na semana passada, mas acho que eles já contrataram alguém. E eles costumam preferir mulheres mais velhas. — Ela folheou distraidamente os arquivos numa caixa em cima da mesa e, depois, se virou para mim, sua boca refinada e maternal ligeiramente franzida. — Você sabe, querida, há pouquíssimas opções de emprego por aqui para pessoas de cor e, menos ainda, para garotas negras. Agora, se você souber datilografar...

— Não, senhora, eu não sei — eu disse rapidamente. Ela fechou sua caixa num estalo.

— Querida, a maioria das pessoas sem qualificação encontra algum trabalho nas fábricas "pesadas" do outro lado da cidade. Por que você não tenta por lá? Elas não têm registro conosco, mas você pode ir direto na fábrica e perguntar se estão contratando. Sinto muito por não poder ajudá-la. — A senhora Kelly empurrou sua cadeira para trás, levantou e deu uma ajeitada no terninho cinza-amarronzado. — Assim que você aprender a datilografar, volte aqui, ouviu?

Agradeci e fui embora.

Na semana seguinte, consegui um emprego operando uma máquina comercial de raio X.

A Keystone Electronics era uma fábrica relativamente pequena comparada às fábricas de Stamford. Ela tinha um contrato com o governo para tratar e entregar cristais de quartzo usados nos maquinários de rádio e radar. Esses pequenos cristais eram trazidos do Brasil, cortados na fábrica e depois moídos, refinados e classificados de acordo com a intensidade da carga elétrica que carregavam.

Era um trabalho sujo. Os dois andares da fábrica vibravam com o gemido das enormes máquinas de corte e refino. A lama usada pela equipe de corte estava por toda parte, cimentada pelo óleo pesado onde as lâminas diamantadas estavam instaladas. Estavam sempre funcionando 32 rebolos. O ar da fumaça insalubre de tetracloreto de carbono, usado para limpar os cristais, era pesado e acre. Entrar na fábrica depois das oito da manhã era como adentrar o Inferno de Dante. Era agressivo para todos os cinco sentidos, muito frio e muito quente, áspero, barulhento, feio, pegajoso, fedorento e perigoso.

Os homens operavam as máquinas de corte. A maioria dos moradores locais não trabalharia naquelas condições, então a equipe de corte era composta por porto-riquenhos recrutados na cidade de Nova York que viajavam todas as manhãs para Stamford, com as passagens pagas pela empresa. As mulheres faziam a medição dos cristais em várias máquinas de raio X, ou lavavam os milhares e milhares de cristais tratados diariamente em imensos tonéis de tetracloreto de carbono.

Toda a mão de obra da fábrica, com exceção do supervisor e das chefes de equipe, era de negros ou porto-riquenhos, e todas as mulheres eram locais, dos arredores de Stamford.

Ninguém mencionava que o "tet" de carbono destrói o fígado e causa câncer nos rins. Ninguém mencionava que as máquinas de raio X, quando usadas sem proteção, emanavam doses constantes de baixa radiação em quantidades acima do que era considerado seguro, mesmo naquela época. A Keystone Electronics contratava mulheres negras e não as despedia depois de três semanas. Nós até chegávamos a nos filiar ao sindicato.

Fui contratada para operar uma das duas máquinas de raio X que liam os primeiros cortes no quartzo bruto. Esse procedimento servia para que os cortadores alinhassem suas máquinas de modo a maximizar a carga elétrica de cada pedra. Duas máquinas ficavam, portanto, diretamente conectadas à sala de corte, abertas ao barulho e à lama e aos pedaços de pedras cortadas que voavam das máquinas de corte. Esses eram os empregos menos desejados pelas mulheres, por causa das condições de trabalho e porque não havia horas extras ou bônus por peças trabalhadas. A outra máquina era operada por uma moça que se chamava Virginia, mas todos a chamavam de Ginger. Eu a conheci na minha primeira manhã de trabalho, na lanchonete do outro lado da rua da fábrica, onde parei para tomar um café com pão doce, para celebrar meu primeiro dia no trabalho novo.

Trabalhávamos das 8h às 16h30, com dez minutos de pausa às 10h e às 14h30, e meia hora de almoço, ao meio-dia.

Os "garotos" cortadores faziam o primeiro corte através da graxa espessa e da lama das máquinas, depois levavam pedaços grosseiros de cinco centímetros para fazermos, Ginger ou eu, a leitura da carga elétrica, antes de eles ajustarem o eixo de suas máquinas. A leitura era feita através de um pequeno feixe de raios X que passava pelo cristal. Havia uma capa protetora que deveríamos virar para cobrir os dedos, evitando que o raio X os tocasse, mas isso demorava um segundo — tempo suficiente para ouvir gritos por ser muito lerda e arruinar uma relação de trabalho tranquila com os cortadores.

A pedra era então fatiada ao longo do eixo que tinha sido marcado com um lápis de óleo. Líamos de novo, e a pedra era fatiada em placas. Ginger e eu líamos essas placas e as jogávamos, cobertas de fuligem e lama, em barris próximos às nossas máquinas. Depois, essas placas eram retiradas, lavadas em enormes bandejas de tetracloreto de carbono e cortadas em quadrados, para a "sala de medição" por raio X. Esse era um lugar mais limpo e calmo para se trabalhar, pois os cristais eram lidos uma última vez e estocados de acordo com seu grau de carga.

As mulheres na sala de medição por raio X ganhavam um bônus por peça que excedesse uma alta expectativa de produtividade mínima, e essas posições eram consideradas desejáveis. Tomando alguns atalhos, usando bem o tempo e não virando a placa de proteção, era possível ter um pequeno bônus semanal.

Depois da primeira semana, eu me perguntei se conseguiria aguentar. Eu achava que, se tivesse que trabalhar sob aquelas condições pelo resto da vida, cortaria minha garganta. Algumas manhãs, eu me questionava como conseguia suportar oito horas de fedor e sujeira, barulho e tédio. Às oito da manhã, eu me concentrava por duas horas, dizendo para mim mesma: "Você consegue passar duas horas, depois tem a pausa". Eu passava dez minutos lendo e, depois, me concentrava por mais duas horas, pensando: "Vamos lá, você consegue tolerar duas horas até o almoço". Depois do almoço, quando as máquinas atrás de nós recomeçavam a funcionar, eu me sentia um pouco renovada com meu sanduíche de sardinha, mas aquelas duas horas eram as mais difíceis do dia. Era um longo período até a pausa das duas e meia. Mas, finalmente, podia dizer para mim mesma: "Agora você enfrenta mais duas horas e fica livre".

Às vezes, de manhã bem cedo, ainda meio escuro, eu ficava esperando pelo elevador de serviço com os outros trabalhadores, torcendo ansiosamente para que ele não travasse e o relógio não entrasse no vermelho. Eu tentava me impulsionar para fora do corredor de volta para casa, porque sabia que não seria possível passar outro dia como o dia anterior. Mas o elevador vinha, e eu subia com os outros.

Algumas daquelas mulheres haviam trabalhado na fábrica durante todos os dez anos desde que ela abriu.

O pagamento só seria feito depois de três semanas de trabalho, e minha escassa reserva de dinheiro estava ficando perigosamente pequena. (Nas fábricas de Stamford, era comum segurar o pagamento da primeira semana até que você saísse do emprego, como uma caução, por assim dizer, sobre o espaço que você ocupava.) Ela não cobria a pausa para o café. Às vezes, eu permanecia lá entre as máquinas e lia o livro que tinha levado. Ginger ia para a relativa limpeza da sala de medição, para conversar com as outras mulheres. Um dia, ela me deu uma dica.

— É melhor você tirar o traseiro daquela cadeira nas suas pausas, garota, antes que fique grudada. Você pode ficar louca desse jeito! Isso era exatamente o que eu pensava, na verdade. Com diferentes motivações em mente, minha chefe de equipe, Rose, também me aconselhou sobre meus hábitos de pausa. Me chamando para conversar no horário de almoço, e com um sorriso malicioso e expressivo, ela disse que achava que eu era uma garota brilhante que poderia chegar longe, exceto pelo fato de que eu ia muito ao banheiro.

Os cortadores ganhavam bônus por peças, mas Ginger e eu, não. Um dia, os homens me incomodaram a manhã inteira, dizendo que eu não estava fazendo as leituras rápido o suficiente e que atrasava os cortes. Às dez horas, eles desceram marchando para o café, deixando as máquinas ligadas. Camuflada pelo barulho, pousei a cabeça sobre a máquina de raio X e me debulhei em lágrimas. Nesse momento Ginger apareceu, porque tinha esquecido sua bolsa de moedas debaixo do cesto de sua máquina. Ela me deu um soquinho gentil no braço.

— Viu? O que eu te disse? Você pode pirar com todas essas leituras. Como você prefere o seu café? Vou comprar um pra você.

— Não, obrigada. — Limpei meus olhos, atrapalhada por ter sido pega chorando.

— "Não, obrigada" — Ginger disse com uma risadinha, imitando meu tom de voz. — Você falou como uma madame. Vamos, garota, *por favor*, tome um café. Não posso aguentar esses filhos da mãe sozinha pelo resto do dia, e eles estão querendo sangue essa manhã. Vai, como você vai querer?

— Bem claro e com açúcar. — Sorri, em agradecimento.

— Boa, garota — disse ela, com sua risada jocosa de costume, e saiu pelo corredor estreito que separava nossas máquinas da barulheira da sala de cortes.

Foi assim que Ginger e eu nos tornamos amigas. Naquela quinta-feira, ela me convidou para ir até o centro da cidade, com ela e a mãe, para descontar nossos cheques.

Era o meu primeiro cheque de pagamento da Keystone.

Já que quinta era dia de pagamento, as lojas da Avenida Atlantic estavam animadas e abertas até tarde. Todo mundo saía para fazer compras, descontar cheques e socializar no centro da cidade. As pessoas paravam para conversar no meio das ruas, sem se importar que o dia seguinte era sexta, mais um dia de trabalho para enfrentar.

Ginger me contou que tinha me visto na cidade, na primeira quinta em que eu estava lá, antes mesmo de começar a trabalhar na Keystone.

— Isso mesmo. Jeans azul e tênis na Avenida Atlantic numa noite de quinta! Eu disse para mim mesma: quem é essa gatinha esperta da cidade?

Eu ri da ideia de alguém me chamar de *esperta* e fiquei quieta.

Ginger me convidou para jantar em sua casa naquela noite de quinta, e percebi, enquanto me servia de purê de batata pela terceira vez, que tinha quase me esquecido do gosto de comida caseira. Eu podia ver a cabeça ruiva da Cora, a jovem mãe impetuosa da Ginger, me olhando, meio se divertindo, meio aborrecida. Ginger tinha quatro irmãos mais novos em casa, e Cora tinha muitas bocas para alimentar.

Às vezes, Ginger trazia um pãozinho doce de sua casa para mim; às vezes, ela caminhava até a minha casa, na Estrada Mill River, de noite, depois do trabalho, e me convidava para um hambúrguer no White Castle perto da ponte, o único lugar da cidade que permanecia aberto depois das seis da tarde todos os dias, e não apenas às quintas-feiras.

Ginger tinha um rádio portátil que funcionava por bateria, presente do marido de quem tinha se divorciado, e, antes de o tempo esfriar, saíamos nas noites bonitas do outono e sentávamos na margem do Rio Rippowam, em frente à minha casa, e escutávamos o Fats Domino na WJRZ. A canção "Blueberry Hill" ficou no topo das paradas de sucesso durante quase todo aquele outono, e Ginger tinha um lugar especial no coração dela para o cantor, já que eles se pareciam muito. Ela até caminhava como o Fats, com um passo gingado fabuloso.

Ginger falava, e eu escutava. Logo descobri que, se você mantiver a boca fechada, as pessoas podem acreditar que você sabe tudo, e elas começam a se sentir cada vez mais livres para dizer qualquer coisa, ansiosas por mostrar que elas também sabem algo.

O velho Ford arremeteu elegantemente ao lado do meio-fio na esquina das avenidas Atlantic e Main, logo do outro lado dos trilhos do trem.
— Fim da linha, garotas. — CeCe, irmão de Ginger, soltou a corda que mantinha a porta dianteira do passageiro no lugar. Ginger e eu saímos do carro para o sol da tarde de outono, fresco, mas ainda não muito frio. De um lado para o outro na Avenida Atlantic, crianças pintavam murais extravagantes e fantasmagóricos em têmpera e tintas de sabão brilhosas sobre as janelas e portas das lojas que tinham aceitado participar da festa e do desfile do Halloween, que seria no dia seguinte. O desfile passaria por quase toda a cidade, Ginger explicou, e incluiria quase todas as crianças.
— Uma grande gostosura. As lojas imaginam que assim vão se salvar das travessuras. Fazem isso todos os anos. Evita que as janelas sejam arranhadas e riscadas. Aquarelas são mais fáceis de lavar do que tintas caseiras. Não fazem isso na cidade grande, né?

Entramos na loja de departamento Gerber em busca de meias para Ginger, porque Cora insistia que ela usasse meias de nylon para ir à igreja no domingo.
— Nunca tinha visto um Halloween ser celebrado assim antes.
— Bem — Ginger falou lentamente, dedilhando as meias em exposição —, isso é coisa de cidade pequena. Tem muita coisa aqui que você ainda não viu e que é diferente da cidade grande. Essas meias, por exemplo, que são uma porcaria. Vamos ver no Grants.

Atravessamos e caminhamos de volta pelo outro lado da Avenida Main. Da loja de discos, fragmentos da voz de Rosemary

Clooney cantando *"Come on-a my house, my house a come on"* misturados com o barulho do trânsito da tarde de sábado.

Um garoto loiro passou por nós de bicicleta, chupando um picles de pepino de um verde muito vívido. O cheiro pungente de endro e alho me paralisou e me jogou no meio da Rua Rivington, entre a Orchard e a Delancey.

Manhã de domingo luminosa no Lower East Side em Manhattan, os caçadores de pechinchas ansiosos e determinados de Nova York procuram nos cestos das calçadas por boas compras e velhos amigos. Na esquina da Rua Orchard, o Homem das Conservas presidia tinas de madeira contendo submarinos suculentos de diversos tamanhos e tons de verde, cada um denotando um estágio ou sabor diferente da conserva. Meio submersos em pedaços flutuantes de alho, grãos de pimenta e ramos de endro, cardumes de pepinos boiavam como peixes apimentados, esperando de barriga para cima por uma mordida. Perto dali, mesas montadas sobre cavaletes estendiam-se pela calçada sob um toldo listrado, apoiando travessas com damascos secos de um laranja escuro e misteriosamente translúcidos. Do lado deles, na mesa, longas caixas quadradas de madeira entreabertas, cobertas com papel encerado, continham grandes pedaços de halva, um doce feito com pasta de gergelim. Dentro das caixas havia sabores como baunilha, chocolate cremoso e a mistura louca dos dois — minha preferida, mármore.

E, sobre tudo isso, em volta da esquina e sobre os telhados, no ar fresco do outono, pairavam os aromas do Ratner, o restaurante kosher de laticínios e seus **blintzes**[19] *de queijo e pães de cebola frescos. Eles se misturavam com os cheiros mais fortes da delicatessen ao lado, onde salsichas bovinas recheadas com alho e* **kishke**[20] *se acomodavam ao lado dos* **kasha knishes**[21] *na vitrine aquecida. Para os narizes da rua movimentada, separações religiosas e ali-*

---

19 Tipo de panqueca recheada, cuja massa é semelhante à do crepe. [N.E.]
20 Uma espécie de linguiça bovina da culinária judaica. [N.E.]
21 Massa cuja consistência fica entre a de esfirra e a de tortinha, com recheio salgado. [N.E.]

mentares não importavam, e as compras das manhãs de domingo na Rua Rivington eram uma orquestra de delícias olfativas.

Eu me perguntei onde aquele garoto tinha conseguido um pepino em conserva em Stamford, Connecticut.

— Ginger, o Grants vende pepinos em conserva?

— Que ótima ideia! — Ginger sorriu enquanto segurava o meu braço. — Você também gosta? Aqueles grandes, azedos e suculentos, e os pequenos... ei, cuidado! — Ginger me puxou pelo braço enquanto eu olhava distraidamente para a avenida e descia para a rua. — Olha, Ligeirinha, você leva multa se atravessa fora do farol por aqui, e nova-iorquinos levam a maioria delas. Você não tem nada melhor pra fazer com o seu dinheiro? — Ela sorriu de novo quando a fase do semáforo mudou. — Como você soube do emprego na Keystone, afinal?

— No Centro Comunitário.

— O bom e velho Crispus Attucks.

— O que é isso? — Nós viramos a esquina da Rua Main e nos dirigimos ao Grants.

— O centro, boba. Ele acabou de ser renomeado em homenagem a um negro, pra gente não se importar com o fato de que eles não querem nos ver usufruindo daquele espaço no centro da cidade.

— E quem, afinal, é o homenageado?

— Você quer dizer que não sabe quem é? — Ginger contraiu o rosto, sem acreditar. Ela inclinou a cabeça e franziu a sobrancelha para mim.

— Não faz muito tempo que estou por aqui, você sabe — retruquei, defensivamente.

— Não tô acreditando, gatinha esperta da cidade! Que tipo de escola vocês frequentam, hein? — Seus olhos redondos e incrédulos quase desapareceram nas dobras do seu rosto franzido. — Eu achava que todo mundo conhecia *ele*. O primeiro cara a morrer na Guerra Revolucionária, em Concord, Massachusetts. Um homem negro chamado Crispus Attucks. O tiro que foi ouvido pelo mundo todo. Todo mundo sabe disso. Eles renomearam o centro em homenagem a ele. — Ginger apertou meu braço novamente enquanto entrávamos na loja. — E eles conseguiram o emprego na Keystone para você. Fico feliz por terem feito algo útil, finalmente.

No Grants não eram vendidos pepinos em conserva, apenas em sanduíches. Mas tinha uma promoção de meias de nylon, três pares por 1,25 dólar ou cinquenta centavos cada par. A Guerra da Coreia já estava jogando os preços para cima, e essa foi uma boa compra. Ginger tentou decidir se ela queria gastar tanto.

— Vamos, garota, leve um par comigo — ela encorajou. — Está bem barato, e suas pernas vão ficar congeladas, mesmo com calças.

— Eu odeio nylon. Não suporto a sensação nas minhas pernas.

O que eu não disse era que não suportava a cor embranquecida que o chamado "tom neutro" de todas as meias de nylon baratas dava para as minhas pernas. Ginger olhou para mim, suplicante. E eu cedi. Não era culpa dela eu estar me sentindo tão indisposta de repente, tão deslocada. *Crispus Attucks.* Alguma coisa estava fora do lugar.

— Ah, compre — eu disse. — Você quer e pode sempre usá-las. Além disso, sua mãe nunca vai deixá-las ir pro lixo. — Passei meus dedos sobre a malha fina das meias em exposição, penduradas num expositor no balcão. O toque seco e escorregadio do nylon e da seda me encheu de desconfiança e suspeita. A facilidade com que aqueles materiais passavam pelos meus dedos me deixou inquieta. Ilusórios, confusos, não eram confiáveis. A textura da lã e do algodão, com sua resistência e irregularidade, propiciava, de alguma forma, mais honestidade, uma conexão mais direta através do toque.

Crispus Attucks.

Mais do que tudo, eu odiava o cheiro pungente, sem vida e implacável do nylon, sua recusa inabalável em se tornar humano ou evocativo em seu odor. Sua aspereza nunca era alterada pelos cheiros de quem o vestia. Não importava por quanto tempo a peça fosse usada, nem em qual clima, uma pessoa usando nylon sempre se aproximava do meu nariz como um guerreiro indo para um torneio usando uma cota de malha.

Eu tocava o nylon, mas minha mente martelava em outro lugar. *Crispus Attucks, Boston*?! Ginger *conhecia*. Eu me orgulhava da minha miscelânea de fatos aleatórios, mais ou menos úteis, coletados por ávida curiosidade e leituras infindáveis. Eu guardava os fragmentos coletados no segundo plano da minha consciência para serem puxados numa ocasião apropriada. Estava acostumada a ser a única que sabia de algum fato que todas as outras pessoas na conversa ainda não tinham aprendido. Não que eu acreditasse que sabia TUDO, apenas mais do que as pessoas ao meu redor.

Ginger entregou três pares de meias embaladas para a mulher atrás do balcão e ficou esperando pelo troco. Eu me perguntei de onde aquele pepino em conserva tinha vindo.

Crispus Attucks. Como era possível? Eu tinha passado quatro anos no ensino médio da Hunter, supostamente a melhor escola pública de ensino médio de Nova York, com a educação mais academicamente avançada e mais intelectualmente acurada que havia para "preparar jovens mulheres para a faculdade e para a carreira". Eu tinha estudado com alguns dos historiadores mais respeitados do país. Ainda assim, nunca tinha ouvido o nome do primeiro homem a morrer na Revolução Americana, nem mesmo me foi dito que ele era negro. O que isso queria dizer sobre a história que eu tinha aprendido?

A voz de Ginger era um murmúrio animado e reconfortante se sobrepondo aos meus pensamentos enquanto ela conversava comigo pelo caminho de volta até o meu quarto na Estrada Mill River.

— O que tem de errado com você hoje? O gato comeu sua língua?

Pouco tempo depois, eu estava totalmente dependente da Ginger para ter contato humano em Stamford, e seus convites para jantar aos domingos representavam a única comida de verdade que eu comia. Ela construiu uma mitologia inacreditável sobre mim e sobre o que minha vida tinha sido em Nova York, e eu não fiz nada para dissuadi-la. Contei a ela que tinha saído de casa aos dezessete anos e arranjado meu próprio apartamento, e ela achou isso muito ousado. Ela tinha se casado aos vinte anos, para conseguir sair da casa da mãe. Agora estava de volta, divorciada mas com certa autonomia, adquirida por suas contribuições semanais para a renda familiar. Sua mãe trabalhava como operadora de prensa na American Cyanamid, e seu pai era diabético e cego. O amante de sua mãe vivia com eles, junto com os quatro irmãos mais novos.

Eu tinha percebido, fazia algum tempo, que Ginger estava flertando comigo, mas havia ignorado por não saber como lidar com a situação. Até onde eu sabia, ela era doce e atraente, e afetuosa e amável, e completamente hétero.

Ginger, por outro lado, estava convencida de que eu tinha tudo sob controle. Ela me via como uma pequena *butch*[22] urbana — brilhante, informada e segura o suficiente para ser uma boa ouvinte *e* tomar a iniciativa. Tinha certeza de que eu era experiente e talentosa na sedução de jovens divorciadas. Mas seus olhares convidativos e suas risadas roucas nunca eram suficientes para me tentar, nem os petiscos deliciosos que ela pegava furtivamente da cozinha da Cora e enrolava em guardanapos, convencendo o tio Charlie a levá-la até a Estrada Mill River de caminhão, no caminho para o trabalho noturno dele. Eu me mantive determinadamente alheia a tudo isso pelo maior tempo possível.

Ginger, perfumada e atraente, empoleirada na cadeira da minha escrivaninha no meu quarto minúsculo do segundo andar,

---

[22] Termo para lésbicas tidas como mais "masculinas". [N.E.]

assistindo incrédula a como eu me sentava na minha cama, com as pernas cruzadas, devorando as guloseimas da sua mãe.
— Não acredito que você só tem dezoito anos. Diga, quantos anos você tem de verdade?
— Eu já te disse. — O frango estava crocante, e delicioso, e totalmente inquietante.
— Quando você nasceu?
— Em 1934.
Ginger fez as contas por um momento.
— Nunca conheci alguém de dezoito anos como você — disse ela, do alto dos seus 25 anos.

Num fim de semana, Ginger roubou uma pata de lagosta para mim. Era um presente que Charlie tinha comprado para o jantar de Cora, para se redimir; quando Cora descobriu, ameaçou expulsar Ginger de casa. Ginger decidiu, então, que tudo isso estava muito custoso. Longos beijos de boa-noite na varanda dos fundos, definitivamente, não eram suficientes; enfim, ela tomou sua própria iniciativa.

No começo de novembro, o outono estava terminando. As árvores ainda tinham cores incandescentes, mas a marca do inverno já estava no ar. Os dias ficavam cada vez mais curtos, o que me deixava infeliz. O pôr do sol era pouco depois do fim do expediente. Se eu fosse para a biblioteca, já estaria escuro na hora em que eu voltasse para a Estrada Mill River. Keystone era uma provação diária, que não parecia melhorar nem facilitar, apesar das tentativas generosas de Ginger de me animar durante nossos dias desagradáveis.

Numa quinta-feira depois do trabalho, Ginger pegou emprestado o velho Ford surrado do seu irmão, e fomos descontar nossos cheques no centro da cidade, sozinhas, sem Cora, Charlie ou qualquer dos garotos. Ainda estava claro quando terminamos, e eu podia ver que Ginger tinha alguma coisa em mente. Passeamos pela cidade por um tempo.
— O que foi? — perguntei.

— Vamos lá — disse ela. — Vamos para o topo da colina.

Ginger não era uma amante da natureza, mas me levou para ver seu lugar favorito, uma colina arborizada, do lado oeste da cidade, onde, escondidas dos olhares pela cobertura de arbustos e árvores, pudemos nos sentar em dois velhos tocos de árvore, abandonados ali havia muito tempo, fumando, ouvindo Fats Domino e assistindo ao pôr do sol.

I found ma' thrill-l-l-l-lll
On Blueberreeeeee Hill-lllll.[23]

Deixamos o carro e subimos para o topo da colina. O ar estava gelado quando nos sentamos nos tocos para respirar.
— Frio?
— Não — eu disse, colocando minha jaqueta de camurça esfarrapada, herdada do CeCe, em volta de mim.
— Você deveria comprar um casaco quente ou algo assim; os invernos daqui não são como os de Nova York.
— Eu tenho um casaco, só não gosto de vesti-lo.
Ginger fixou os olhos em mim.
— Tá, sei. Quem você pensa que está enganando? Se é por causa de dinheiro, posso te emprestar algum até o Natal. — Ela sabia sobre a conta de telefone de duzentos dólares em ligações que As Marcadas tinham feito no último verão na Rua Spring, que eu então estava pagando.
— Ei, obrigada, mas não preciso de um casaco.
Ginger andava de um lado pro outro, tragando nervosamente seu Lucky Strike. Eu me sentei olhando para ela. O que estava se passando e o que Ginger queria que eu dissesse? Eu não queria um casaco, porque não me importava com o frio.
— Você realmente se acha esperta, né? — Ginger se virou para mim, me encarando com um leve sorriso e os olhos apertados, a

---

[23] "Encontrei minha emoção/ Na Blueberry Hill." [N.E.]

cabeça elevada e inclinada para um lado como um pombo. Sua voz estava alta e nervosa.

— Você sempre diz isso, Ginger, e eu sigo dizendo que não é verdade. Do que você está falando?

— Gatinha esperta da cidade. Bem, garota, você não precisa ficar de boca fechada comigo porque sei tudo sobre você e suas amigas.

O que Ginger tinha descoberto ou inventado na própria cabeça sobre mim que eu teria agora que fingir satisfazer? Igual à vez em que eu prontamente virei duas doses de vodca pura para satisfazer a imagem que ela tinha de mim como uma nova--iorquina bêbada do Village.

— Sobre mim e minhas amigas? — Eu estava começando a entender para onde seguia a conversa e a ficar extremamente incomodada. Ginger apagou o cigarro, respirou profundamente e se aproximou com alguns passos.

— Veja, não é grande coisa. — Ela respirou fundo. — Você é gay ou não? — Ela respirou fundo de novo.

Eu sorri para ela e não disse nada. Certamente não poderia dizer *não sei*. Na verdade, não sabia o que dizer. Não tinha coragem de negar o que eu havia decidido abraçar nesse último verão; além disso, dizer não seria admitir ser uma das caretas. No entanto, dizer *sim* poderia me comprometer a provar isso, como aconteceu com a vodca. E Ginger era uma mulher do mundo, não uma das minhas amigas da escola, com quem beijar, abraçar e fantasiar bastava. E eu nunca tinha transado com uma mulher. Ginger, claro, tinha colocado na cabeça que *eu* era uma mulher do mundo e sabia "tudo", tendo transado com todas as mulheres sobre as quais eu falava com tanta intensidade.

Eu me levantei, sentindo a necessidade de ter nossos olhos no mesmo nível.

— Sem essa agora, você não pode simplesmente não dizer *nada*, garota. Você é ou não é? — A voz de Ginger estava suplicante, também impaciente. Ela estava certa. Eu não poderia simplesmente não responder. Abri a boca, sem saber o que sairia dali.

— Sim — eu disse. Talvez tudo acabasse por ali.

O rosto moreno de Ginger irrompeu numa expressão maravilhosa, de orelha a orelha, meio sorriso, meio risada. Instintivamente, ri de volta. E de mãos dadas, ali no topo da colina, com o som do rádio do carro que vinha pela porta aberta, ficamos sorrindo uma para a outra enquanto víamos o sol se pôr.

Ginger.

Olhinhos escuros brilhantes, pele da cor de um caramelo bem amanteigado e um corpo como o da Vênus de Willendorf. Ginger era deslumbrantemente gorda, com um conhecimento amplo sobre os movimentos do próprio corpo, que era delicado e preciso. Seus seios eram altos e grandes. Tinha almofadas de gordura firme nas coxas e joelhos redondos com furinhos. As mãos ágeis e finas e os pés pequenos também eram cheios de covinhas. As bochechas altas e proeminentes e o sorriso travesso eram emoldurados por uma vasta franja e pelo corte de cabelo curto estilo pajem, que às vezes era alisado, às vezes ondulava fortemente sobre as orelhas.

Sempre que Ginger ia ao salão de beleza, ela voltava com um bob em camadas e ficava adorável, mas muito menos real. Pouco tempo depois que nos conhecemos na fábrica, ela começou a resistir à insistência de Cora e parou de ir ao cabeleireiro.

— Qual é o problema? O gato comeu sua língua? — Ginger se virou novamente para mim; nossas mãos, ainda enlaçadas, se soltaram.

— Está ficando tarde — respondi. Eu estava com fome.

A testa de Ginger franziu, e ela resmungou sob a luz fraca.

— Sério? Como assim, está ficando tarde? É só nisso que você consegue pensar?

Ah. Obviamente, eu não tinha dito a coisa certa. O que eu deveria fazer agora?

O rosto redondo de Ginger estava a um palmo de distância do meu. Ela falava suavemente, com sua arrogância costumei-

ra. Sua voz próxima e o cheiro do seu pó facial me deixavam ao mesmo tempo inquieta e excitada.
— Por que você não me beija? Eu não mordo.
Suas palavras eram corajosas, mas atrás delas eu podia sentir o medo desmentindo sua autoconfiança.
"Ah, inferno", pensei. "O que estou fazendo aqui, afinal? Já deveria saber que não pararia por ali — eu sabia, eu sabia e suponho que ela quisesse que eu a levasse para... ah, merda! O que vou fazer agora?"

Com medo de perder um respeito que nunca tive, obedientemente eu me inclinei de leve para a frente. Comecei a beijar a boca da Ginger pelo arco do cupido, e seus lábios macios se abriram. Meu coração foi tomado de assalto. Abaixo da colina, o rádio do carro estava terminando o noticiário. Senti a respiração rápida de Ginger no meu rosto, ansiosa e ligeiramente tingida de pastilhas para tosse, cigarros e café. Ela era quente e excitante sob o ar gelado da noite, e eu a beijei de novo, pensando que aquela não era uma ideia nada ruim, afinal...

Quando Ginger e eu voltamos para a casa dela, Charlie já tinha ido trabalhar com o caminhão de abastecimento da Railroad Express. Cora e os garotos já tinham jantado, e os dois mais novos estavam prontos para dormir. Quando entramos pela porta da frente, Cora estava descendo as escadas com a bandeja do jantar do marido. Ginger tinha me explicado que seu pai não saía mais do quarto, exceto para ir ao banheiro.

Cora e CeCe tinham acabado de voltar das compras, e Cora estava cansada. Seu cabelo cacheado pintado de vermelho estava preso atrás de cada orelha com uma fita azul-bebê, e a franja bagunçada quase cobria seus olhos pesadamente maquiados.

— Jantamos comida chinesa essa noite, para me dar uma folga. E não deixamos nada para vocês, garotas, porque eu não sabia se vocês viriam para casa. Ginger, não esqueça de deixar o seu dinheiro da casa em cima da mesa.

Havia apenas um traço leve de repreensão triunfante na voz de Cora. Comida chinesa era um deleite raro.

Eu geralmente passava a noite na casa de Ginger nas quintas em que recebíamos. Enquanto Ginger guardava os pratos que os irmãos tinham lavado e preparava os lanches dos garotos para a escola, subi as escadas para tomar um banho rápido. A manhã começava muito cedo, às cinco horas, quando Cora se levantava para cuidar do marido antes de ir para o trabalho.

— E também não deixe aquela água correndo na banheira como você gosta! — Cora gritou do quarto que ela e Charlie dividiam quando eu passei. — Você não está em Nova York, e água custa dinheiro!

O quarto da Ginger ficava no andar de baixo na parte da frente da casa, com sua própria entrada. Ficava bastante isolado do restante quando todo mundo ia dormir.

Ginger terminou de tomar o seu banho, e eu já estava na cama. Fiquei deitada de olhos fechados, me perguntando se poderia fingir que estava dormindo e, caso contrário, qual seria a coisa sofisticada e lésbica a fazer.

Ginger demorou mais do que o habitual se preparando para dormir. Ela se sentou diante da pequena escrivaninha, passando loção Jergens nas pernas e trançando os cabelos, sussurrando trechos de músicas enquanto lixava as unhas.

"If I came home tonight, would you still be my..." [24]

"Come on-a my house, my house a come on, come on..." [25]

"I saw the harbor lights, they only told me we were..." [26]

---

24 "Se eu voltasse para casa hoje, você ainda seria minha..." [N.E.]
25 "Venha para minha casa, venha para minha casa, venha..." [N.E.]
26 "Eu vi as luzes do porto, elas me disseram que nós..." [N.E.]

Entre as ansiedades antecipadas sobre meu desempenho, comecei a sentir de novo a excitação crescente que sentira na colina. Ela se contrapunha ao nó de terror que eu sentia ao pensar nas expectativas desconhecidas de Ginger, ao pensar na confrontação sexual, ao pensar em ser colocada à prova e julgada insuficiente. Sentia as leves ondas de aroma do talco Cashmere Bouquet e do sabonete Camay enquanto Ginger movia o braço para a frente e para trás, lixando e lixando. Por que ela estava demorando tanto?

Não tinha me ocorrido que Ginger, apesar do disfarce de indiferença e fanfarrice, estava tão nervosa quanto eu. Afinal, isso não era simplesmente brincar com uma garota qualquer da cidade na fábrica. Era ir mesmo para a cama com uma legítima sapatão nova-iorquina do Greenwich Village.

— Você não vem pra cama? — perguntei finalmente, um pouco surpresa com a urgência da minha voz.

— Bem, pensei que você nunca fosse perguntar. — Com uma risada de alívio, Ginger tirou o robe, desligou a lâmpada da cômoda e se atirou ao meu lado.

Até o momento exato em que nossos corpos nus se tocaram naquela velha cama de latão que rangia no quarto isolado da Estrada Walker, eu não tinha ideia do que estava acontecendo nem do que queria fazer. Eu não tinha ideia do que era transar com outra mulher. Sabia apenas, vagamente, que era algo que eu queria que acontecesse e que era diferente de tudo que eu tinha feito antes.

Coloquei um braço em volta da Ginger e, através das fragrâncias do talco, e do sabonete, e do creme para as mãos, pude sentir o cheiro de sua própria ardência crescendo. Eu a envolvi nos meus braços, e ela se tornou uma preciosidade sem igual. Beijei sua boca, dessa vez sem pensar em nada. Minha boca se moveu para o pequeno côncavo sob a sua orelha.

A respiração da Ginger aquecia meu pescoço e começava a ficar mais rápida. Minhas mãos desceram por sobre seu corpo redondo, sedoso e cheiroso, à espera. A incerteza e a dúvida rolaram da foz da minha expectativa como uma grande rocha, e minha insegurança se dissolveu na chama condutora que vinha do meu próprio desejo, franco e, finalmente, desimpedido.

Nossos corpos encontraram os movimentos de que precisávamos para que coubéssemos uma na outra. A carne da Ginger era doce, e úmida, e firme como uma pera de inverno. Eu a senti e a provei profundamente, minhas mãos, e minha boca, e meu corpo inteiro junto a ela. Sua carne se abria para mim como uma peônia, e o desabrolhar das profundezas do seu prazer me levava de volta ao seu corpo vez após vez durante a noite. O terno recanto entre suas pernas, molhado e velado por densos pelos escuros e crespos.

Eu mergulhei sob seu líquido, sua fragrância, com a insistência macia dos ritmos do seu corpo iluminando meus próprios anseios. Conduzíamos uma à outra com nossas vontades. Seu corpo respondia à busca dos meus dedos, da minha língua, da minha vontade de conhecer uma mulher, de novo e de novo, até que ela se arqueou como um arco-íris, e, estremecendo, arrebatada por nosso calor, acabei descansando sobre suas coxas. Emergi atordoada e abençoada com o seu rico sabor de mirra na minha boca, na minha garganta, espalhado por meu rosto, com suas mãos, que puxavam com intensidade, se soltando aos poucos do meu cabelo e os sons sem palavras do seu prazer me embalando como uma canção.

Certo momento, enquanto ela amparava minha cabeça entre seus seios, Ginger sussurrou: "Eu sabia que você era entendida", e o prazer e a satisfação em sua voz fizeram fluir minhas marés novamente, e eu me movi contra o seu corpo uma vez mais, meu corpo sobre o dela, tocando como um sino.

Nunca questionei de onde vinha meu conhecimento sobre o seu corpo e suas vontades. Amar Ginger naquela noite foi como voltar para casa, para uma alegria para a qual eu tinha sido feita, e eu apenas me perguntava, silenciosamente, como não tinha percebido desde sempre que seria assim.

Ginger se movia no amor do mesmo jeito que ria, aberta e facilmente, e eu me movia com ela, para ela, dentro dela, um oceano de calor marrom. Seus sons de prazer e os profundos tremores de alívio que atravessavam seu corpo no rastro das carícias dos meus dedos me enchiam de deleite e de mais vontade dela. A doçura do seu corpo encontrando e preenchendo minha boca, minhas mãos, onde quer que eu tocasse, me parecia correta e plena, como se eu tivesse nascido para fazer amor com essa mulher e estivesse me lembrando do seu corpo em vez de conhecendo-o profundamente pela primeira vez.

Maravilhada, mas não surpresa, fiquei quieta, finalmente, com meus braços em volta da Ginger. Então era isso que eu temia tanto não fazer direito. Quão ridículos e distantes esses medos pareciam agora, como se amar fosse uma tarefa fora do meu alcance, em vez de simplesmente abrir os braços e deixar meu próprio desejo me guiar. Era tudo tão simples. Eu me sentia tão bem que sorria na escuridão. Ginger se aninhou mais perto.

— É melhor dormimos um pouco — ela murmurou. — Keystone, amanhã. — E se entregou à sonolência.

Faltava mais ou menos uma hora até o despertador tocar, e fiquei acordada, tentando encaixar tudo, tentando me reassegurar de que eu estava no controle e não precisava ter medo. E qual, eu me perguntava, era a minha relação agora com essa mulher deliciosa que dormia nos meus braços? A Ginger da noite parecia agora tão diferente da Ginger que eu conhecia de dia. Será que alguma criatura mítica e bela, criada pelo meu próprio desejo, tinha de repente tomado o lugar da minha amiga jovial e pragmática?

Uma vez, mais cedo, Ginger tinha se estendido para tocar o calor úmido do meu corpo, e eu coloquei sua mão para o lado, sem pensar, sem saber por quê. Sabia, no entanto, que ainda estava desejosa dos seus gritos de alegria e da imponente maravilha do seu corpo movendo-se sob o meu, guiado por uma força que fluía através de mim, daquele núcleo energizado que pressionava contra ela.

Ginger era minha amiga, a única amiga que eu tinha feito naquela cidade estranha, e eu a amava, mas com precaução. Nós tínhamos dormido juntas. Isso significava que éramos amantes?

Alguns meses depois da morte de Gennie, caminhei pela Broadway, no final de uma tarde de sábado. Eu tinha acabado de ter outra discussão com a minha mãe e estava indo ao A&P comprar leite. Fiquei vagando pela avenida, olhando as vitrines, querendo não voltar para as tensões e os mal-entendidos que esperavam por mim em casa.

Parei em frente à joalheria Stolz, admirando a nova vitrine. Em particular, notei um par de brincos longos, de opala negra, sobre uma base de prata lavrada. "Gennie vai amar esses brincos", pensei, "tenho que lembrar de dizer a ela...", e então me ocorreu novamente que Gennie estava morta e que isso significava que ela nunca mais estaria por perto. Significava que eu não poderia nunca mais lhe dizer nada. Significava que, se eu a amasse ou estivesse com raiva dela, ou quisesse que ela visse um novo par de brincos, nada disso importava ou jamais importaria para ela novamente. Eu não poderia compartilhar mais nada com ela, porque ela tinha ido embora.

E, mesmo depois de todas as semanas de luto secreto que tinham se passado, a morte de Gennie se tornou real para mim de um jeito diferente.

Eu me afastei da vitrine da joalheria. E bem ali, no meio da Broadway e da Rua 151, numa tarde de sábado do começo do verão dos meus dezesseis anos, decidi que nunca mais amaria ninguém pelo resto da vida. Gennie tinha sido a primeira pessoa que tive consciência de amar. E ela havia morrido. Amar doía demais. Minha mãe tinha virado um demônio determinado a me destruir. Você amava as pessoas e passava a depender de que elas estivessem sempre ali. Mas as pessoas morriam ou mudavam ou iam para longe, e isso doía demais. A única forma de evitar essa dor era não amar ninguém, *e não deixar ninguém se tornar muito próximo ou muito importante. O segredo para não se machucar assim de novo, eu decidi, era nunca depender de alguém, nunca precisar, nunca amar.*

Esse é o último sonho da infância, ficar para sempre intocada.

Ouvi o aquecedor a óleo no porão da casa da Estrada Walker acender às quatro e meia da madrugada, e Ginger se mexeu e suspirou suavemente em seu sono. Comecei a beijá-la para que despertasse e parei, pois o cheiro do nosso amor e do topo úmido de sua cabeça sonolenta me engolfou numa onda repentina de ternura tão forte que me afastei.

"É melhor você tomar cuidado", disse para mim mesma, sem emitir som algum, na escuridão. O despertador tocou, e Ginger e eu, galvanizadas pela rotina matinal agitada da casa, pegamos nossos robes e corremos pelas escadas até o banheiro.

Um minuto a mais e teríamos que ficar na fila com os garotos. Havia tempo apenas para um abraço apressado e um beijo sobre a pia, enquanto Ginger escovava o cabelo emaranhado que tinha se destrançado durante a noite.

Charlie nos deixou no outro lado da ferrovia, a um quarteirão de distância da fábrica. Ginger parou e pegou pães com manteiga e café na lanchonete do outro lado da rua da Keystone.

— Vamos precisar de algo que nos mantenha acordadas hoje, depois da noite passada — ela resmungou, depois sorriu, me cutucando sob o disfarce de abrir passagem pela multidão na entrada da fábrica. Piscamos uma para a outra enquanto esperávamos com os demais pelo elevador que nos levaria ao inferno.

Durante todo o dia, observei Ginger cuidadosamente, buscando uma pista sobre como iríamos tratar os eventos extraordinários da noite anterior. Uma parte de mim estava investindo na imagem que ela tinha de mim como uma gay jovem e galante, a amante experiente e talentosa da cidade grande.

(Mais tarde, Ginger me contou que foram meus questionamentos sobre ela sempre ter que fazer o lanche da escola para os garotos todas as manhãs antes de ir trabalhar que levaram Cora a concluir, um dia: "Ela só pode ser sapatão!".)

Eu me divertia cortejando Ginger e sendo tratada, na intimidade, como uma galanteadora. Isso me dava um senso de poder e privilégio que era inebriante, mesmo que ilusório, já que eu sabia, em outro nível, que era tudo encenação. De certa forma, era uma encenação para Ginger também, porque ela não se permitia considerar um relacionamento entre duas mulheres como algo além de uma brincadeira. Ela não conseguia dar importância a isso, ainda que fosse algo que buscasse e apreciasse.

Ao mesmo tempo, num nível verdadeiro e mais profundo, Ginger e eu nos conhecemos como duas jovens mulheres negras que precisavam do calor e da confiança profunda uma da outra, capazes de compartilhar as paixões dos nossos corpos — e, não importava o quanto fingíssemos que estávamos fingindo, isso não mudaria. Mesmo assim, estávamos muito comprometidas em negar nossa importância mútua. Por diferentes motivos, precisávamos fingir que não nos importávamos.

Cada uma de nós estava muito ocupada sendo indiferente, ignorando e chamando pelos nomes errados a intensidade apaixonada com que nos encontrávamos onde fosse possível, geralmente naquela velha cama de latão do quarto isolado, aquele refúgio de ventanias na Estrada Walker a que tornávamos tropical com o calor da selvageria dos nossos corpos jovens.

Contanto que eu me convencesse de que não estava realmente envolvida emocionalmente com Ginger, podia me deleitar com essa nova experiência. A expressão preferida dela era "Fique tranquila, garota", e eu me parabenizava porque *estava* tranquila. Não me incomodava, eu garantia, que Ginger fosse a encontros que Cora lhe arranjava.

Com seu típico desembaraço, Cora recebia minha presença crescente pela casa com a ríspida familiaridade e o humor intimidador reservados a outra de suas filhas. Se ela reconhecia os sons que emanavam daquele quarto nas noites em que eu dormia lá ou percebia nossos olhos abatidos no dia seguinte, ignorava. Mas deixava bastante evidente que esperava que Ginger se casasse de novo.

— Amigos são legais, mas casamento é casamento — ela me disse uma noite enquanto me ajudava a costurar uma saia em sua máquina, e eu me perguntei por que Ginger tinha me convidado e depois ido ao cinema com um amigo da Cora da American

Cyanimid. — E, quando ela voltar, não fiquem batendo naquela cama a noite toda, não, porque já está tarde e vocês, garotas, têm trabalho amanhã.

Mas no trabalho, então, eu não pensava em quase nada além dos prazeres noturnos do corpo da Ginger e em como eu poderia fazer para levá-la para a Estrada Mill River por uma hora ou mais, depois do trabalho. Lá era um pouco mais privado do que na Estrada Walker, exceto que minha cama velha rangia tanto que sempre tínhamos que colocar o colchão no chão.

19

Uma semana antes do Natal, caí do banco em que me sentava no trabalho, batendo a cabeça na meia-parede de tijolo que nos separava dos cortadores, e tive uma concussão leve. Eu estava hospitalizada quando Ginger me levou um telegrama da minha irmã dizendo que meu pai tinha tido outro derrame grave. Era véspera de Natal. Assinei a alta do hospital e peguei um trem para Nova York.

Fazia um ano e meio que eu não via ninguém da minha família.

As poucas semanas seguintes foram uma névoa de dores de cabeça e emoções alheias girando ao meu redor. Voltei ao trabalho depois do Natal, indo e voltando de Nova York para visitar meu pai no hospital. Às vezes, Ginger ia comigo depois do expediente.

A neblina estava pesada e gelada sobre as ruas de Stamford na noite em que meu pai morreu. Nenhum carro se movia. Andei por três quilômetros até a estação para pegar o trem das 21h30 para Nova York. Ginger foi comigo até o Crispus Attucks. Eu estava com bastante medo de tropeçar numa pedra do meio-fio, a neblina estava muito espessa. As luzes da rua brilhavam fracas como luas distantes. As ruas estavam vazias e assustadoramente quietas, como se todo mundo tivesse morrido, não só o meu pai, na meia-luz daquele quarto oxigenado da ala de pacientes terminais no Centro Médico de Nova York.

Durante a semana seguinte à morte dele, fiquei na casa da minha mãe. Na maior parte do tempo, ela estava sedada contra a dor delirante e terrível, e Helen e eu controlamos o fluxo de pessoas que passavam pela casa. Phyllis estava casada, teria seu segundo filho em duas semanas e só poderia comparecer ao funeral. Ela me emprestou um casaco cinza-escuro para usar na cerimônia na igreja.

Durante a semana, lutei muito para me lembrar de que agora eu era uma estranha naquela casa. Mas isso me ofereceu uma nova perspectiva da minha mãe. Havia apenas um ser humano sobre a Terra que ela tinha considerado seu igual: era o meu pai, e agora ele estava morto. Eu vi a solidão desoladora que essa exclusividade lhe trouxe e contra a qual ela apenas ocasionalmente fechava seus olhos cinza de falcão. Mas ela olhava através de mim e de minhas irmãs como se fôssemos de vidro.

Eu vi a dor da minha mãe, e sua insensatez, e sua força e, pela primeira vez, comecei a vê-la separada de mim, e comecei a me sentir livre dela.

Minha irmã Helen se retraiu em sua carapaça de impertinência, como forma de proteção, e tocou sem parar, na sala, um disco que tinha acabado de comprar. Dia e noite, de novo e de novo, por sete dias:

I get the blues when we dance
I get the blues in advance
For I know you'll be gone
And I'll be here all alone
So I get the blues in advance.

Some get the blues from a song
Some when love has come and gone
You don't know how I cry
When you tell me goodbye...[27]

---

[27] "Blues in advance", canção de Hank Locklin. Em tradução livre: "Eu fico triste quando dançamos/ Fico triste antecipadamente/ Porque sei que você vai embora/ e ficarei aqui sozinho/ Então fico triste antecipadamente.// Alguns entendem a triste-

Retornando a Stamford depois do funeral, percebi que precisava ficar ainda mais longe de Nova York. Decidi economizar o quanto conseguisse para ir para o México o mais rápido possível.

Para isso, e porque Cora me convidou, devolvi meu quarto na Estrada Mill River com a cama barulhenta e me mudei para o quarto isolado na Estrada Walker. Os dez dólares por semana pelo quarto e pela alimentação eram menos do que eu gastava antes. Cora disse que esse dinheiro extra seria uma ajuda no orçamento já apertado, uma vez que, além disso, eu já estava acabando com a comida da casa dela de qualquer maneira.

Ginger me contou que uma nova garota, Ada, tinha sido contratada para operar minha máquina na fábrica. Quando voltei, já que era filiada ao sindicato, me deram outro trabalho. Fui transferida para uma máquina de raio X na sala de medição, onde os cristais eletrônicos finalizados passavam por uma medição fina e eram classificados de acordo com a intensidade da carga, para então serem embalados.

Ainda que esse trabalho pagasse o mesmo 1,10 dólar por hora, todos preferiam e procuravam os postos na sala de medição. Ela ficava no meio do andar, cercada por painéis de vidro, e os violentos ataques sensoriais do restante da fábrica ficavam um pouco abafados.

Nós nos sentávamos nas máquinas dispostas em círculo, olhando para fora, de costas umas para as outras, o que desencorajava a conversa. Havia seis máquinas comerciais de raios X e uma mesa, no meio, para Rose, chefe da equipe. Nunca ficávamos muito tempo livres de seus olhos observadores.

Mas trabalhar na sala de medição significava ter uma chance de conseguir bônus por peça.

Cada leitora pegava os cristais do cesto de lavagem em caixas de duzentos. Levando-os de volta para as máquinas, inse-

---

za de uma música/ Alguns quando o amor veio e se foi/ Você não sabe como choro/ Quando você diz adeus..." [N.E.]

ríamos os pequenos quadrados de rocha de dois centímetros, finos como uma hóstia, um por um, na garganta da máquina de raio X, girávamos o botão até que a agulha saltasse para o ponto mais alto, carregada pelo minúsculo feixe de raio X que cruzava o cristal, retirávamos o cristal do suporte, colocávamos na fresta adequada e, então, jogávamos outro cristal dentro da máquina. Com concentração e destreza, a quantidade média que se podia medir num dia era de mil cristais.

Se não perdêssemos tempo baixando o escudo protetor que evitava que o raio X atingisse nossos dedos, podíamos aumentar esse número para, mais ou menos, 1.100. Caso medíssemos mais de 1.200 cristais por dia, recebíamos por peça, no valor de 2,50 dólares a centena. Algumas das mulheres que estavam na Keystone havia anos tinham aperfeiçoado os gestos e se moviam tão rapidamente que conseguiam fazer, em algumas semanas, de cinco a dez dólares de bônus. Na maioria delas, as pontas dos dedos estavam permanentemente escurecidas pela exposição aos raios X. Antes que eu finalmente deixasse a Keystone Electronics, também adquiri marcas escuras nos dedos que só desapareceram gradualmente.

Depois da medição, cada cristal era retirado da máquina e rapidamente inserido em uma das cinco frestas do armário que ficava ao lado de cada uma de nossas máquinas. Desses armários, periodicamente, um funcionário do setor de empacotamento coletava os cristais da categoria requerida para os empacotadores. Já que não era possível rastrear os cristais depois que eles eram medidos, um registro era mantido, no cesto de lavagem, de quantas caixas de cristais eram retiradas diariamente por leitora. Essa contagem orientava os nossos bônus.

Ao longo do dia, Rose passava pelas máquinas regularmente e inspecionava os cristais de cada um de nossos armários, checando para ter certeza de que ninguém havia guardado cristais sem medição ou com medições incorretas para aumentar sua contagem e ganhar bônus.

Nas duas primeiras semanas em que trabalhei na sala de medição, eu não conversava com ninguém, corria com as minhas medições, nunca abaixava a placa de proteção e consegui três dólares de bônus. Decidi que teria de reavaliar a situação. Ginger e eu conversamos sobre isso uma noite.

— É melhor você desacelerar um pouco no trabalho. Estão falando que você é entusiasmada demais, lambe-botas da Rose.

Fiquei ofendida.

— Não sou lambe-botas, estou tentando ganhar algum dinheiro. Não há nada de errado nisso, né?

— Você não vê que essas metas são altas assim para que ninguém possa batê-las? Se você se arrebentar para medir tanto, vai passar por cima das outras garotas e, antes que perceba, vão aumentar a meta diária novamente, imaginando que, se você consegue, todo mundo consegue. E isso só prejudica todo mundo. Eles nunca vão deixar você fazer dinheiro naquele lugar. Você lê tantos livros e ainda não sabe disso? — Ginger se virou e fechou com um tapa o livro que eu estava lendo, apoiado sobre o meu travesseiro.

Mas eu estava determinada. Sabia que não poderia aguentar a Keystone Electronics por muito mais tempo e sabia que precisava guardar dinheiro antes de sair. Para onde eu iria assim que voltasse para Nova York? Onde moraria até conseguir um emprego? E por quanto tempo precisaria procurar emprego? E no horizonte, como uma estrela fraca, estava minha esperança de ir para o México. Eu precisava de dinheiro.

Ginger e Ada, sua nova colega de trabalho, iam ao cinema com cada vez mais frequência agora que eu morava com os Thurman, e eu estava decidida a não me importar. Mas meu sexto sentido me dizia que eu tinha de ir embora, e rápido.

Minha meta diária de cristais começou a aumentar continuamente. Rose ia com frequência até a minha máquina, mas não conseguia encontrar nada de errado com os meus cristais, nem com sua classificação. Numa tarde, ela chegou ao ponto de me pedir para pôr para fora os bolsos do meu jeans. Fiquei indignada, mas obedeci. Na data do meu pagamento seguinte, eu tinha conseguido um adicional de trinta dólares em bônus por duas semanas. Era quase tanto quanto o meu salário semanal. Isso se tornou o assunto entre as mulheres da sala de medição.

— Como ela consegue fazer tudo isso?

— Espera para ver. Mais cedo ou mais tarde, ela vai acabar queimando os dedos.

As mulheres baixaram a voz quando voltei do cesto com uma nova caixa de cristais. Mas Ada, que tinha parado ali para conversar um pouco, não se importou se eu ouvia ou não suas palavras de despedida.

— Não sei o que ela está fazendo com aqueles cristais, mas aposto que ela não está medindo!

Ela estava certa. Eu não podia dizer nem para a Ginger como eu estava conseguindo ganhar bônus tão altos, embora ela sempre perguntasse. A verdade era que eu colocava cristais dentro das meias toda vez que ia ao banheiro. Dentro da cabine, eu mastigava os cristais com meus dentes fortes e jogava os pequenos cacos de pedra pela descarga. Conseguia dar conta de cinquenta a cem cristais por dia dessa maneira, pegando um punhado de cada caixa que eu registrava.

Eu sabia que Ginger estava magoada com o meu silêncio e com o que ela via como uma deslealdade minha com as outras mulheres da sala de medição. Eu ficava irritada com o sentimento de culpa constante que suas palavras despertavam em mim, mas não podia falar nada. Também não podia falar nada sobre o tempo cada vez maior que ela passava com Ada.

Eu ansiava por uma chance de ficar sozinha, aproveitar a privacidade que não era possível desde que comecei a dividir o quarto na Estrada Walker. Odiava a quantidade de tempo que eu gastava pensando em Ginger e Ada. Comecei a me sentir cada vez mais desesperada para sair de Stamford, e meus bônus aumentaram.

Um dia, no começo de março, vi Rose conversando com Bernie, o especialista em desempenho da fábrica, e me encarando especulativamente quando saí do banheiro. Eu soube que meus dias na Keystone estavam contados. Naquela semana, fiz quarenta dólares de bônus.

Na sexta, Rose me disse que a fábrica estava cortando medidoras da equipe e que eu estava dispensada. Como eu era filiada ao sindicato, eles me pagaram duas semanas de indenização, para que eu saísse imediatamente e não fizesse confusão. Embora isso fosse o que eu queria que acontecesse, ainda chorei um pouco no caminho de casa.

— Ninguém gosta de ser demitida — Ginger disse e segurou minha mão.

Cora lamentou perder a renda extra. Ginger disse que sentiria a minha falta, mas eu percebia que ela estava secretamente aliviada, como me confidenciou meses depois. Planejei, então, meu retorno a Nova York.

20

Não sei por que eu queria tanto ir para o México. Em minhas lembranças, o México era sempre a terra da cor, da fantasia e do prazer, acessível, ensolarada, cheia de música e poesia. E nas aulas de educação cívica e geografia, no ensino fundamental, aprendi que era conectado com o lugar em que eu morava, o que me intrigava. Ou seja, se fosse preciso, eu sempre poderia caminhar até lá.

Fiquei feliz por saber que o namorado da Jean, Alf, que estava pintando no México, voltaria em breve para casa.

Quando voltei para Nova York, depois da morte do meu pai, ir para o México se tornou meu objetivo principal. Eu vi muito pouco a minha mãe. Onde eu esperava sofrimento pelo meu pai, encontrei apenas prostração. Fiquei com Jean e suas amigas num apartamento no oeste de Manhattan enquanto procurava emprego. Acabei indo trabalhar como balconista em um centro de saúde e me mudei para um apartamento com Rhea Held, uma branca progressista, amiga de Jean e Alf.

Apesar das minhas dificuldades emocionais naquele verão, a ideia de ir para o México brilhava como um farol, me mantendo estável. O dinheiro que eu estava economizando com o trabalho, junto com a pequena quantia que recebi do seguro do meu pai, viabilizaria essa ideia. Eu estava determinada a ir, e essa determinação era alimentada pelo desalento político que se intensificava e pela histeria anticomunista.

Eu me envolvi profundamente no trabalho com o Comitê pela Liberdade dos Rosenberg;[28] mesmo assim, os meses em Nova York entre meu retorno de Stamford e minha ida para o México representavam nada mais que uma estadia temporária para mim. Rhea Held e eu vivíamos muito bem juntas num apartamento claro, ensolarado e sem elevador no sétimo andar da Rua 7, no Lower East Side, na área que já começava a ser conhecida como East Village. Houve momentos difíceis e novos — aprendendo a morar com a Rhea, aprendendo a dividir o espaço com alguém, ainda mais uma mulher branca, especialmente por eu não ter laços emocionais profundos com ela, apenas gentilezas calorosas e casuais.

O trabalho no centro de saúde era técnico de um jeito interessante, e as horas não ficavam entediantes. Eu me sentia distante das outras mulheres com quem trabalhava, em consequência das conversas delas no almoço sobre os encontros dos fins de semana (enquanto minhas fantasias do meio-dia ainda estavam repletas das lembranças dos prazeres na cama da Ginger).

A primavera virou verão. Nós nos manifestamos, fizemos piquetes, preparamos correspondências, tocamos campainhas e fomos para Washington pelos Rosenberg.

Na segunda vez que fui para Washington, viajei de ônibus. A viagem durou seis horas, e nossos ônibus saíram da Union Square às seis horas de uma manhã de domingo. Não foi uma viagem de lazer dessa vez. Estávamos protestando em prol da vida dos pais de dois menininhos que viajavam no mesmo ônibus em que eu estava. Os Rosenberg estavam prestes a ser sacrificados, e essa era uma visita derradeira à casa branca para implorar pela suspensão da execução.

Manhã de domingo, chuvosa e fria para um início de junho. Marchei para cima e para baixo com Jean, Rhea e as outras

---

[28] O casal Julius e Ethel Rosenberg foi condenado por espionagem envolvendo a revelação de segredos de armas e tecnologias nucleares para a União Soviética. [N.E.]

mulheres, esperando que isso fizesse diferença, ainda sem acreditar que um país ao qual eu estava associada poderia assassinar os pais daquelas crianças e considerar isso legal. E eles eram brancos, o que fazia com que, para mim, isso fosse ainda mais difícil de acreditar.

Dessa vez, se eu podia ou não tomar um sorvete de baunilha numa sorveteria nem veio à tona. Eu não tinha nem dinheiro nem tempo para verificar. Fizemos piquete na casa branca, cantamos nossos refrões corajosos, entregamos nossos pedidos por misericórdia e voltamos aos ônibus, para a longa e encharcada viagem de volta para casa.

Uma semana depois, o presidente Eisenhower assinou um decreto que dizia que eu poderia comer qualquer coisa que eu quisesse em qualquer estabelecimento em Washington, incluindo sorvete de baunilha. Àquela altura, isso já não significava muito para mim.

Nas noites depois do trabalho, eu encontrava Jean e Alf, que agora estavam casados, ou ia para reuniões com a Rhea. Reuniões em que pessoas amedrontadas tentavam manter alguma fagulha de esperança acesa, apesar das discordâncias políticas, mesmo quando a possível ameaça de morrer como os Rosenberg estava em tudo ao nosso redor, ou, no mínimo, a ameaça de perder empregos ou de ser estigmatizada pelo resto da vida. No centro, nas reuniões políticas, ou no norte da cidade, no Grupo de Escritores do Harlem, amigos, conhecidos e pessoas comuns estavam aterrorizados com a ideia de ter que responder: "Você é ou já foi membro do Partido Comunista?".

A luta dos Rosenberg se tornou um sinônimo, para mim, de ser capaz de viver, de alguma forma, nesse país, de ser capaz de sobreviver em um ambiente hostil. Mas meus sentimentos de conexão com a maioria das pessoas que conheci nos círculos progressistas eram tão tênues quanto aqueles que eu tinha em relação às minhas colegas de trabalho no centro de saúde. Imaginava esses companheiros, negros e brancos, entre os quais as diferenças de cor e raça podiam ser abertamente analisadas e discutidas, me perguntando, contudo, um dia, em tom acusatório: "Você é ou já foi membro de um relacionamento homossexual?". Para eles, ser gay era "burguês e reacionário", motivo para suspeita e afastamento. Além disso, isso fazia de você "mais vulnerável para o FBI".

Os Rosenberg foram executados na cadeira elétrica em 19 de junho de 1953 — duas semanas depois do nosso piquete na casa branca. Saí da manifestação no Union Square Park em memória do casal, caminhando para a noite quente do Village, vertendo lágrimas por eles, por seus filhos, por todos os nossos esforços desperdiçados, por mim mesma — me perguntando se havia algum lugar no mundo que fosse diferente daqui, algum lugar seguro e livre, sem realmente ter certeza sobre o que poderia significar estar segura e livre. Por certo não significava estar sozinha, desiludida, traída. Eu me sentia como se tivesse trinta anos.

Encontrei Bea saindo de uma loja de discos ao lado da Cafeteria Rienzi. Fiquei feliz por ver seu rosto, familiar e diferente dos outros com quem eu tinha compartilhado a dor e a intensidade das últimas semanas. Eu a convidei para ir lá em casa, na Rua 7, para tomar mais café. Rhea tinha ido passar o fim de semana fora, buscando seu próprio consolo para o fracasso e a dor que ambas compartilhávamos.

Bea e eu havíamos nos conhecido na Bennington College no ano anterior, quando eu estava visitando Jill. Bea também estava lá visitando uma amiga. Nossos olhos haviam se cruzado muitas vezes durante aquele fim de semana louco de bebedeira, e numa ocasião, às duas da madrugada, na cafeteria, Bea e eu conversamos enquanto as outras pessoas dormiam, concluindo que nos sentíamos distantes das outras garotas porque ambas éramos alguns meses mais velhas e vivíamos sozinhas; ou seja, éramos responsáveis por nós mesmas. Houve uma breve e cautelosa conversa intelectual sobre um apreço compartilhado por ver tantas garotas bonitas em um dormitório. Desde então, Bea tinha rompido com uma parceira e estava vivendo na Filadélfia com um grupo de mulheres que tinham alugado uma casa juntas. Nesse meio-tempo, eu tinha ido para Stamford e conhecido Ginger.

Caminhamos para o leste de mãos dadas, minhas lágrimas e o seu silêncio solidário, ambos memoriais mudos para Ethel e Julius Rosenberg. Comecei a me sentir calma. Era óbvio para nós duas que, no último ano, tínhamos ido além das discussões investigativas sobre amar mulheres. Eu sentia isso — alguma coisa na franqueza com que dávamos as mãos enquanto caminhávamos.

Naquela noite, convidei Bea para ficar. O resto foi surpreendentemente fácil. Fiz amor com uma mulher pela primeira vez na minha própria cama. Estava em casa, sentindo as tensões físicas dos últimos meses de esperança e desespero se aliviarem dentro de mim, como se um longo jejum tivesse acabado. A sensação de conforto só foi minimizada pela apatia de Bea. A imobilidade muda de seu corpo escultural era decepcionante se comparada à lembrança da paixão de Ginger.

Pelos meses seguintes, fora do trabalho, concentrei minhas energias nos preparativos para ir ao México e em me relacionar com Bea à distância. Nós nos víamos a cada dois fins de semana, alternando entre a YWCA na Filadélfia e em Nova York. Bea tinha colegas de quarto, e eu tinha Rhea, que resolutamente não sabia nada da minha vida sexual. Com mais frequência, eu ia para a Filadélfia, já que a unidade local da YWCA de lá era mais barata e tinha camas melhores.

Conhecer outras lésbicas era bastante difícil, exceto nos bares, que eu não frequentava porque não bebia. A pessoa lia a revista *The Ladder* e o boletim informativo da Daughters of Bilitis e ficava se perguntando onde estavam as garotas gays. Muitas vezes, descobrir que outra mulher era gay já era razão suficiente para tentar um relacionamento, para tentar alguma conexão em nome do amor, sem antes considerar que, na verdade, as duas pessoas podiam ser muito incompatíveis. Tais eram os resultados da solidão, e esse era, certamente, o caso entre mim e Bea. Para começar, nossas formações e nossos pontos de vista sobre assuntos importantes não poderiam ser mais diferentes. Sua família era tradicional, burguesa, branca e endinheirada. Psicologicamente, ela havia deixado muito pouco deles para trás. Mais importante, nossas atitudes em relação ao sexo eram totalmente diferentes.

A expressão sexual com a Bea era uma satisfação em grande medida teórica, um passatempo muito agradável, com o qual tinha um grande compromisso intelectual, mas aparentemente pouca reação visceral. Era difícil acreditar em suas declarações e garantias de que aquilo não tinha nada a ver comigo. Quaisquer que fossem os medos de represálias da sua família abastada que a tinham esfriado, eles eram muito bem-sucedidos. Apesar das nossas horas de sexo, as conexões mais apaixonadas que compartilhamos foram o amor por violões e música antiga.

Eu pegava um trem noturno para a Filadélfia, depois um ônibus para a YWCA da Rua Arch, onde Bea teria alugado um quarto para o nosso fim de semana. Os quartos eram pequenos e simples e todos iguais, com camas de solteiro.

Bea tinha um rosto quadrado, bochechas rosadas e uma boca pequena e carnuda, cujos cantos sempre apontavam para baixo. Ela tinha grandes olhos azul-claros e dentes fortes e bonitos. Seu corpo alvo era macio e sem defeitos — seios pequenos, cintura larga com quadris avantajados e longas pernas macias. Era um corpo não muito diferente das estátuas de marfim que eu costumava comprar nas lojas de artigos orientais quando estava no ensino médio, com o dinheiro que roubava dos bolsos das calças do meu pai.

No começo, eu esperava pelos nossos fins de semana com uma expectativa desenfreada. A esperança era que daquela vez seria diferente. A lesbianidade assumida de Bea era uma conexão, uma realidade presente dentro do deserto emocional em que eu existia. E ela era sempre muito honesta sobre o que não sentia.

Então, fim de semana após fim de semana, cama da YWCA após cama da YWCA, eu corria minha boca quente e exploradora sobre ela como se estivesse diante de um monte esculpido de pedra lisa, até ficar com os lábios machucados e ofegante de frustração e recuar para um descanso breve.

— Foi muito bom — ela diria. — Acho que quase senti alguma coisa.

Era sempre o mesmo cenário deprimente. Éramos ambas jovens mulheres fortes, fisicamente saudáveis, com muita energia. Começando na noite de sexta, eu faria amor com a Bea quase sem parar por dois dias naquelas camas de solteiro enquanto ela suspirava tristemente. Ao meio-dia de domingo, agitada e faminta, eu saía para tomar um ar, delirando como uma maníaca, uma tarada, uma corruptora de virgens. Nós nos vestíamos ao som de música — Bea tinha ouvido absoluto — e então partíamos para a luz do dia, piscando deslumbradas. Companheiras em nossas frustrações, de mãos dadas, íamos para o Museu Rodin e comíamos alguma coisa numa cafeteria antes de eu pegar o trem de volta para Nova York. Passei a apreciar muito a sua franqueza e sua sagacidade. E, de alguma maneira, até passamos a amar uma à outra.

Até hoje, às vezes, quando penso na Filadélfia, o que é tão raro quanto possível, vejo a cidade como um pano de fundo de pedra cinza, entediante, para o triângulo repetitivo que circunscrevia a YWCA da Rua Arch, o Museu Rodin e a estação da Rua 30.

Do outro lado da mesa, Bea mastigava cada bocado 32 vezes e me dizia o quanto esperava ansiosamente por estarmos juntas de novo. Eu ficava fora de mim. Toda noite de domingo, eu entrava no trem jurando para mim mesma que não voltaria a vê-la. E assim seria por cerca de uma semana. Então ela me ligaria, ou eu ligaria para ela, e uma de nós estaria, na sexta seguinte, no trem para a Filadélfia ou vindo de lá. A perspectiva de romper aquela calma insuperável constantemente inflamava o meu desejo.

Pelo fim de novembro, planejávamos ir para o México juntas. Eu sabia que era um erro, mas me faltava a força para dizer não. Finalmente, duas semanas antes da nossa partida, no caminho para a estação num domingo à noite, eu disse para a Bea que precisávamos parar de nos ver. Que eu iria para o México sozinha. Sem explicações, sem preliminares. Foi autopreservação da minha parte, e fiquei horrorizada com minha crueldade. Mas eu não sabia como fazer de outra forma. Bea parou no portão da estação da Rua 30 e chorou enquanto eu corria para o meu trem.

Quando cheguei em casa, lhe mandei um telegrama dizendo: "EU SINTO MUITO".

Eu tinha acreditado que, se me obrigasse a dizer aquilo, duro como era, seria o fim de tudo, e eu poderia ir embora e me sentir culpada no meu mundo particular, enquanto dava conta dos preparativos de última hora para a viagem. Mas eu não contava com o rigor e a determinação da Bea.

Toda aquela relação desastrosa terminou com a vinda de Bea para Nova York no dia seguinte e com ela acampando no patamar da escada do sétimo andar, na entrada do nosso apartamento, na tentativa de topar comigo. Eu estava me escondendo na casa da Jean e do Alf, tendo sido avisada por uma Rhea incrédula ao ver uma garota aos prantos tentando me encontrar. Rhea fez o meio de campo, dando desculpas à Bea quando entrava no apartamento ou saía para trabalhar. Por sorte, eu já tinha largado o emprego no centro de saúde, onde Bea tinha ido primeiro.

Bea permaneceu no patamar por dois dias, com corridas rápidas escada abaixo até a loja da esquina para comprar Coca e ir ao banheiro. Finalmente desistiu e voltou para a Filadélfia.

Ela me deixou um bilhete dizendo que o que realmente queria era saber por quê, e por que daquele jeito. Eu não podia dizer para ela; eu mesma não sabia por quê. Mas me senti um monstro. Eu tinha feito uma tentativa desesperada de autopreservação — ou o que me parecia ser autopreservação — da única maneira que conhecia. Não quis machucar ninguém. Mas tinha machucado. Prometi a mim mesma nunca me envolver daquela forma de novo.

A culpa pode ser muito útil.

Pelos três dias em que isso se deu no corredor, Rhea manteve seu jeito zombeteiro e receptivo de sempre. Precisei contar para ela sobre esse envolvimento, enfatizando o fato de que estava tudo acabado. O que ela pensou sobre a Bea, isso eu nunca tive tempo suficiente para perguntar, mas o que ela disse fez sentido para mim:

— Só porque você é forte não significa que pode permitir que outras pessoas dependam muito de você. Não é justo com elas, porque, quando você não pode ser o que elas querem, elas ficam decepcionadas, e você se sente mal. — Rhea, às vezes, era muito sábia, só não consigo mesma.

Nunca me esqueci daquela conversa, e nunca mais falamos sobre a Bea. Fui para o México na semana seguinte.

Onze meses depois de voltar de Stamford e duas semanas antes do meu aniversário de dezenove anos.

Eu me recostei no assento do avião, vestindo a primeira saia que tinha comprado em dois anos. O voo noturno da Air France para a Cidade do México estava quase vazio. Rhea tinha feito uma festa de despedida surpresa para mim na noite anterior, mas mesmo assim fui atormentada por pesadelos que envolviam chegar pelada ao aeroporto ou esquecer as malas, ou o passaporte, ou ter me esquecido de comprar a passagem. Só quando olhei para baixo e vi as luzes da cidade se espalharem como uma renda de eletricidade pela noite é que realmente acreditei que tinha conseguido sair de Nova York inteira e por conta própria. Viva.

No fundo da minha cabeça, eu podia ouvir Bea soluçando, desconsolada, na escadaria. Senti como se estivesse fugindo de Nova York com os cães do inferno no meu encalço.

A aeromoça foi muito solícita comigo. Ela disse que era porque esse era meu primeiro voo e porque eu era muito nova para viajar sozinha para tão longe.

21

Do Palacio de Bellas Artes até o monumento El Ángel de la Independencia, ao longo da extensa Avenida Insurgentes, ficava o eixo central do Distrito Federal da Cidade do México. Era um mar de sons, e cheiros, e experiências estranhas onde eu nadava com prazer, diariamente. Levei dois dias para me ajustar à altitude da cidade e à percepção de que estava num país estrangeiro, sozinha, apenas com habilidades linguísticas rudimentares.

No primeiro dia, explorei com alguma hesitação. No segundo, estimulada pela animação e pelo calor descontraído das ruas, me senti entusiasmada pela curiosidade e cada vez mais em casa. Caminhei quilômetros e quilômetros pela cidade, passando por lojas modernas e museus antigos, e famílias comendo feijão e tortilhas preparadas sobre um braseiro entre dois edifícios.

Andar por ruas e ruas cheias de pessoas de pele marrom teve um efeito profundo e revigorante sobre mim, diferente de qualquer experiência que já tivesse vivido.

Estranhos simpáticos, sorrisos transeuntes, olhares admirados e questionadores, a sensação de estar num lugar onde eu queria estar e havia escolhido. Ser notada, e aceita sem ser conhecida, me deu um contorno social e segurança à medida que me movia pelos pontos turísticos da cidade, e me senti corajosa, e aventureira, e especial. Eu me divertia com a atenção dos lojistas perto do hotel, de quem eu comprava minhas modestas provisões.

— ¡Ah, la Señorita Morena! ¡Buenos días! — A mulher de quem comprei o jornal na esquina da Reforma esticou o braço e tocou meu cabelo natural curto. — ¡Ay, que bonita! ¿Está la cubana? Eu sorri de volta. Por causa da tonalidade da minha pele e do meu corte de cabelo, me perguntavam frequentemente se eu era cubana.

— Gracias, señora — respondi, com o *rebozo* [xale] brilhante que tinha comprado no dia anterior em volta dos ombros. — No, yo estoy de Nueva York.

Seus brilhantes olhos escuros se arregalaram de espanto, e ela afagou minha mão com seus dedos secos e enrugados, ainda segurando a moeda que eu tinha acabado de lhe entregar.

— Ay, con Dios, niña — ela me disse, enquanto eu seguia rua acima.

Maravilhava-me que, ao meio-dia, as ruas da cidade pudessem ser tão movimentadas e ao mesmo tempo tão amigáveis. Mesmo com todas as novas construções em andamento, havia uma sensação de cor e luz, cuja festividade se acentuava com os murais coloridos que decoravam as laterais dos prédios altos, públicos e privados. Até as universidades estavam cobertas por mosaicos em cores deslumbrantes.

Vendedores de loteria em todas as esquinas, andando pelo Parque Chapultepec com tiras de bilhetes alegremente coloridos presas às camisas. Crianças uniformizadas indo da escola para casa em grupos, e outras crianças, olhos igualmente vívidos, pobres demais para ir à escola, sentadas de pernas cruzadas com seus pais num cobertor sob a sombra de um prédio, cortando solas para as sandálias baratas feitas com tiras gastas de pneus descartados.

Na Loja de Penhores Nacional em frente ao Seguro Social, ao meio-dia, longas filas de jovens funcionários do governo resgatando violões e sapatos de dança para o fim de semana que se iniciava. Criancinhas de olhos arregalados que pegavam minha mão e me levavam até as mercadorias de suas mães, dispostas em mesas cobertas, protegidas do sol. Pessoas nas ruas que sorriam sem me conhecer, só porque era isso que se fazia com estranhos.

Havia um lindo parque chamado Alameda que se estendia ao longo de quarteirões no meio da cidade, de Netzahualcóyotl até a parte de trás do Palacio de Bellas Artes. Em algumas manhãs, eu saía do hotel assim que amanhecia e tomava um ônibus para o centro da cidade para caminhar pelo Alameda. Eu teria amado estar ali sob aquele luar surpreendente, mas tinha ouvido que mulheres não andavam desacompanhadas depois que escurecia na Cidade do México, então passava as minhas primeiras noites mexicanas lendo *Guerra e paz*, uma leitura pela qual eu nunca tinha conseguido me interessar antes.

Eu descia do ônibus em frente ao museu do Palacio, respirando os aromas frescos dos arbustos úmidos e das flores da manhã e das lindas árvores delicadas. Antes de entrar no parque, eu comprava um *pan dulce* do menino que passava pedalando, em cujo sombreiro enorme de aba levantada, cuidadosamente equilibrado sobre sua cabeça, iam empilhados aqueles pãezinhos saborosos, recém-saídos do forno de sua mãe.

Estátuas de mármore pontilhavam os caminhos pelo parque, onde, mais tarde, os trabalhadores dos prédios do outro lado da rua fariam seu *paseo* na hora do almoço. Minha estátua preferida era a de uma jovem nua, em pedra bege, ajoelhada, rigorosamente dobrada em si mesma, cabeça baixa, saudando o amanhecer. Enquanto eu caminhava pelo silêncio da manhã perfumada do Alameda, com os sons do trânsito do entorno aumentando e diminuindo, eu me sentia desabrochar tal qual uma grande flor, como se a estátua da jovem ajoelhada tivesse ganhado vida, erguendo a cabeça para encarar o sol. Quando eu saía para o fluxo matinal da avenida, sentia a luz e a beleza do parque resplandecerem dentro de mim, e a mulher que acendia o carvão no braseiro na esquina respondia com um sorriso.

Foi naquelas primeiras semanas na Cidade do México que comecei a abandonar meu costume da vida toda de olhar para os pés enquanto caminhava pela rua. Lá havia sempre tanto para ver e tantos rostos interessantes e abertos para ler que pratiquei manter a cabeça erguida enquanto caminhava, e o sol batia quente e agradável sobre o meu rosto. Aonde quer que eu fosse, havia rostos marrons de todos os tons encontrando o meu, e ver minha própria cor refletida pelas ruas em grande quantidade era uma afirmação para mim, totalmente nova e muito emocionante. Eu nunca tinha me sentido visível antes, nem sequer percebido que isso me fazia falta.

Não fiz nenhum amigo na Cidade do México, embora vivesse bem contente em conversas com a camareira do hotel, meio em inglês, meio em espanhol, sobre o tempo, minhas roupas e o bidê; com a *señora* de quem eu comprava minhas refeições todas as noites, dois tamales apimentados envolvidos em folhas de milho e uma garrafa de leite semidesnatado; e com o recepcionista diurno do pequeno hotel duas estrelas onde me hospedava num quarto minúsculo.

No fim da primeira semana, fui até a nova Cidade Universitária, repleta de murais, e me matriculei em duas cadeiras: de história e etnologia do México e de folclore. Comecei a pensar em procurar acomodações permanentes e menos custosas. Mesmo me alimentando com comidas baratas, adquiridas dos vendedores de rua, não ter condições de cozinhar estava prejudicando minha modesta reserva financeira. Isso também restringia muito minha dieta, já que eu comia apenas as comidas que eu tinha certeza que não me dariam a diarreia que era a maldição dos turistas na Cidade do México.

Um dia, após duas semanas pra lá e pra cá pela capital, viajei de ônibus para Cuernavaca, ao sul, para ver Frieda Mathews e sua filha adolescente, Tammy. O contato de Frieda tinha sido dado por uma amiga de Rhea, que fora enfermeira junto com Frieda na Brigada Lincoln durante a Guerra Civil Espanhola. Eu havia passado os dias visitando museus e pirâmides, caminhando pelas ruas da cidade e satisfazendo, de modo geral, minha fome e curiosidade pela atmosfera desse novo lugar. Apesar de estar me sentindo cada vez mais em casa, comecei a sentir a necessidade de conversar com alguém em inglês. As aulas na Cidade Universitária começariam na semana seguinte.

Cuernavaca era uma região fértil e verdejante ao sul do Distrito Federal, mais próxima do nível do mar, no vale de Morelos, a cerca de 72 quilômetros da Cidade do México.

Quando telefonei, Frieda me atendeu calorosamente e de imediato me convidou para passar o dia em Cuernavaca. Ela e Tammy me encontraram no ponto de ônibus. O tempo estava mais quente e ensolarado do que no Distrito Federal, e o clima na praça da cidade era bem mais descontraído.

Assim que o ônibus estacionou na praça, reconheci a estadunidense loira e alta e a jovem sorridente e bronzeada ao lado dela. Frieda parecia como soou ao telefone: uma mulher calma, inteligente e direta, nos seus quarenta anos. Frieda e Tammy moravam em Cuernavaca havia nove anos, e Frieda estava sempre faminta por novidades de Nova York, sua cidade natal. "O Mercado da Rua Essex ainda está funcionando? O que os escritores andam fazendo?"

Passamos a manhã conversando sobre conhecidos em comum, depois vagamos pelos mercados da Guerrero comprando ingredientes para o jantar, que Tammy levou para serem preparados pela empregada. Depois nos sentamos para beber um *café con leche* espumoso, em uma mesa externa de um café que ocupava toda uma esquina da praça da cidade. Músicos de rua afinavam os violões sob o sol da tarde, e os *chamaquitos*, meninos da rua, precipitaram-se sobre nós, pedindo moedas, depois fugiram gargalhando enquanto Tammy se dirigia a eles com um espanhol rápido. Em pouco tempo outros estadunidenses, todos brancos e, na maioria, mulheres, vieram até a nossa mesa para ver quem era esse novo rosto na cidade. Frieda me apresentou numa série de cumprimentos cordiais.

Depois do dia passado em meio à beleza leve daquele lugar e na companhia tranquila de Frieda e seus amigos, ela não precisou insistir muito para me convencer a me mudar para Cuernavaca. Eu ainda estava ansiosa para encontrar hospedagens mais baratas que o Hotel Fortin. Eu poderia viajar para o Distrito Federal diariamente, para as aulas, ela me assegurou. Muitas pessoas em Cuernavaca trabalhavam na Cidade do México, e o transporte por ônibus ou táxi compartilhado era muito barato.

— Acho que você vai ser mais feliz aqui do que na Cidade do México — Frieda propôs. — É muito mais calmo. Você provavelmente consegue uma dessas casas pequenas no condomínio da Humboldt, número 24, que é um lugar agradável pra viver.

Tammy, que estava com doze anos, ficou encantada com a ideia de ter alguém na cidade que estava mais próxima da sua idade que Frieda e seus amigos.

— E Jesús pode ajudar você a trazer as suas coisas — Frieda acrescentou. Com o acordo do divórcio, ela havia comprado uma pequena fazenda em Tepoztlán, um vilarejo mais acima da montanha. Jesús gerenciava a fazenda, ela explicou. Eles tinham sido namorados no passado. — Mas tudo é muito diferente agora — Frieda disse bruscamente, enquanto Tammy nos chamava do pátio para ver seu *pato-ganso*, um pato tão grande que poderia ser um ganso.

Fui ver a casa pequena do condomínio naquela mesma tarde. Eu estava aberta para qualquer coisa. Cuernavaca parecia um presente. A casa tinha um quarto grande, com janelas enormes voltadas para a montanha, e mais banheiro, cozinha e uma pequena sala de jantar; minha própria casinha com árvores, flores e arbustos em volta do caminho que levava para a porta da frente, onde ninguém entraria, a não ser com o meu convite. A viagem de uma hora e meia pelas montanhas para chegar às oito da manhã nas aulas da faculdade não me parecia um grande inconveniente. No ônibus de volta para a Cidade do México, decidi me mudar.

Jesús foi me buscar com as malas e minha máquina de escrever, numa tarde depois da aula. O dia chegava ao fim enquanto seguíamos dando voltas nas montanhas na nova estrada do Distrito Federal até Cuernavaca. O teto do seu velho Chrysler conversível estava aberto. No rádio, a todo volume, música *mariachi*, enquanto avançávamos curva após curva, cada uma revelando uma vista totalmente nova, uma paisagem diferente. (E pensar que já havia considerado Stamford, Connecticut, como "o interior"!) As nuvens de tempestade no horizonte, quando contornamos o topo do monte Morelos, raiavam com bordas roxas e brilhantes sob o sol se pondo, e eu estava mais feliz do que recordava ter sido em muito, muito tempo. E o que era ainda melhor: eu tinha plena consciência de que estava feliz.

Eu me acomodei contra o estofamento gasto do assento espaçoso. Enquanto descíamos vale adentro, em direção a Cuernavaca, naquela noite de março, com uma *mañanitas* ribombando no rádio, o assento traseiro lotado com as minhas malas e a máquina de escrever, o barulho dos pneus nas curvas e a gargalhada de Jesús animada e reconfortante, eu sabia que estava muito feliz por estar exatamente onde eu estava.

...la luna se ocultó,
Levántate, Amiga mía,
mira que ya amaneció.[29]

La Señora. La Periodista. La Morenita. La Alta Rubia. La Chica. As pessoas que trabalhavam no condomínio na Humboldt, número 24, tinham apelidos para a maioria das *norteamericanas* que moravam ou visitavam o lugar. Eram em parte apelido, em parte designação, em parte nome carinhoso. Ninguém que fosse malquisto recebia um. Eles nunca eram usados com raiva ou desaprovação. A Senhora. A Jornalista. A Negra. A Loira Alta. A Pequena.

---

[29] "A lua se escondeu/ Levante, minha amiga,/ Veja que já amanheceu." [N.E.]

Em 1954, Cuernavaca já tinha ganhado a fama de porto seguro para refugiados políticos e espirituais do Norte, um lugar onde estadunidenses de classe média não conformistas podiam viver de maneira mais simples e barata, e mais calma do que em Acapulco ou Taxco, para onde iam todas as estrelas do cinema. Uma cidade pequena e bonita, amplamente sustentada por expatriados de diversos países que ali se instalavam.

Pelas ruas tranquilas de Cuernavaca, havia portões de ferro e altos muros de adobe radiantes sob o sol, e, atrás dos muros, vívidas árvores de jacarandá pingavam suas flores para o lado de fora.

Ao longo dos muros, meninos se sentavam para cochilar com seus burros, descansando no meio do caminho montanhoso de ruas de terra batida. Atrás dos portões de ferro, a Cuernavaca estadunidense levava uma vida complexa e sofisticada.

Uma porcentagem alta de mulheres solteiras de renda moderada, a maioria da Califórnia e de Nova York, possuía cotas das pequenas lojas para turistas que ladeavam a praça; outras complementavam sua renda trabalhando nessas lojas, ou dando aulas, ou praticando enfermagem alguns dias por semana na Cidade do México. Algumas dessas mulheres eram divorciadas e viviam com a pensão alimentícia; outras eram enfermeiras, como Frieda, que tinham servido na Brigada Lincoln e por isso tiveram problemas com o governo estadunidense. Membros da brigada tinham recebido cidadania no México. Havia integrantes dos Dez de Hollywood, com suas famílias, todos acusados de serem comunistas e, por isso, na lista dos excluídos de trabalhos na indústria cinematográfica; ganhavam a vida no México, o que era mais barato, prestando serviços de edição ou como *ghostwriters*. Havia vítimas de outras expulsões macarthistas, que continuavam a todo vapor. Tínhamos em comum muitos dos amigos de Rhea e muitas das pessoas que eu conhecera enquanto trabalhava no comitê Rosenberg, havia alguns anos.

Para a colônia estadunidense em Cuernavaca, a atmosfera política era de prudente alerta. Não havia a pestilência do terror e da repressão política, tão presente em Nova York; estávamos a 3,5 mil quilômetros de distância. Mas qualquer ideia de que as fronteiras pudessem conferir imunidade ao macarthismo tinha sido destruída, dois anos antes, na mente de qualquer pessoa que tivesse sido ao menos um pouco ativa politicamente. Agentes do FBI tinham descido até o México e arrancado Morton Sobell, suposto coconspirador de Ethel e Julius Rosenberg, levando-o para o outro lado da fronteira, a fim de ser julgado por traição.

A atenção e o medo de recém-chegados estavam por toda parte, misturados com o entusiasmo pela chegada de qualquer rosto novo. A expectativa de mais um desastre político vindo do Norte, ainda indefinido, também estava em todo lugar — assim como as perfumadas buganvílias, com voluptuosas flores vermelho-fogo, e as precipitações delicadas e persistentes de flores de jacarandá, com pequenas pétalas brancas, rosa e roxas, por trás das quais todas essas ansiedades floresciam.

Ali, nas alvoradas de tirar o fôlego e nos crepúsculos velozes das montanhas de Cuernavaca, aprendi que realmente é mais fácil ficar sossegada no mato. Numa manhã, desci a montanha em direção à praça, ao nascer do sol, para pegar minha carona para o Distrito Federal. De repente, os pássaros cantaram ao meu redor, naquele incrível ar quente e doce. Nunca tinha ouvido uma coisa tão bonita e tão inesperada. Eu me senti balançada pelas ondas do canto. Pela primeira vez na vida, tive uma inspiração sobre o que a poesia poderia ser. Poderia usar palavras para recriar aquele sentimento, em vez de criar um sonho, que era muito do que minha escrita tinha sido antes.

O menino cego dos pássaros, Jeroméo, dormia num banco de pedra, perto do coreto do centro da praça, ao lado de sua gaiola de pássaros de cores vivas à venda. Na escuridão da madrugada, os pássaros no alto das árvores sentiram a chegada do sol, e, enquanto o ar úmido e perfumado era tomado por uma orquestra

de sons vindos das árvores ao redor da praça, os pássaros engaiolados ocuparam-na com suas respostas cantadas.
Jeroméo continuou dormindo.

Nas tardes em que eu voltava do Distrito Federal para casa, visitava pontos turísticos do vale de Morelos ou tomava café com Frieda e seus amigos na praça. Às vezes, ia nadar com o pessoal na piscina da Ellen Perl.

As mulheres que conheci através da Frieda eram mais velhas e muito mais experientes que eu. Soube depois que elas especulavam longamente, em particular, se eu era ou não gay, e se eu sabia disso ou não. Nunca tinha me ocorrido que elas próprias fossem gays ou, pelo menos, bissexuais. Nunca suspeitei, porque uma grande parte da existência delas era dedicada a esconder esse fato. Essas mulheres fingiam ser heterossexuais de uma maneira que nunca teriam fingido ser conservadoras. A coragem política delas era muito maior do que a abertura sexual. Para os meus olhos provincianamente nova-iorquinos e ingênuos, "garotas gays" eram apenas isso — jovens, óbvias e, definitivamente, boêmias. Certamente não eram progressistas, confortáveis, matronais, nem tinham mais de quarenta anos, piscinas, cabelos pintados e novos maridos jovens. Até onde eu sabia, todas as mulheres estadunidenses da praça eram heterossexuais emancipadas.

Semanas depois, mencionei isso para Eudora na estrada, a caminho das pirâmides de Teotihuacán, e ela riu tanto que quase jogou o carro em uma vala.

22

Eudora. México. Cor e luz e Cuernavaca e Eudora.

No Sábado de Aleluia, ela havia acabado de voltar de uma semana de bebedeira que começou com a demissão de Robert Oppenheimer, o cientista atômico, nos estados unidos. Eu estava encantada com as festividades de Sexta-feira Santa na Cidade do México, das quais tinha participado com Frieda e Tammy no dia anterior. Elas tinham ido para Tepoztlán. Eu estava tomando sol no meu gramado da frente.

— Oi, você aí embaixo! Não está exagerando? — Olhei para cima, para a mulher que eu tinha notado me observando de uma janela superior da casa de dois andares, na borda do condomínio. Era a única mulher que eu tinha visto usando calças no México, exceto quando ia para a piscina.

Fiquei contente por ela ter falado. As duas mulheres que moravam separadamente na casa dupla na saída do condomínio nunca apareciam nas mesas da praça. Elas nunca falavam quando passavam pela minha casa, a caminho dos carros ou da piscina. Eu sabia que uma delas tinha uma loja na cidade chamada La Señora, com as roupas mais interessantes da praça.

— Você nunca ouviu dizer que só ingleses e cachorros loucos saem no sol do meio-dia?

Fiz sombra com a mão para vê-la melhor. Estava mais curiosa do que imaginava.

— Eu não me bronzeio tão fácil — respondi. Ela estava enquadrada pelo grande batente da janela, com um sorriso torto no rosto meio sombreado. Sua voz era forte e agradável, mas com uma rouquidão que soava como um resfriado ou excesso de cigarro.
— Vou tomar um café. Você quer?
Eu me levantei, peguei o lençol sobre o qual estava deitada e aceitei seu convite.
Ela estava esperando na porta. Eu a reconheci como a mulher alta e grisalha que chamavam La Periodista.
— Meu nome é Eudora — ela disse, estendendo a mão e segurando a minha firmemente por um momento. — E eles te chamam de La Chica, você veio de Nova York e frequenta a nova universidade.
— Como você descobriu tudo isso? — perguntei, surpresa. Nós entramos.
— É meu trabalho descobrir o que acontece — ela abriu um sorriso frouxo. — É o que repórteres fazem. Fofoca legítima.
O quarto espaçoso e iluminado de Eudora era confortável e desarrumado. Uma larga poltrona ficava de frente para a cama, onde ela estava agora sentada de pernas cruzadas, vestindo um short e uma camisa polo, fumando, rodeada por livros e jornais.
Talvez tenha sido o seu jeito direto. Talvez tenha sido a franqueza com que ela me examinou enquanto fazia um gesto para que eu me sentasse na poltrona. Talvez tenham sido as calças, ou a desenvoltura e a autoridade conscientes com que ela se movia. Mas, desde o momento em que entrei na sua casa, soube que a Eudora era gay, e essa foi uma surpresa inesperada e bem-vinda. Fez com que eu me sentisse muito mais à vontade e relaxada; embora ainda me sentisse dolorida e culpada pelo meu fiasco com a Bea, mas era revigorante saber que não estava sozinha.
— Passei uma semana bebendo — ela falou — e ainda estou um pouco de ressaca, então me desculpe pela bagunça.
Eu não sabia o que dizer.

Eudora queria saber o que eu estava fazendo no México: jovem, negra e com um olho para as mulheres, como ela dizia. Essa foi a segunda surpresa. Compartilhamos umas boas risadas sobre as pistas sutis de reconhecimento mútuo entre lésbicas. Eudora foi a primeira mulher que conheci que falava sobre si mesma como lésbica, em vez de "gay", que era uma palavra que ela odiava. Eudora dizia que esse era um termo da costa leste norte-americana que não lhe dizia nada e que, além disso, significava "alegre" originalmente, e a grande maioria das lésbicas que ela tinha conhecido era tudo menos isso.

Quando fui ao mercado naquela tarde, comprei leite, ovos e frutas para ela. Convidei-a para jantar, mas ela não estava com muita vontade de comer, ela disse, então preparei minha refeição, levei para a casa dela e comi lá. Eudora era insone, e ficamos conversando até muito, muito tarde da noite.

Ela era a mulher mais fascinante que eu já tinha conhecido.

Nascida no Texas 48 anos atrás, Eudora era a filha mais nova de uma família de petroleiros. Eram sete irmãos. Quando criança, a poliomielite a manteve na cama por três anos, "então, tive de correr muito atrás, e nunca soube quando parar".

Em 1925, foi a primeira mulher a frequentar a Universidade do Texas, acampando no pátio com uma barraca, um fuzil e um cachorro. Seu irmão tinha estudado lá, e ela estava determinada a fazer o mesmo.

— Eles disseram que não tinham dormitórios para mulheres — Eudora contou —, e eu não tinha dinheiro para alugar um lugar na cidade.

Ela havia trabalhado na imprensa durante toda a sua vida, tanto em jornal como no rádio, e tinha ido com sua companheira, Franz, para Chicago, onde trabalharam para o mesmo jornal.

— Nós duas éramos um excelente time, sem dúvida. Tivemos muitos momentos ótimos, fizemos um monte de besteiras, acreditamos num monte de coisas. E então Franz se casou com um correspondente estrangeiro em Istambul — Eudora continuou, secamente —, e eu perdi meu emprego por causa de um artigo sobre o caso Scottsboro.[30]

Ela trabalhou por um tempo no Texas, para um jornal mexicano, emprego que depois a levou a se mudar para a Cidade do México.

Quando ela e Karen, dona da loja La Señora, eram companheiras, abriram uma livraria juntas, em Cuernavaca, nos anos mais liberais da década de 1940. Por um tempo, aquele foi um ponto de encontro para estadunidenses insatisfeitos. Foi assim que ela conheceu Frieda.

— Era onde as pessoas iam descobrir o que estava acontecendo de verdade nos estados unidos. Todo mundo passava por lá. — Ela fez uma pausa. — Mas aquilo foi ficando um pouco radical demais para o gosto da Karen — disse Eudora cuidadosamente. — A loja de roupas combina muito mais com ela. Mas essa é uma outra encrenca, e ela ainda me deve dinheiro.

— O que aconteceu com a livraria? — perguntei, sem querer bisbilhotar, mas fascinada pela história.

— Ah, um monte de coisas, num período muito curto. Eu sempre bebi demais, e ela nunca gostou disso. Então, quando tive que falar o que pensava sobre o caso Sobell[31] na minha coluna, o jornal

---

[30] Famoso caso de arbitrariedade judicial racista envolvendo nove rapazes negros em 1931. Em uma viagem num trem de carga entre Chattanooga e Memphis, os garotos, com idades entre doze e dezenove anos, envolveram-se numa discussão com dois jovens brancos que, por sua vez, os denunciaram por agressão. Em seguida, duas mulheres também brancas os denunciaram por estupro. Apesar de não haver nenhum indício de agressão sexual, os nove jovens negros foram presos e, com exceção do garoto de doze anos, condenados à forca. Foram numerosos esforços para recorrer da decisão, encabeçados principalmente pela National Association for the Advancement of Colored People [Associação nacional para o progresso de pessoas de cor] (NAACP) e pelo Partido Comunista dos estados unidos, que conseguiram levar o caso à Suprema Corte. Em 1937, a queixa contra quatro dos jovens foi retirada. Os demais tiveram penas que variavam entre 75 anos de reclusão e, para um deles, Clarence Norris, a condenação à morte. Ele escapou da cadeia e viveu escondido até 1946, quando o governador do estado do Alabama lhe concedeu o perdão e se desculpou publicamente pelo erro judicial do caso. [N.E.]

[31] Morton Sobell foi condenado a dezoito anos de prisão, em 1951, por conspiração e espionagem durante a Guerra Fria. [N.E.]

começou a ficar incomodado e Karen achou que eu fosse perder aquele emprego. Não perdi, mas minha condição de imigrante foi alterada, o que significou que eu ainda poderia trabalhar no México, mas, depois de todos aqueles anos, não poderia ter nenhuma propriedade em meu nome. Esse é o jeito de fazer estadunidenses metidos ficarem de boca fechada. Não se meta com os assuntos do Grande Irmão e nós deixamos você ficar. Foi perfeito para a Karen. Ela comprou a minha parte e abriu a loja de roupas.

— Foi por isso que vocês terminaram?

Eudora riu.

— Uma pergunta bem nova-iorquina. — Ela ficou em silêncio por um minuto, se ocupando com o cinzeiro que transbordava. — Na verdade, não — ela disse finalmente. — Eu fiz uma cirurgia, e foi muito difícil para nós duas. Cirurgia radical, por causa de um câncer. Perdi um seio. — A cabeça de Eudora estava inclinada sobre o cinzeiro, com o cabelo caído para a frente, e eu não podia ver seu rosto. Estendi o braço e toquei sua mão.

— Eu sinto muito — eu disse.

— Sim, eu também — ela disse com firmeza, recolocando o cinzeiro polido cuidadosamente na mesa ao lado da cama. Ela olhou para cima, sorriu e tirou o cabelo da frente do rosto, com a palma das mãos. — Nunca há tempo suficiente para começar, e ainda há tanta coisa que eu quero fazer.

— Como você se sente agora, Eudora? — Eu me lembrei das minhas noites no andar de cirurgia feminina no Hospital Beth David. — Você fez radioterapia?

— Fiz. Já se passaram quase dois anos desde a última sessão, estou bem agora. As cicatrizes são difíceis de aceitar, no entanto. Nada elegantes ou românticas. Não gosto muito de vê-las. — Ela se levantou, pegou seu violão da parede e começou a afiná-lo. — Que canções folclóricas estão te ensinando naquela bonita universidade nova montanha acima?

Eudora tinha traduzido vários textos de história e etnologia do México, um dos quais era um livro indicado para a minha aula de história. Ela era espirituosa e divertida, perspicaz e inspiradora, e sabia muito sobre muitas coisas. Havia escrito poesia quando era mais jovem, e Walt Whitman era seu poeta preferido. Ela me mostrou alguns artigos recortados que havia escrito para um documentário-memorial sobre Whitman. Uma frase em particular chamou minha atenção: "Eu conheci um homem que passou a vida refletindo e conseguia me entender, não importava o que eu dissesse. E eu o segui até o Harleigh sob a neve".

Terminada a Semana Santa, na seguinte vieram as celebrações da Semana de Páscoa,[32] e eu passei parte de cada tarde ou noite na casa de Eudora, lendo poemas, aprendendo a tocar violão, conversando. Contei a ela sobre Ginger e sobre Bea, e ela me falou sobre a vida dela e da Franz quando estavam juntas. Até jogamos Scrabble com palavrões e, embora eu a tivesse advertido de que eu era uma campeã declarada, Eudora ganhou, fazendo meu vocabulário aumentar um monte. Ela me mostrou o texto que estava finalizando sobre as cabeças colossais olmecas, e conversamos sobre a pesquisa que ela planejava fazer sobre as influências da África e da Ásia na arte mexicana. Seus olhos brilhavam e suas longas mãos graciosas reluziam enquanto ela falava, e no meio da semana, quando não estávamos juntas, eu podia sentir as curvas de sua bochecha sob meus lábios quando lhe dei um rápido beijo de despedida. Pensando em fazer amor com ela, estraguei uma panela inteira de curry na minha confusão. Não era isso que eu tinha ido fazer no México.

Eudora tinha uma atitude que se revelava quando ela se movia, algo tanto delicada quanto forte, frágil e resistente, como a boca-de-leão com que ela se parecia quando se levantava, joga-

---

[32] No México, a festividade pascoal dura duas semanas: começa na chamada Semana Santa, entre o Domingo de Ramos e o Domingo da Ressurreição — quando se comemora a Páscoa no Brasil —, e se estende até a semana seguinte, que se inicia no Domingo da Ressurreição e termina no próximo domingo, que é o Domingo de Páscoa para os mexicanos. [N.E.]

va a cabeça para trás e ajeitava os cabelos com a palma das mãos. Eu estava enfeitiçada.

Eudora sempre fazia gracinhas com o que ela dizia serem os meus pudores, e não tinha nenhum assunto sobre o qual ela não falasse. Mas havia uma reserva a respeito de si mesma, um campo de força ao seu redor que eu não sabia como transpor, uma tristeza que a rondava e eu não conseguia romper. E, além disso, uma mulher daquela idade, já tão experiente — que presunção a minha!

Ficávamos conversando em sua casa cada vez até mais tarde, com intermináveis xícaras de café, metade da minha atenção na conversa, metade buscando alguma abertura, alguma maneira elegante e segura de trazer para mais perto essa mulher, cujo cheiro fazia os lóbulos das minhas orelhas queimarem. Essa mulher que, apesar da franqueza em todos os assuntos, se virava de costas para mim quando trocava de camisa.

Na quinta à noite, penduramos novamente algumas de suas pinturas em casca de árvore de Tehuantepec. O ventilador de teto zunia debilmente; havia uma pequena piscina de suor na cavidade de uma de suas clavículas. Quase me aproximei para beijá-la.

— Merda! — Eudora tinha quase acertado o próprio dedo com o martelo.

— Você é muito bonita — eu disse de repente, envergonhada com minha própria ousadia. Tivemos um momento de silêncio enquanto Eudora abaixava o martelo.

— Você também, Chica — ela disse calmamente —, mais bonita do que pensa. — Seus olhos se fixaram nos meus por um momento para que eu não me virasse.

Ninguém nunca havia me dito isso antes.

Eram mais de duas da madrugada quando saí da casa de Eudora, cruzando o gramado sob o luar reluzente. Já dentro de casa, não conseguia dormir. Tentei ler. Visões do adorável sorriso meio de lado da Eudora surgiam entre mim e a página. Queria estar com ela, bem perto dela, sorrindo.

Eu me sentei na beirada da cama, querendo colocar meus braços em volta de Eudora, deixar a ternura e o amor que eu sentia queimarem a película de tristeza que a cobria e responder à sua necessidade pelo toque das minhas mãos, e da minha boca, e do meu corpo, que definia o meu próprio desejo.

— Está ficando tarde — ela disse. — Você parece cansada. Quer se deitar? — Ela apontou para o lugar na cama ao seu lado. Saltei da poltrona como uma mola.

— Ah, não, tudo bem — gaguejei. Tudo que eu conseguia pensar era que eu não tinha tomado banho desde cedo. — Eu... eu preciso mesmo tomar um banho.

Eudora já tinha pegado um livro.

— Boa noite, Chica — disse sem olhar para cima.

Pulei da beirada da minha cama e liguei o aquecedor de água. Eu ia voltar pra lá.

— O que foi, Chica? Pensei que você estivesse indo dormir. — Eudora estava reclinada exatamente como eu a tinha deixado uma hora antes, apoiada em um travesseiro contra a parede, o cinzeiro meio cheio perto da mão e livros espalhados por toda a pequena cama de casal. Uma toalha colorida estava pendurada em volta do seu pescoço sobre a camisola bege, folgada, de manga curta.

Meu cabelo ainda estava molhado do banho, e meus pés descalços coçavam por causa da grama molhada de orvalho que havia entre nossas casas. Eu me dei conta, de repente, de que eram três e meia da madrugada.

— Você quer mais um café? — ofereci.

Ela me olhou longamente, sem sorrir, quase aborrecida.

— Foi por isso que você voltou, mais café?

Durante toda a espera para o *calentador* aquecer, durante todo o banho, ao lavar o cabelo e escovar os dentes, até aquele momento eu não tinha pensado em nada, apenas desejado segurar Eudora nos braços, tanto que não me importei de estar também amedrontada. De alguma forma, se eu me conduzisse de volta por aqueles degraus, sob a luz do luar, e se Eudora já não tivesse dormido, eu teria feito o meu melhor. Seria a minha parte da barganha, e então o que eu desejava cairia magicamente no meu colo.

A cabeça grisalha de Eudora se apoiou na parede atrás dela, coberta por *sarapes*[33] de cores vivas, me encarando ainda, e eu em pé diante dela. Ela franziu os olhos e abriu devagar seu sorriso torto, e pude sentir o ar quente da noite entre nós se comprimindo, como que para nos atrair.

Soube depois que ela tinha desejado que eu voltasse. Por sabedoria ou medo, Eudora esperou que eu falasse.

Noite após noite, tínhamos conversado até o amanhecer naquele quarto, sobre linguagem e poesia, amor e a boa conduta da vida. Ainda assim, éramos duas estranhas. Enquanto eu estava lá parada, olhando para Eudora, o impossível se tornou mais fácil, quase simples. O desejo me deu coragem, quando antes tinha me deixado sem palavras. Quase sem pensar, eu me ouvi dizer:

— Quero dormir com você.

Eudora se endireitou lentamente, varreu os livros da cama e esticou a mão para mim.

— Venha.

Eu me sentei na beirada da cama, de frente para ela, nossas coxas se tocando. Nossos olhos estavam na mesma altura agora, olhando profundamente uma para a outra. Podia sentir meu coração batendo nas orelhas, e o som alto e constante dos grilos.

— Você sabe o que está dizendo? — Eudora me perguntou suavemente, examinando meu rosto. Eu podia sentir seu cheiro como o perfume penetrante das flores silvestres.

— Sei — eu disse, sem entender sua pergunta. Ela pensava que eu era uma criança?

---

[33] Vestimenta típica do México, similar a um longo xale ou manto, geralmente bem colorido e com franjas nas pontas. [N.E.]

— Não sei se consigo — ela disse, ainda com delicadeza, tocando na camisola a depressão no lugar onde seu seio esquerdo deveria estar. — E você não se importa com isso?

Eu tinha me perguntado muitas vezes como seria sentir com as minhas mãos, com os meus lábios, essa parte diferente dela. Me importar? Eu sentia meu amor se espalhar como uma chuva de luz em volta de mim e dessa mulher na minha frente. Estendi o braço e toquei o rosto de Eudora.

— Você tem certeza? — Seus olhos ainda no meu rosto.

— Tenho, Eudora. — Minha respiração parou na garganta como se eu estivesse correndo. — Tenho muita certeza. — Se eu não colocasse minha boca na dela e inalasse o odor picante do seu hálito, meus pulmões arrebentariam.

Enquanto eu dizia aquelas palavras, eu as senti tocar e dar vida a uma nova realidade em mim, um eu maduro e parcialmente compreendido, movendo-se ao encontro dela.

Eu me levantei e, com dois movimentos rápidos, me despi do vestido e das roupas íntimas. Estiquei a mão para Eudora. Encanto. Antecipação. Um sorriso lento refletindo o meu suavizou seu rosto. Eudora se aproximou e passou as costas da sua mão pela minha coxa. Um arrepio seguiu o percurso dos seus dedos.

— Como você é linda e negra.

Ela se levantou devagar. Desabotoei sua camisola e ela mexeu os ombros até que a roupa caísse aos nossos pés. Sob o círculo de luz da lamparina, olhei do seu seio redondo e firme, com o mamilo rosado ereto, para o peito com cicatrizes. Os queloides pálidos das queimaduras da radiação iam desde a axila, passando pelas costelas. Levantei meus olhos e encontrei novamente os dela, comunicando uma ternura que minha boca ainda não tinha palavras para expressar. Ela pegou minha mão e a colocou direta e levemente sobre o peito. Nossas mãos caíram. Eu me curvei e beijei suavemente a cicatriz onde nossas mãos tinham estado. Senti seu coração pulsar forte e rápido contra os meus lábios. Tombamos juntas novamente na cama. Meus pulmões se expandiram, e minha respiração ficou mais profunda com o toque quente de sua pele seca. Minha boca finalmente contra a dela, a respiração rápida, perfumada, profunda, sua mão se entrelaçando em meu cabelo. Meu corpo era energizado por sua carne. Movendo-se ligeiramente, Eudora esticou o braço por trás da minha cabeça em direção à lâmpada que estava sobre nós. Segurei seu pulso. Seus ossos pareciam veludo e mercúrio líquido entre meus dedos arrepiados.

— Não — sussurrei em seu ouvido. — Com a luz acesa.

O sol se derramava pelos jacarandás do lado de fora da janela de Eudora. Eu ouvia à distância o golpe ritmado da foice de Tomás enquanto ele podava as bananeiras selvagens do caminho até a piscina.

Acordei plenamente num sobressalto, vendo o impossível. O escaravelho que eu tinha esmagado com um jornal quando o sol se pôs, muito tempo atrás, parecia se mover lentamente pela parede pintada de branco. Subia meio metro, caía e recomeçava o trajeto. Peguei meus óculos do chão, onde eu os tinha derrubado na noite anterior. Com eles, pude ver que havia uma linha fina de formigas descendo do teto de adobe parede abaixo para o piso onde o escaravelho estava. As formigas, coordenadas, tentavam içar a carcaça parede acima, levando-a nas costas, até o seu buraco no teto. Assisti fascinada enquanto as minúsculas formigas levantavam a carga, caminhavam, perdiam-na e a reerguiam.

Eu me virei e me aproximei para tocar Eudora deitada contra as minhas costas, com um braço curvado sobre o nosso travesseiro compartilhado. O prazer da nossa noite ardia em mim como o sol sobre as paredes do quarto colorido e iluminado. Seus olhos castanho-claros se abriram, me analisando enquanto ela despertava lentamente, os lábios esculpidos em um sorriso, entreabertos, revelando a lacuna entre seus dentes da frente. Tracei sua boca com o meu dedo. Por um momento me senti exposta, insegura, ansiando, de repente, por alguma garantia de que eu não tivesse sido insatisfatória. O ar da manhã ainda estava úmido do orvalho, e o cheiro da nossa noite de amor pairava sobre nós.

Como se tivesse lido meus pensamentos, o braço de Eudora enlaçou os meus ombros, puxando-me em sua direção, para bem perto, e ficamos abraçadas sob a luz do sol da manhã mexicana, que escorria pelas janelas descobertas. Tomás, o zelador, cantava num espanhol suave, marcando o tempo com a foice, e os sons chegavam até nós lá de baixo.

— Que hora desumana! — Eudora sorriu, beijando o topo da minha cabeça e pulando por cima de mim com um passo largo. — Você não está com fome? — Com uma toalha em volta do pescoço, Eudora fez ovos mexidos ao estilo mexicano e *café con leche* de verdade para o nosso café da manhã. Comemos na mesa pintada de um laranja vibrante, entre a pequena cozinha e seu quarto, sorrindo, conversando e dando de comer uma à outra do nosso prato compartilhado.

Tinha espaço para apenas uma de nós na pia rasa e quadrada da cozinha. Enquanto eu lavava a louça para garantir uma tarde livre de formigas, Eudora se encostou no batente da porta, fumando preguiçosamente. Os ossos do seu quadril se abriam como asas acima de suas pernas. Pude sentir sua respiração rápida na lateral do meu pescoço enquanto ela me observava. Ela secou os pratos e pendurou o pano de prato sobre uma máscara de lata em cima do armário da cozinha.

— Agora vamos voltar para a cama — ela murmurou, me agarrando por dentro da camisa mexicana que eu tinha pegado emprestada para me cobrir. — Tem mais.

A essa hora, o sol já estava no seu ponto alto. O quarto estava cheio da luz refletida e do calor do telhado plano de adobe sobre nós, mas as janelas largas e o ventilador de teto preguiçoso mantinham o ar agradável circulando. Nos sentamos na cama, bebendo café gelado numa caneca de estanho.

Quando eu disse para Eudora que não gostava de fazer amor, ela levantou as sobrancelhas.

— Como você sabe? — ela perguntou, e sorriu enquanto abaixava nossa xícara de café. — Provavelmente é porque ninguém fez amor de verdade com você antes — ela disse suavemente, franzindo os olhos nos cantos, intensos, desejosos.

Eudora sabia muitas coisas que eu ainda não havia aprendido sobre amar mulheres. Do dia ao cair da noite. Um banho breve. Frescor. O conforto e a leveza do seu corpo contra o meu. As formas como o meu corpo voltava à vida na curva dos seus braços, sua boca macia, seu corpo seguro — gentil, persistente, completo.

Subimos correndo os íngremes degraus externos até o telhado, a lua quase cheia trêmula nas profundezas escuras do centro dos seus olhos. De joelhos, passo minhas mãos por seu corpo, pelo local já familiar abaixo do seu ombro esquerdo, ao longo das costelas. Uma parte dela. A marca da amazona. Para uma mulher que parece magra, quase esguia, sob suas roupas, seu corpo é maduro e macio ao toque. Amada. Calor para a minha frieza, frio para a minha chama. Eu me curvo, movo meus lábios de sua barriga plana e delicada para o firme monte crescente abaixo.

Na segunda, voltei para as aulas. No mês seguinte, Eudora e eu passamos muitas tardes juntas, mas sua vida carregava algumas complicações sobre as quais ela falava pouco.

Eudora tinha viajado por todo o México. Ela me presenteou com histórias de suas aventuras. Parecia sempre ter levado a vida como se fosse uma narrativa um pouco mais grandiosa do que o comum. Seu amor pelo México, sua terra adotiva, era profundo e cativante, como uma resposta para as minhas fantasias escolares. Ela sabia muito sobre os costumes e as crenças dos diferentes povos que tinham se espalhado em ondas pelo país havia muito tempo, deixando suas línguas e um pequeno grupo de descendentes para levar adiante os velhos costumes.

Fizemos longos passeios pelas montanhas em seu Hudson conversível. Vimos o *brinco*, a tradicional dança moura, em

Tepoztlán. Ela me contou sobre as cabeças colossais de pedra olmecas, representando pessoas africanas, que estavam sendo descobertas em Tabasco, e sobre os antigos contatos entre México, África e Ásia que só agora estavam emergindo. Conversamos sobre a lenda da China Poblana, a santa de feições asiáticas, padroeira de Puebla. Eudora apreciava o que era zapoteca, tolteca, mixteca ou asteca na cultura, e mencionava o quanto isso tinha sido terrivelmente destruído pelos europeus.

— Esse genocídio se equipara ao Holocausto da Segunda Guerra Mundial — ela afirmou.

Ela falava sobre os índios lacandões nômades, que estavam desaparecendo lentamente do território próximo a Comitán, em Chiapas, porque as florestas estavam acabando. Ela me contou sobre as mulheres de San Cristóbal de las Casas, que dão nomes de santas católicas para suas deusas para que elas e suas filhas possam rezar e fazer oferendas em paz, nos santuários da floresta, sem ofender a igreja católica.

Ela me ajudou a planejar uma viagem para o sul, para Oaxaca e além, passando por San Cristóbal até a Guatemala, e me deu nomes de pessoas que poderiam me hospedar ao longo de todo o caminho até a fronteira. Planejei ir assim que as aulas terminassem e, secretamente, desejava cada vez mais que ela fosse comigo.

Apesar de todos os pontos turísticos que eu tinha conhecido e de todos os museus e ruínas visitados, e dos livros lidos, foi Eudora quem me abriu as portas que conduziam ao coração desse país e de seus povos. Foi Eudora quem me mostrou o caminho para o México que eu tinha ido buscar, aquela terra enriquecedora de luz e cor onde, de alguma maneira, eu me sentia em casa.

— Gostaria de voltar pra cá e trabalhar por um tempo — eu disse, enquanto Eudora e eu observávamos mulheres tingindo lã em grandes barris perto do mercado. — Se eu conseguir o visto.

— Chica, você não pode fugir para este país, ou ele nunca a deixará sair. Ele é bonito demais. É isso que a turma do *café con leche* nunca consegue admitir para si mesma. Eu mesma achava que aqui seria mais fácil viver como eu queria, dizer o que eu quisesse, mas não é. Só é mais fácil não fazer isso, essa é a verdade. Às vezes, penso que eu deveria ter permanecido e lutado em Chicago. Mas os invernos eram gelados demais. E o gim era caro pra burro — ela riu e jogou o cabelo para trás.

Enquanto entrávamos no carro para voltar para casa, Eudora ficou estranhamente em silêncio. Finalmente, quando chegamos na ponta do Morelos, ela disse, como se estivéssemos continuando nossa conversa anterior:

— Mas seria bom se você voltasse para trabalhar. Só não planeje ficar por muito tempo.

Eudora e eu só fomos juntas para a praça uma vez. Apesar de ela conhecer as pessoas que a frequentavam, não gostava da maioria delas. Dizia que era porque tinham ficado do lado da Karen.

— A Frieda passa — ela disse —, mas o restante não vale o que come.

Nos sentamos numa pequena mesa para dois, e Jeroméo se aproximou com sua gaiola de pássaros para mostrar as mercadorias aos recém-chegados. Os sempre presentes *chamaquitos* vieram pedir trocados e oferecer pequenos serviços. Até mesmo os *mariachis* ambulantes passaram por perto para ver se éramos possíveis candidatas a uma serenata. Mas apenas Tammy, irrepreensível e pré-adolescente, aproximou-se da nossa mesa e se inclinou possessivamente sobre ela, ansiosa por uma conversa.

— Vocês vão fazer compras comigo amanhã? — ela indagou. Iríamos comprar uma tartaruga para fazer companhia para o pato dela.

Eu disse que sim, abracei-a e depois lhe dei um tapinha na bunda.

— Te vejo amanhã — eu disse.

— Agora as línguas podem voltar ao fuxico — Eudora disse amargamente.

Olhei para ela de forma inquisitiva.

— Ninguém sabe sobre nós — eu disse gentilmente. — Além disso, todo mundo cuida da própria vida por aqui.

Eudora me olhou por um momento como se estivesse se perguntando quem eu era.

O sol se pôs, e Jeroméo cobriu seus pássaros. As luzes no coreto se acenderam, e Maria foi passando, acendendo as velas sobre as mesas. Eudora e eu pagamos a conta e saímos, contornando o mercado fechado e descendo a ladeira Guerrero em direção à Humboldt, número 24. O ar estava pesado com o cheiro de flores e lenha e com o crepitar dos grilos fritando nos carrinhos dos vendedores ao longo da lateral da ladeira Guerrero.

Na tarde seguinte, quando Tammy e eu voltamos do mercado, nos juntamos a Frieda e seus amigos na mesa em que estavam. Ellen estava lá, com seu gato, e Agnes com seu jovem marido Sam, que sempre precisava ir para a fronteira, por alguma razão ou outra.

— Estamos interrompendo alguma coisa? — perguntei, já que eles tinham parado de falar.

— Não, querida, só fofoca velha — Frieda respondeu secamente.

— Vejo que você está conhecendo todo mundo na cidade — Agnes disse, animada, se ajeitando mais para a frente na cadeira, com um sorriso preliminar. Voltei meus olhos para Frieda e a vi franzindo a testa para ela.

— Só estávamos dizendo que Eudora está com uma aparência muito melhor ultimamente — Frieda disse, conclusiva, e mudou de assunto. — Vocês, meninas, querem *café* ou *helada*?

Me incomodava que Frieda, às vezes, me tratasse como uma igual e como confidente e, em outras, como uma contemporânea de Tammy.

Mais tarde, acompanhei Frieda e Tammy até em casa, e, logo antes de seguir o meu caminho, Frieda disse casualmente:

— Não deixe elas te provocarem falando sobre a Eudora, ela é uma boa mulher. Mas ela também pode ser um problema.

Ponderei sobre as suas palavras durante todo o caminho até o condomínio.

Naquela primavera, McCarthy sofreu uma moção de censura. A decisão da Suprema Corte sobre o término da segregação racial nas escolas foi anunciada no jornal de língua inglesa e, por um momento, todos nós ficamos entusiasmados com a esperança de um outro tipo de estados unidos. Alguns da turma do *café con leche* até falavam em ir para casa.

A SUPREMA CORTE DOS EUA DECIDE CONTRA A EDUCAÇÃO SEGREGADA PARA NEGROS. Segurei o jornal de sábado e reli. Não era nem uma manchete. Era só um quadro na parte de baixo da primeira página.

Corri ladeira abaixo em direção ao condomínio. Tudo parecia monumental e confuso. Os Rosenberg estavam mortos. Mas esse caso de que eu só tinha ficado vagamente ciente por meio da *Crisis*, a revista da NAACP, poderia alterar todo o clima racial nos estados unidos. A Suprema Corte tinha se pronunciado. Em meu favor. Ela tinha se pronunciado no século passado, e eu tinha aprendido sobre sua decisão "separados mais iguais" na escola. Agora algo realmente tinha mudado, poderia realmente mudar. Tomar sorvete em Washington não era a questão; a questão era as crianças do Sul poderem ir para a escola.

Seria possível, afinal, haver uma relação real e frutífera entre mim e aquela força malévola ao norte deste lugar?

A decisão da Corte no jornal que eu tinha em mãos parecia uma promessa privada, alguma mensagem de reconhecimento particular para mim. No entanto, todo mundo na praça, de manhã, também tinha conversado sobre isso e sobre a mudança que poderia provocar na vida estadunidense.

Para mim, correndo de volta para minha própria casinha nesta terra de cor e de pessoas escuras que falavam *negro* querendo dizer algo bonito, que me notavam enquanto eu caminhava entre elas, essa decisão parecia um tipo de promessa em que eu parcialmente acreditava, contra as minhas expectativas, como uma possível legitimação.

Esperança. Não é que eu esperasse que a natureza da minha existência viesse a ser radicalmente alterada, mas essa situação me colocava ativamente num contexto que parecia de progresso e aparentava ser uma parte fundamental do despertar que eu chamava de *México*.

Foi no México que parei de me sentir invisível. Nas ruas, nos ônibus, nos mercados, na praça, na atenção particular nos olhos de Eudora. Às vezes, meio sorrindo, ela examinava todo o meu rosto sem dizer nada. Isso me fazia sentir que ela era a primeira pessoa que tinha olhado para mim, que tinha visto quem eu era. E ela não apenas me via, ela me amava, me achava bonita. Essa não era uma colisão acidental.

Eu nunca via a Eudora bebendo, e era fácil para mim esquecer que ela era alcoólatra. A palavra em si significava muito pouco para mim além dos mendigos da Bowery. Eu nunca tinha conhecido alguém que tivesse problemas com a bebida. Nunca falamos sobre isso, e por semanas ela esteve bem enquanto passeávamos juntas.

Então alguma coisa, eu nunca soube o quê, a transtornaria. Algumas vezes ela desaparecia por poucos dias, e eu via a garagem vazia quando voltava das aulas.

Eu ficava pelo condomínio naquelas tardes, esperando para ver o seu carro entrando no portão de trás. Uma vez, perguntei para ela onde tinha estado.

— Em todas as cantinas de Tepoztlán — ela respondeu, sem demonstrar emoção. — Eles me conhecem. — Seus olhos se estreitaram enquanto ela esperava que eu falasse.

Não ousei questioná-la mais.

Ela ficava triste e quieta por alguns dias. E depois fazíamos amor.

Selvagemente. Lindamente. Mas isso só aconteceu três vezes.

As aulas na universidade terminaram. Fiz meus planos para ir para o sul, para a Guatemala. Logo percebi que Eudora não iria comigo. Ela tinha desenvolvido bursite e frequentemente sentia muita dor. Às vezes, de manhã bem cedo, eu ouvia vozes furiosas vindo pelas janelas abertas da Eudora. Dela e de La Señora.

Deixei minha pequena casa, com seu quarto simples e alegre de janelas grandes, e guardei minha máquina de escrever e a mala extra na casa de Frieda. Eu passaria minha última noite com Eudora e depois, no amanhecer, pegaria o ônibus da classe econômica para Oaxaca. Seria uma viagem de quinze horas.

O burro de Tomás no portão. Vozes altas se sobrepondo ao canto dos passarinhos no condomínio. La Señora quase me derrubando quando passou por mim, descendo os degraus da casa de Eudora. Tomás parado na entrada de Eudora. Na mesa laranja, uma garrafa fechada de bebida clara sem rótulo.

— Eudora! O que aconteceu? — gritei.

Ela me ignorou, dizendo a Tomás em espanhol:

— E não dê nada meu para La Señora de novo, entendeu? Toma! — Ela deu a ele dois pesos retirados da carteira que estava em cima da mesa.

— *Con su permiso* — ele disse, aliviado, e saiu rapidamente.

— Eudora, o que foi? — Eu fui em sua direção, e ela me parou, estendendo os braços.

— Vá para casa, Chica. Não se envolva nisso.

— Me envolver no quê? O que está acontecendo? — Ignorei suas mãos.

— Ela acha que pode roubar minha livraria, arruinar minha vida e ainda me ter por perto sempre que quiser. Mas ela não vai conseguir se safar mais. Vou pegar o meu dinheiro!

Eudora me abraçou com força por um momento, depois me afastou. Tinha um estranho cheiro acre em torno dela.

— Tchau, Chica. Volte para a casa da Frieda. Isso não te diz respeito. E boa viagem. Quando você voltar, da próxima vez, iremos para Jalisco, para Guadalajara ou talvez até Yucatán. Vou cobrir uma nova escavação que estão começando por lá...

— Eudora, eu não posso te deixar assim. Por favor. Me deixe ficar! — Se ao menos eu pudesse abraçá-la. Eu me aproximei para tocá-la de novo, e Eudora girou para desviar, quase tropeçando na mesa.

— Eu disse que não. — Sua voz estava péssima, áspera como pedregulho. — Sai! O que te faz pensar que você pode entrar na vida de alguém com um visto e esperar que...

Recuei, horrorizada com o seu tom. Então reconheci o cheiro como de tequila e percebi que ela já tinha começado a beber. A voz de Eudora mudou. Devagar, com cuidado, quase gentilmente, ela disse:

— Você não tem como lidar com isso, Chica. Vou ficar bem. Mas quero que você vá, agora, porque isso vai piorar, e eu não quero você por perto para ver. Por favor. Vá.

Aquilo foi mais claro e direto do que qualquer outra coisa que Eudora já me dissera. Havia uma raiva e uma tristeza subjacentes àquelas palavras que eu ainda não entendia. Ela pegou a garrafa da mesa e se deixou cair pesadamente na poltrona, de costas para mim. Estava me mandando embora.

Eu queria explodir em lágrimas. Em vez disso, peguei minha mala. E fiquei lá, como se tivesse levado um chute no estômago, com medo, me sentindo inútil.

Quase como se eu tivesse dito alguma coisa, a voz de Eudora veio abafada pelo encosto da poltrona.

— Eu disse que vou ficar bem. Agora vá.

Eu fui em sua direção e beijei o topo de sua cabeça desgrenhada, seu cheiro de flores e especiarias agora se misturava com o cheiro forte da tequila.

— Tá bem, Eudora, estou indo. Tchau. Mas vou voltar. Em três semanas, estarei de volta.

Não era só um choro de dor, mas uma nova determinação de terminar algo que eu tinha começado, de persistir — em quê?

Num compromisso que meu corpo tinha estabelecido? Ou na ternura que tomou conta de mim ao ver a curva da sua cabeça sobre o encosto da poltrona?

Persistir em algo que tinha acontecido entre nós e não me perder. E não me perder.

Eudora não tinha me ignorado. Eudora não tinha me feito invisível. Eudora tinha agido comigo de forma direta.

Ela havia me mandado embora.

Eu estava machucada, mas não perdida. E naquele momento, como na primeira noite em que eu a tinha abraçado, eu me senti superar a infância: uma mulher se conectando com outras mulheres numa rede de troca de forças intrincada, complexa e sempre em expansão.

— Tchau, Eudora.

Quando retornei a Cuernavaca um pouco antes das chuvas — cansada, suja e radiante —, eu me dirigi para a casa da Frieda e para as minhas roupas limpas. Ela e Tammy tinham acabado de chegar da fazenda em Tepoztlán.

— E Eudora? — perguntei para Frieda, enquanto Tammy pegava bebidas geladas para nós na cozinha.

— Ela saiu da cidade, se mudou para o Distrito Federal, finalmente. Ouvi dizer que está trabalhando como repórter para um novo jornal de lá.

Ela havia partido.

— Onde ela está morando? — perguntei, desanimada.

— Ninguém tem o endereço dela — Frieda respondeu rapidamente. — Pelo que sei, houve uma briga dos infernos lá no condomínio, entre ela e La Señora. Mas evidentemente elas devem ter se resolvido, porque Eudora se mudou logo em seguida. Tudo isso aconteceu assim que você viajou. — Frieda sorveu seu refresco lentamente. Me olhando de relance, ela pegou alguns trocados do bolso e mandou Tammy ir ao mercado comprar pão.

Eu mantive cuidadosamente o que esperava ser uma expressão facial impassível enquanto brincava com meu suco de fruta, gritando por dentro. Mas Frieda largou sua bebida, se aproximou de mim e me deu um tapinha reconfortante no braço.

— Não se preocupe com ela — Frieda disse disse gentilmente. — Essa foi a melhor coisa no mundo que Eudora poderia ter feito por si mesma, sair desse aquário. Se eu não tivesse medo de perder a Tammy pro pai dela nos estados unidos, acho que iria embora amanhã.

Ela se acomodou novamente na poltrona e me fitou com um olhar firme e franco.

— De qualquer maneira, você vai voltar para casa na semana que vem, não?

— Sim — eu disse, sabendo o que ela estava querendo dizer e que ela tinha toda a razão. — Mas espero voltar para cá algum dia. — Pensei nas ruínas de Chichen-Itzá, nas cabeças olmecas em Tabasco e nos sucessivos comentários animados de Eudora.

— Tenho certeza de que você volta, então — Frieda disse, de um jeito alentador.

Retornei a Nova York na noite de 4 de julho. O calor úmido era sufocante depois do clima quente e seco do México. Quando saí do táxi na Sétima Avenida, o barulho de fogos de artifício estava por toda parte. Eles soavam mais fracos e agudos que os do México.

23

Eu me lembro de como me sentia sendo jovem, negra, gay e solitária. Com relação a grande parte disso eu estava tranquila, sentindo que tinha a verdade, a clareza e a solução, mas outra grande parte foi um verdadeiro inferno.

Não havia mães, nem irmãs, nem heroínas. Tínhamos de seguir sozinhas, como nossas irmãs amazonas, as cavaleiras nos postos avançados mais solitários do Reino do Daomé. Nós, jovens e negras e lindas e gays, sobrevivemos ao nosso primeiro coração partido sem amigas de escola ou de trabalho para trocar confidências durante a hora do almoço. Assim como não havia alianças para tornar tangível a razão dos nossos sorrisos secretos e contentes, não havia nomes nem razões dadas ou compartilhadas para as lágrimas que estragavam os trabalhos escolares de ciências ou os recibos da biblioteca.

Éramos boas ouvintes e nunca sugeríamos encontros de casais; *afinal,* não conhecíamos as regras? Por que sempre parecíamos pensar que amizades entre mulheres eram suficientemente relevantes para que nos importássemos com elas? Transitávamos o tempo todo num resguardo necessário, que fazia a pergunta "O que você fez no fim de semana?" soar impertinente. Descobrimos e exploramos sozinhas nossa atração por mulheres, às vezes em segredo, às vezes em rebeldia, e outras vezes em pequenos círculos que quase se tocavam ("Por que essas garotinhas negras estão sempre cochichando ou brigando?"), mas sempre sozinhas, contra uma solidão maior. Iniciávamos abruptamente, e, embora isso tenha resultado em mulheres fortes e imaginativas entre as sobreviventes, muitas de nós nem sequer sobreviveram.

Eu me lembro da Muff, que se sentava no mesmo banco no mesmo canto escuro do Pony Stable Bar, bebendo o mesmo gim, ano após ano. Um dia ela deslizou até o chão, teve um derrame e morreu ali mesmo, entre as banquetas. Descobrimos depois que seu nome verdadeiro era Josephine.

Durante os anos 1950, no Village, eu não conhecia bem as poucas outras mulheres negras que eram visivelmente gays. Com muita frequência, acabávamos dormindo com as mesmas mulheres brancas. Nós nos reconhecíamos como exóticas irmãs à margem que teriam pouco a ganhar unindo forças. Talvez nossa força viesse da nossa raridade, do fato de não sermos muitas. Assim eram as coisas no centro da cidade. E a parte norte da cidade, isto é, a terra dos negros, parecia um território muito distante e hostil.

Diane era gorda, negra e linda, e sabia disso antes de ter virado moda pensar assim. Sua língua cruel era usada com maestria, derramando seu humor devastadoramente desinibido para destruir qualquer pessoa que se aproximasse demais; isso quando ela não estava muito ocupada deflorando as virgens da vizinhança. Um dia, notei seus seios enormes, que se equiparavam aos meus, e isso pareceu bem reconfortante em vez de competitivo. Eles estavam cobertos com um moletom da City College of New York (CCNY), e eu percebi com profundo choque que havia, na cena de garotas gays do Village, alguém além de mim que era uma estudante enrustida de uma das universidades do norte da cidade (o que queria dizer acima da Rua 14). Teríamos preferido morrer a mencionar as aulas, provas ou qualquer livro que não fosse um daqueles que todo mundo estava discutindo. Esses eram os anos 1950, e o abismo entre a cena gay do Village e o pessoal da faculdade era mais acentuado e muito mais amargo do que qualquer relação conflitiva entre a comunidade universitária e o restante da cidade.

Não havia muitas de nós. Mas nós realmente tentávamos. Eu me lembro de pensar por um tempo que era a única lésbica negra que morava no Village, até que conheci Felicia. Com cara de freira mimada, magra e retinta, Felicia se sentou no meu sofá na Rua 7, com seus cílios enormes que davam duas voltas sobre si mesmos. Ela me trouxera um par de gatos siameses que aterrorizaram seus amigos héteros e drogados, que viviam com esses animais em uma casa flutuante até que tiveram um filho. Quando levaram o bebê do hospital para casa, os gatos ficaram alucinados, correndo de um lado para o outro do barco, pulando em cima de tudo, inclusive sobre o berço onde o bebê chorava, porque gatos siameses são muito ciumentos. Então, em vez de afogar os gatos, os entregaram a Felicia, que encontrei tomando uma cerveja no Bagatelle naquela noite, e, quando Muriel mencionou que eu gostava de gatos, Flee insistiu em levá-los para minha casa naquele momento. Ela ali, sentada no meu sofá com a caixa de gatos e seus cílios encaracolados, e eu pensando: "Se ela tem que usar cílios postiços, é de esperar que ela os fizesse parecer menos obviamente falsos".

Logo decidimos que éramos irmãs, na verdade, o que era muito mais do que amigas ou camaradas, sobretudo depois de descobrirmos, relembrando histórias de nossos dias ruins, que tínhamos estudado no mesmo colégio católico durante seis meses, na primeira série.

Eu me lembrei dela como a criança durona, em 1939, que entrou na nossa turma no meio do inverno para perturbar nosso tédio e medo tão constantes e ordenados trazendo os seus próprios. A irmã Maria do Perpétuo Socorro colocou-a sentada ao meu lado porque eu tinha um assento só para mim, na fileira da frente, tanto por ser malcomportada quanto por ser míope. Eu me lembrei daquela criança magrinha que fez da minha vida um inferno. Ela me beliscava o dia inteiro, o tempo todo, até que desapareceu em algum momento perto do Dia de São Swithin,[34] uma recompensa divina, eu pensei; pelo quê, eu não conseguia imaginar, mas quase me fez voltar para deus e rezar novamente.

Felicia e eu passamos a nos amar muito, embora nossa interação física se limitasse a abraços. Éramos parte do grupo "esquisito" de lésbicas que não gostavam de representar papéis e a quem as *butches* e *femmes*,[35] negras e brancas, desqualificavam com os termos Ky-Ky ou AC/DC. Ky-Ky era o nome usado para garotas gays que dormiam com caras por dinheiro. Prostitutas.

Flee amava ficar aconchegada na cama, mas às vezes ela feria meus sentimentos, dizendo que eu tinha seios caídos. E também, além disso, Flee e eu sempre acabávamos na cama com outras pessoas, geralmente mulheres brancas.

Eu achava, então, que éramos as únicas negras gays no mundo, ou pelo menos no Village, o que naquela época era um estado de espírito que se estendia de um lado a outro da Ilha de Manhattan ao sul da Rua 14 e em trechos da área que ainda era conhecida como Lower East Side.

Eu tinha ouvido histórias da Flee e de outras pessoas sobre as senhoras negras elegantes que vinham ao centro nas noites de sexta, depois do último show na Small's Paradise, para encontrar garotas gays para chupar e levá-las para dormir na Avenida Convent enquanto seus maridos iam caçar, pescar, jogar golfe ou para um encontro da fraternidade Alpha Phi Alpha. Mas só me encontrei com uma delas uma vez, e seu cabelo alisado e o marido ávido demais que a acompanhava naquela noite no

---

[34] Trata-se do dia 15 de julho. Para o folclore britânico, o clima do Dia de São Swithin (ou Swithun) dita as condições meteorológicas dos próximos quarenta dias. Ou seja, se fizer sol, haverá sol nos quarenta dias subsequentes; se chover, a chuva prevalecerá por esse período de tempo. [N.E.]
[35] A expressão *femme* diz respeito a lésbicas que adotam vestimentas e comportamentos tidos como femininos. Lorde associa essas identidades lésbicas a uma permanência de papéis de gênero heteronormativos: em um casal *butch-femme*, a primeira representaria o papel masculino e a segunda, o feminino. [N.E.]

Bagatelle, onde a conheci tomando um daiquiri e tendo meu joelho apalpado, me fizeram brochar completamente. E isso era um grande feito naquela época, porque o intervalo entre camas quentes parecia durar uma eternidade naquelas manhãs frias do sétimo andar da Rua 7. Então, disse a ela que eu nunca ia além da Rua 23. Poderia ter dito da Rua 14, mas ela já descobrira que eu fazia faculdade; por isso, achei que a Rua 23 era segura o suficiente, já que o campus da CCNY no centro ficava lá. Aquele era o último bastião da classe trabalhadora que a academia aceitava.

Nos bares gays do centro da cidade, eu era uma estudante enrustida e uma negra invisível. No norte da cidade, na Hunter, eu era uma *dyke* enrustida e uma intrusa de modo geral. Talvez quatro pessoas ao todo soubessem que eu escrevia poesia, e eu geralmente facilitava para que elas se esquecessem disso.

Não é que eu não tivesse amigas, e das boas. Havia um grupo informal de jovens lésbicas, brancas, exceto por Flee e eu, que andavam juntas, à parte de qualquer pedaço do mundo hétero em que cada uma de nós tinha um lugar independente. Não só acreditávamos na realidade da sororidade, essa palavra de que abusariam tanto duas décadas depois, como tentávamos colocá-la em prática, com resultados variados. Nós todas nos preocupávamos e cuidávamos umas das outras, às vezes com maior ou menor compreensão, independentemente de quem estava envolvida com quem a qualquer momento, e sempre havia um lugar para dormir e alguma coisa para comer, e ouvidos dispostos para quem quer que chegasse ao grupo. E sempre havia alguém para te telefonar e interromper as fantasias suicidas. Como definição básica de amizade, essa era tão boa quanto qualquer outra.

Mesmo que imperfeitamente, tentávamos construir uma espécie de comunidade onde pudéssemos, no mínimo, sobreviver dentro de um mundo que corretamente percebíamos como hostil a nós; conversávamos muito sobre a melhor maneira de criar aquele apoio mútuo que, vinte anos depois, estaria sendo discutido no movimento de mulheres como um conceito totalmente novo. As lésbicas eram, provavelmente, as únicas mulheres negras e brancas na cidade de Nova York, na década de 1950, que faziam alguma tentativa real de se comunicar umas com as outras; aprendemos lições umas das outras, cujos valores não são diminuídos pelo que não aprendemos.

Tanto para Flee quanto para mim, parecia que amar mulheres era uma coisa que outras mulheres negras simplesmente não faziam. E, se faziam, era de alguma maneira e em algum lugar totalmente inacessíveis para nós, porque nunca conseguimos encontrá-las — exceto nas noites de sábado no Bagatelle, onde nem Flee nem eu éramos elegantes o suficiente para sermos notadas.

(Minhas amigas negras hétero, como Jean e Crystal, ou ignoravam meu amor por mulheres, ou o consideravam curiosamente vanguardista, ou o toleravam como apenas mais um exemplo das minhas maluquices. Era aceitável desde que não fosse muito óbvio e não se refletisse sobre elas de maneira alguma. Pelo menos, ser gay evitava que eu fosse uma concorrente por qualquer homem que estivesse no horizonte delas. Também me fazia ser uma confidente muito mais confiável. Nunca pedi nada mais que isso.)

Mas só de vez em quando, ou quarta-feira sim, quarta-feira não, eu me convencia de que realmente queria que as coisas fossem diferentes. Algumas de nós — talvez Nicky, Joan e eu — estaríamos tomando uma cerveja no Bagatelle, tentando decidir se avançaríamos até a pista minúscula para uma dança lenta, sensual e intimista, cinto de couro contra púbis e quadril contra quadril (mas será que realmente queríamos aquela excitação toda depois de um longo fim de semana, com trabalho no dia seguinte?), quando eu pediria desculpas e diria que estava cansada e precisava ir embora, o que na realidade significava que eu tinha um artigo já atrasado para a aula de literatura, para entregar no dia seguinte, e precisaria trabalhar nele a noite inteira.

Isso não acontecia com muita frequência, porque eu não ia muito ao Bag. Era o bar gay mais popular no Village, mas eu odiava cerveja, e, além disso, o garçom sempre pedia a minha identidade para comprovar que eu tinha 21, embora fosse mais velha que as outras mulheres que estavam comigo. É claro, "nunca se sabe com pessoas de cor". E todas preferíamos a morte a ter que falar sobre o fato de que isso acontecia porque eu era negra, já que, claro, gays não eram racistas. Afinal, elas não sabiam como era ser oprimida?

Às vezes, passávamos por mulheres negras na Rua 8 — *as irmãs invisíveis, mas visíveis* — ou no Bag ou no Laurel, e nossos olhares podiam se cruzar, mas nunca olhávamos nos olhos umas das outras. Reconhecíamos nosso parentesco passando em silêncio, olhando para o outro lado. Ainda assim, estávamos sempre à procura, Flee e eu, daquele movimento de olho revelador, certa franqueza de expressão, geralmente proibida, aquela definição na voz que sugeriria "eu acho que ela é gay". *Afinal, não é verdade que os iguais se reconhecem?*

Eu era gay e negra. O último fato era irrevogável: armadura, manto e muralha. Frequentemente, quando tinha o mau gosto de trazer esse fato à tona numa conversa com outras gays que não eram negras, minha sensação era de haver rompido, de alguma forma, certo vínculo sagrado da homossexualidade, um vínculo que eu sempre soube ser insuficiente para mim.

Isso não significava negar a proximidade do nosso grupo, nem a ajuda mútua daqueles anos insanos, gloriosos e contraditórios. Queria dizer apenas que, do "problema" com a identidade no Bag nas noites de sexta até os dias de verão na praia de Gay Head, quando era a única a não me preocupar com queimaduras de sol, eu estava totalmente consciente de que, como mulher negra, minha relação com nossa vida compartilhada era e seria diferente da delas, fossem gays, fossem héteros. A questão da aceitação tinha um peso diferente para mim.

Num sentido paradoxal, uma vez que aceitei minha posição como diferente da sociedade em geral, bem como de qualquer subsociedade particular — negra ou gay —, senti que não precisava me esforçar tanto. Para ser aceita. Para parecer *femme*. Para ser hétero. Para parecer hétero. Para ser recatada. Para parecer "simpática". Para ser apreciada. Para ser amada. Para ser aprovada. Eu não percebia como, para mim, era muito mais difícil tentar me manter viva, ou melhor, me manter humana. E como me tornei mais forte nesse esforço.

Mas, nessa sociedade plástica e anti-humana em que vivemos, nunca houve muitas pessoas aceitando garotas negras gordas, quase cegas de nascimento e ambidestras, gays ou héteros. Feias, além disso, ou pelo menos era o que os anúncios da *Ebony* e da *Jet* pareciam me dizer. Ainda assim, eu lia essas revistas, no banheiro, na banca de jornal, na casa da minha irmã, sempre que tivesse uma chance. Era uma leitura furtiva, mas uma afirmação de alguma parte minha, por mais frustrante que fosse.

Se ninguém vai simpatizar muito com você de qualquer jeito, não importa tanto o que você se atreve a explorar. Eu já tinha começado a aprender isso quando saí da casa dos meus pais.

Como quando suas irmãs negras do trabalho acham que você é maluca e fazem uma vaquinha entre elas para comprar, na hora do almoço, um pente quente e uma chapinha e os colocam anonimamente dentro do seu armário na sala dos funcionários, para que mais tarde, quando você descer para sua pausa e abrir o armário, as malditas coisas caiam no chão, fazendo um estrondo, e todos os 95% de seus colegas da biblioteca, que são muito, muito brancos, queiram saber o que é tudo aquilo.

Quando seu irmão negro a chama de metida e a convence a subir até o apartamento dele e tenta te comer prensada contra os armários da cozinha só para, nas palavras dele, abaixar um pouquinho a sua crista, ainda que, o tempo todo, você só tenha subido até lá, para começar, com a clara intenção de trepar (porque todas as garotas que eu conhecia e eram uma possibilidade eram complicadas demais, e eu era direta e estava simplesmente cheia de tesão). Finalmente consegui escapar de ser estuprada, embora não de ser espancada, deixando para trás um anel e um monte de mentiras, e essa foi a primeira vez na vida, desde que tinha deixado a casa dos meus pais, que estive numa situação física com a qual não consegui lidar fisicamente — em outras palavras, o desgraçado era mais forte do que eu. Foi um momento de tomada instantânea de consciência.

Como eu dizia, quando as irmãs acham que você é maluca e constrangedora; e os irmãos querem te abrir à força para ver o que te faz funcionar por dentro; e as garotas brancas te olham como um petisco exótico que acabou de rastejar da parede para dentro do prato delas (mas não é que elas gostam de esfregar suas saias contra a borda da sua mesa no escritório da revista literária da faculdade depois da aula?); e os garotos brancos todos falam ou de dinheiro, ou de revolução, mas nunca conseguem ficar eretos — aí não importa realmente se você tem um cabelo afro desde muito antes de a palavra existir.

Um dia, depois da aula, Pearl Primus, a bailarina afro-americana, tinha ido à minha escola no ensino médio para falar sobre as mulheres africanas e sobre como eram bonitos e naturais os seus cabelos cacheados sob a luz do sol, e, enquanto eu estava lá sentada, ouvindo (uma das catorzes garotas negras da escola Hunter), pensei: "É assim que deve ter sido a aparência da mãe de deus, e quero ficar assim também, então que deus me ajude". Nesse tempo, eu chamava de cabelo natural e continuei chamando de natural enquanto todo mundo achava uma maluquice. Foi um trabalho estritamente caseiro feito por um muçulmano sufi na Rua 125, que aparou com tesouras de escritório e deixou bem irregular. Quando voltei para casa naquele dia, minha mãe me bateu, e eu chorei por uma semana.

Mesmo anos depois, pessoas brancas me paravam na rua ou principalmente no Central Park para me perguntar se eu era a Odetta, uma cantora negra com quem eu não parecia nem um pouco, exceto pelo fato de sermos ambas mulheres negras grandes e bonitas com cabelos naturais.

Tirando o meu pai, a minha pele era a mais escura da família e eu mantive meu cabelo natural desde que terminara o ensino médio.
   Depois de me mudar para a Rua 7 Leste, sempre que tinha quinze centavos, parava, pela manhã, no grill da Segunda Avenida, na esquina com a St. Mark's Place, no caminho para a estação de metrô e para a escola, e comprava um muffin inglês e um café. Quando eu não tinha dinheiro, pegava apenas o café. Era um pequeno restaurante comandado por um senhor judeu chamado Sol, que tinha sido marinheiro (entre outras coisas), e Jimmy, que era porto-riquenho e lavava os pratos e lembrava Sol de guardar para mim os muffins duros na segunda-feira; eu podia levá-los por dez centavos. Torrados e com manteiga escorrendo, aqueles muffins ingleses com café eram frequentemente o ápice do meu dia, e certamente o suficiente para conseguir me tirar da cama em muitas manhãs e me pôr na rua para aquela longa caminhada até a estação Astor Place. Às vezes era o único motivo para me levantar, e muitas vezes eu não tinha dinheiro para mais nada. Por mais de oito anos ficamos de papo furado naquele balcão, trocando ideias e notícias diárias, e muitas das minhas amigas sabiam de quem eu estava falando quando mencionava Jimmy e Sol. Os dois também viam minhas amigas irem e virem e nunca diziam uma palavra sobre a minha turma, exceto de vez em quando para dizer "sua amiga esteve aqui; ela me deve dez centavos e diga para ela não esquecer que fechamos pontualmente às sete".
   Então, no último dia antes de finalmente me mudar do Lower East Side, depois que terminei meu mestrado em biblioteconomia, passei para pegar meu último muffin inglês com café e dizer tchau para o Sol e o Jimmy de algum jeito impassível e aceitável para mim. Disse aos dois que sentiria saudade deles e da velha vizinhança, e eles disseram que sentiam muito, e por que eu tinha que ir embora? Disse que precisava trabalhar fora da cidade, por-

que eu tinha uma bolsa para estudantes negros. Sol levantou as sobrancelhas em espanto absoluto e disse: "Oh, eu não sabia que você é de cor!".

Contei essa história por um tempo por aí, embora muitos dos meus amigos não vissem por que eu a achava engraçada. Mas tudo isso mostra como é muito difícil para as pessoas, às vezes, enxergar quem ou o que elas estão vendo, sobretudo quando elas não querem.

Ou talvez apenas iguais se reconheçam mesmo.

24

Parecia predestinado que Muriel e eu nos conheceríamos.

Quando Ginger e eu estávamos nos conhecendo nas máquinas de raio X da sala de corte na abafada, fedida e barulhenta Keystone Electronics, ela frequentemente me falava sobre uma garota maluca chamada Mu, que tinha trabalhado na minha máquina havia pouco mais de um ano. (Essa era sua maneira de me comunicar que ela sabia que eu era gay e que estava tudo bem para ela.)

— É, ela era muito parecida com você mesmo.

— Como assim, ela era *parecida* comigo?

— Muito engraçado. — Ginger me encarou com seus olhos redondos de boneca. — Ela é branca. Italiana. Mas vocês duas têm esse mesmo jeito despojado e essa maneira suave de falar. Exceto que você é essa gatinha esperta da cidade, e ela é prata da casa. Eu dizia que, antes que ela completasse dezoito anos, seu pai jamais havia lhe permitido sentir o cheiro do ar noturno. Ela escrevia poesia também. Todo o tempo, mesmo no horário de almoço.

— Ah... — De alguma maneira, eu sabia que havia algo mais. O que Ginger não tinha coragem de me dizer era que Muriel gostava de garotas.

Encontrei Ginger mais uma vez antes de viajar para o México. Ela me contou que sua amiga Mu tinha voltado a morar em Stamford porque tivera um colapso nervoso em Nova York.

Durante o tempo em que eu estive no México, Muriel lentamente se recuperava do repertório de tratamentos de choque

335

a que fora submetida. Quando ela começou a encontrar seus amigos novamente em Stamford, Ginger fez questão de contar a ela sobre "essa garota doida de Nova York que trabalhou na sua velha máquina no ano passado e também escrevia poesia".

Quando retornei do México para Nova York, cheguei radiante, com uma grande determinação para reordenar minha vida e, algum dia, voltar para o México e, claro, para Eudora. Eu me mudei novamente para o meu velho apartamento da Rua 7 e comecei a desanimadora busca por um emprego.

Numa tarde de domingo o telefone tocou, e Rhea atendeu.

— Uma das suas garotas de voz mansa — ela disse, me passando o telefone com um sorriso. Era a Ginger, cuja voz rouca de cigarro me soava tudo, menos mansa.

— Como você tá, menina? — ela disse. — Tem alguém aqui que quer te conhecer.

Houve uma pequena pausa, depois uma risadinha, e então uma voz aguda e nervosa disse:

— Alô? Audre?

Marcamos um encontro.

Quando abri a porta para a escuridão maltosa do Page Three, ainda estava cedo, e Muriel era a única pessoa no balcão do bar. Ela não se parecia com ninguém que eu tinha visto em Stamford enquanto estive lá. Seus olhos castanhos eram grandes e amendoados, com cílios grossos que delineavam com escuridão cada um de seus olhos. Eles espreitavam do alto de um rosto longo com bochechas planas, cuja palidez era intensificada pelo cabelo escuro, quase liso, que emoldurava sua cabeça com um corte tigela, como de um monge. Suas sobrancelhas pretas e grossas se juntavam como numa carranca.

Como de costume, eu estava um pouco atrasada e ela, esperando. Muriel sempre me pareceu menor do que era por causa da forma como se postava, com os ombros arqueados e toda curvada sobre si mesma. Ela segurava uma garrafa de cerveja e um cigarro na mão esquerda, cujo mindinho ostentava um largo anel de prata e estava enroscado no dedo vizinho. Passei a pensar nessa sua postura como a pose do dedo fetal de Muriel.

 Seu suéter preto de gola alta descia longamente sobre sua barriga levemente arredondada, vestida com calças de lã bem vincadas, pretas, com uma fina listra branca. Uma boina preta mole, levemente puxada para um lado da cabeça, e, logo abaixo de seu cabelo liso e cheio, pequenos pontos dourados brilhavam nos lóbulos de suas orelhas quase invisíveis.

 No bar, ao lado dela, havia uma jaqueta de camurça gasta embaixo de um par de luvas pretas de couro forradas com pele. Seus nítidos contrastes tinham algo de romanticamente arcaico, e o lustre esmerado dos seus sapatos modelo oxford de cadarços escuros fazia com que ela parecesse vulnerável e com um jeito de colegial.

 Eu a achei bastante estranha. Então, relembrando o tempo em que Gennie e eu caminhávamos juntas pelas ruas nos nossos cenários de aventuras, percebi, de repente, que Muriel tinha se vestido para ser uma jogadora.

 O que parecia uma má oclusão era apenas uma lacuna entre seus dentes da frente. Ela foi ficando visível à medida que Muriel lentamente abria um sorriso, carregando seu rosto com uma enorme doçura. A carranca se desfez. Sua mão estava seca e quente quando a apertei, e eu vi como seus olhos eram lindos quando eles ganharam vida.

 Peguei uma cerveja, fomos para a frente do bar e nos sentamos numa mesa.

 — Essas calças parecem de alfaiataria — eu disse.

 Ela sorriu timidamente, satisfeita.

 — Sim, isso mesmo. Como você sabe? Poucas pessoas notam coisas assim.

 Eu sorri de volta.

 — Bom, eu tinha uma amiga, e nós costumávamos nos fantasiar o tempo todo. — Eu me surpreendi comigo mesma; geralmente, nunca falava sobre Gennie.

Ela me contou um pouquinho sobre si mesma e sua vida; como ela tinha vindo para a cidade de Nova York dois anos atrás, logo depois que sua amiga Naomi morreu; como ela tinha se apaixonado aqui, ficado "doente" e voltado para casa. Ela tinha 23 anos. Ela e Naomi tinham se conhecido no ensino médio. Eu disse que tinha 35.

Depois, contei a ela um pouquinho sobre Gennie. E, naquela primeira noite de domingo no Page Three, na Sétima Avenida, Muriel e eu juntamos nossas cabeças, testa com testa, acima da pequena mesa na parte da frente do bar, e derramamos algumas lágrimas pelas nossas garotas mortas.

Trocamos timidamente o maço de poemas que cada uma tinha levado como uma oferta introdutória. Já na rua, prometemos escrever uma para a outra enquanto nos despedíamos, Muriel partindo para encontrar Ginger e pegar o trem de volta para Stamford.

— Aqui, toma as minhas luvas — ela disse impulsivamente, no momento em que entrava na estação. — Você vai ficar com as mãos geladas caminhando para casa. — Hesitei enquanto ela enfiava as luvas de camurça nas minhas mãos com um sorriso quase suplicante. — Cuide delas para mim até a próxima vez. — Então, ela se foi.

Alguma coisa no seu rosto me lembrou Gennie me entregando seus cadernos.

A percepção mais forte e duradoura que tive da Muriel depois que ela foi embora era de uma grande doçura escondida e de uma vulnerabilidade que superava até mesmo a minha. Sua voz gentil desmentia a aparência sisuda. Fiquei intrigada com a sua combinação de opostos, por ela não tentar esconder suas fraquezas, nem mesmo parecendo considerá-las vergonhosas ou suspeitas. Muriel irradiava um silencioso autoconhecimento que eu confundia com autoaceitação.

Seu senso de humor era repentino e atraente com apenas um traço de acidez subjacente, e seus frequentes apartes jocosos eram perspicazes e sem malícia.

No nosso primeiro encontro, Muriel me fez sentir que estava entendendo tudo que eu dizia sem que eu precisasse explicar, e, dado o enorme peso da minha dor inarticulada, uma grande parte de tudo o que eu ainda não conseguia colocar em palavras.

Rhea ainda estava acordada quando voltei para casa, assobiando.

— O que deixou você tão feliz assim de repente? — ela perguntou de brincadeira, e percebi que, pela primeira vez desde que voltara do México, eu me sentia alegre e animada novamente.

Duas semanas depois, numa noite de domingo, Muriel e eu nos encontramos para jantar e depois fomos ao Bagatelle. Cheio e agitado, era um bom lugar para flertar, mas sempre me pareceu um pouco caro demais para o meu bolso, ou ameaçador demais para enfrentar sozinha. O Laurel, o Sea Colony, o Page Three e o Swing eram considerados bares, mas o Bag era sempre a boate.

O primeiro salão onde entramos já estava cheio de fumaça, embora ainda fosse o início da noite. Cheirava a plástico, vidro azul e cerveja e muitas garotas bonitas.

Muriel pediu sua inevitável garrafa de cerveja, então fiz o mesmo, fingindo bebê-la pelo restante da noite. Nem Muriel nem eu dançamos, e a pequena pista no fundo da boate já estava lotada. Paramos na arcada que separava as mesas do pessoal que dançava, conversando entre nós e saboreando a sensação de ter outras mulheres à nossa volta, algumas das quais, como nós, estavam, sem dúvida, descobrindo o amor.

Eu logo me adaptei à fascinação da Muriel por bares gays. Sempre que ela vinha para a cidade, segundo me explicou, vinha pelos bares. Ela contou que nunca se sentia verdadeiramente viva, exceto em bares gays, e precisava deles como uma injeção de ânimo.

O que nós duas precisávamos era da atmosfera da presença de outras lésbicas, e, em 1954, bares gays eram os únicos pontos de encontro que conhecíamos.

Quando Muriel e eu não estávamos conversando, nos sentíamos um pouco deslocadas, tentando parecer legais e um pouco sofisticadas. Parecia que todas as outras mulheres no Bag tinham o direito de estar lá, menos nós; éramos farsantes, apenas aparentando ser legais, modernas e duronas como toda garota gay deveria ser. Totalmente inacessíveis na nossa timidez, nunca éramos abordadas, e, naquele tempo, garotas gays não eram muito sociáveis fora de seus grupinhos.

Nunca dava para saber quem era quem, e a paranoia protetiva dos anos macarthistas ainda estava por toda parte fora da vida convencional da classe média extasiada dos estados unidos. E também sempre havia rumores de mulheres à paisana circulando entre nós, procurando por garotas gays com menos de três peças de roupa femininas. Isso era suficiente para você ser presa por travestismo, que era ilegal. Ou pelo menos era o que os rumores diziam. A maioria das mulheres que conhecíamos tinha sempre o cuidado de usar sutiã, calcinha e algum outro artigo feminino. Não dava para brincar com fogo.

A noite acabou muito rápido, e Muriel voltou para o seu emprego de meio período num laboratório de próteses dentárias em Stamford, me prometendo mais de suas cartas obscenas e criativas.

Eu ainda estava procurando emprego, qualquer emprego, e a escassez de perspectivas era desencorajadora. Eu tinha sobrevivido a McCarthy e à Guerra da Coreia, e a Suprema Corte tinha tornado ilegal a segregação nas escolas. Mas o racismo e a recessão ainda eram realidades postas entre mim e um trabalho enquanto percorria a cidade, dia após dia, respondendo aos anúncios de emprego.

Aonde quer que eu fosse, me diziam que eu era qualificada demais — quem quer contratar uma garota negra com um ano de faculdade? — ou inexperiente — como assim, querida, você não sabe datilografar?

Os empregos estavam escassos para todo mundo em Nova York naquele outono, e para mulheres negras mais ainda.

Eu sabia que não podia me dar ao luxo de odiar trabalhar em outra fábrica ou com datilografia. Eu me candidatei a um curso de auxiliar de enfermagem, mas me disseram que eu era muito míope. Se era preocupação comigo ou mais uma desculpa para uma escolha racista, eu nunca soube.

Por meio de uma agência de emprego, finalmente consegui um trabalho num hospital, no departamento de contabilidade, mentindo sobre minhas habilidades contábeis. Mas isso não importava muito, porque eles tinham mentido sobre o que eu deveria fazer. Eu não seria guarda-livros na verdade, mas a garota-faz-tudo para a chefa do departamento.

A senhora Goodrich era uma mulher autoritária que inspirava assombro; foi a primeira mulher a chefiar o departamento de contabilidade de um grande hospital do estado. Havia lutado muito para alcançar essa posição, e as guerras tinham-na deixado com modos frios e severos, com pouco tato. No meu tempo livre, quando não estava entregando seus recados ou comprando café ou apontando seus lápis, eu me sentava numa mesa separada, perto da porta da repartição dos datilógrafos, e datilografava cartas para companhias de seguros enquanto esperava ser chamada para outra tarefa. Eu atendia o telefone da senhora Goodrich quando sua secretária estava almoçando, e ela gritava e rugia comigo até eu aprender a lembrar quais eram as pessoas com quem ela falaria e quais não.

A senhora Goodrich era osso duro, uma mulher que lutara bastante e por muito tempo para conquistar seu espaço num mundo hostil a ela como contadora. Tinha vencido sob os mesmos termos que os homens com quem havia lutado. Agora estava atrelada a esses termos, sobretudo ao lidar com outras mulheres. De imediato, por alguma razão não declarada, nós nos opusemos profundamente uma à outra. Qualquer reconhecimento que se passasse entre nós não servia para nos tornar aliadas. Contudo, nossas posições eram claramente desiguais. Como minha chefa ela tinha o poder, e eu não recuaria. Era muito mais complexo do que uma simples aversão. Eu me sentia ofendidíssima com a postura dela em relação a mim, e, apesar de ela me considerar insatisfatória, não me liberava para trabalhar com os outros na repartição nem me deixava em paz.

A senhora Goodrich me disse que eu andava como um lenhador e fazia muito barulho pelos corredores. Que eu era insolente demais e que, por isso, nunca iria para a frente. Que eu teria que aprender a ser pontual, embora a minha "gente" nunca chegasse na hora. Enfim, que o hospital não era o meu lugar e eu deveria largar o trabalho e voltar a estudar. Numa das nossas poucas conversas civilizadas, contei a ela que não tinha dinheiro para isso.

— Bom, então é melhor você se endireitar por aqui ou logo vai estar na rua.

Eu cerrava os dentes secretamente quando ela berrava comigo por erros de datilografia, na frente de todo o grupo de datilógrafos, depois me chamava, do outro lado do corredor, na sua sala, para eu pegar o lápis que ela havia derrubado.

Sonhava em pisar na cara dela com um triturador de gelo entre os dedos dos pés. Eu me sentia presa e furiosa. Havia conseguido esse emprego uma semana antes do Dia de Ação de Graças, e as últimas semanas do ano foram uma agonia para mim. A senhora Goodrich se tornou o símbolo de um trabalho que eu odiava (eu nunca tinha aprendido realmente a datilografar), e passei a odiá-la com a mesma intensidade.

Nos meus dias, eu estava faminta por sol. Caminhava para leste através da Union Square, passando pelo Stuyvesant Park, até chegar ao trabalho. Indo pela Rua 14, em algumas manhãs, conseguia vislumbrá-lo perto do rio, mas o sol nunca tinha passado da altura dos prédios antes que eu entrasse no edifício de pedra cinza. E já tinha se posto quando eu saía do trabalho. Recebíamos almoço gratuito no refeitório do hospital, então eu não podia sair ao meio-dia. Essa era uma tristeza recorrente para mim enquanto eu caminhava para casa nas noites de inverno, os faróis traseiros dos carros ao longo da Segunda Avenida piscando como as luzes de uma árvore de Natal. Pensei que, se eu tivesse que passar o resto da vida trabalhando em lugares como a

Keystone Electronics e o Hospital Manhattan, certamente ficaria louca. Eu ainda não havia encontrado, mas sabia que tinha de existir outro caminho.

No trabalho, minha única arma era me retrair, e eu a usava com a falta de discernimento de uma adolescente rebelde. Dormia na minha mesa em qualquer oportunidade e ao menor sinal de provocação, geralmente enquanto datilografava as cartas da senhora Goodrich. Nesses cochilos, acabava escrevendo trechos de poemas e frases sem sentido no meio de frases formais e diretas. Nunca me preocupava em revisar minhas cartas, só as checava como uma obra de arte, passando os olhos sobre o papel, verificando se as margens estavam corretas e se não havia letras encavaladas. As cartas chegavam na mesa da senhora Goodrich para a sua assinatura, com uma datilografia correta e organizada, mas com frases espantosas inseridas nelas.

Prezado Senhor,
Os formulários de solicitação podem ser obtidos estranhos deuses estranhos são cultuados nas horas noturnas escrevendo para o Escritório Central no endereço...

Eu tinha pesadelos com o som da campainha de mesa da senhora Goodrich, seguido por seu berro grave atravessando o corredor, me convocando para o seu escritório.

Nesse meio-tempo, Muriel e eu nos correspondíamos. Para ser mais exata, Muriel escrevia belas e longas cartas e eu as lia e as amava em silêncio.

As cartas poéticas e reveladoras da Muriel carregavam uma fome e um isolamento que combinavam com os meus, e um precioso desdobramento de sua visão cômica e prismática. Passei a me maravilhar e me deliciar com as novas perspectivas que ela me trazia de coisas simples e inesperadas. Rever o mundo através das suas análises únicas foi como rever o mundo através do meu primeiro par de óculos quando era criança. Redescobertas infindáveis e maravilhosas do comum.

Muriel tinha uma angústia de se tornar ela mesma, e isso cativava o meu coração. Eu sabia o que era ser assombrada pelo fantasma de alguém que se desejava ser, mas que se compreendia apenas parcialmente. Às vezes, suas palavras me emocionavam e me faziam chorar.

> *O dia passou como um caracol morro acima, mas a noite vem; eu sonho com você. Esta pastora é uma leprosa aprendendo a fazer coisas belas enquanto espera passar seu tempo de desespero. Sinto um novo tipo de enfermidade agora e sei que é a febre de querer ser inteira.*

Minhas mãos tremiam um pouco quando coloquei a carta sobre a mesa e me servi outra xícara de café. Todo dia eu corria para a caixa de correspondência depois do trabalho, procurando por um dos seus grossos envelopes azuis.

Aos poucos, Muriel se tornou cada vez mais um pedaço vulnerável de mim mesma. Eu podia valorizar e proteger esse pedaço porque estava fora de mim. Evitando riscos emocionais, com o interior seguro e sem perturbações. Cada carta de Muriel aflorava dentro de mim a necessidade de fazer por ela o que eu nunca acreditei totalmente que podia fazer por mim mesma, ainda que estivesse fazendo.

Eu podia cuidar da Muriel. Eu podia fazer o mundo dar certo para ela, se não para mim mesma.

Sem intenção e menos discernimento, moldei essa garota de ventos e corvos em um símbolo de sobrevivência alternativa e caí de amores como uma pedra rolando de um penhasco.

Mandei para Muriel pequenos pedaços de papel com trechos de poemas escritos. Alguns eram sobre ela; outros, não. Ninguém saberia a diferença. Muriel me disse, depois, que estava convencida de que eu era bastante doida também. Eu contava os dias entre suas cartas, que me traziam partes dela como presentes especiais e esperados. No dia 21 de dezembro, em resposta aos seus pedidos e ao solstício, enviei um cartão que trazia uma urna grega, cheia de pedras, e dizia: "Devo ter pedras dentro da minha cabeça".

Com isso, eu quis dizer que a amava.

Mais de vinte anos depois, encontro Muriel numa leitura de poesia numa cafeteria de mulheres, em Nova York. Sua voz ainda é suave, mas seus grandes olhos castanhos, não. Eu digo a ela:

— Estou escrevendo sobre o desdobramento da minha vida e meus amores.

— Apenas se lembre de dizer a verdade sobre mim — ela responde.

Era véspera do Ano-Novo, o último dia de 1954. Rhea estava apaixonada de novo e tinha saído para a noite, e eu imaginei que não voltaria. Tinha me acomodado para ler e escrever e ouvir música, quando o telefone tocou.

— Feliz Ano-Novo! — Era Muriel. — Você vai ficar em casa hoje à noite?

Minha voz estava agitada pela surpresa inesperada e a expectativa.

— Sim, algumas amigas vão vir mais tarde. Você quer vir também? Onde você está?

— Em casa, mas vou pegar o próximo trem. — Escutei sua risadinha calorosa e quase podia ver o rastro de fumaça de cigarro e o franzido entre os olhos. — Preciso te perguntar uma coisa.

— O quê?

— Não, tem que ser pessoalmente. Tenho que me apressar agora.

Duas horas depois ela chegou, de boina na cabeça e cigarro na boca. O apartamento estava animado com as risadas e a voz de Rosemary Clooney.

Hey there,
you with the stars
in your eyes
love never made
a fool of you[36]

Corri para pegar sua jaqueta.
— É tão bom ver você — eu disse.
— É? É isso que eu vim descobrir, porque não consegui entender aquele cartão. O que ele queria dizer?
Bea, Lynn e Gloria tinham chegado com vinho e maconha, e eu as apresentei a Muriel enquanto enchia uma taça de *chianti* para ela. Bea e Lynn estavam dançando coladinhas no meio da sala; Muriel, Gloria e eu avançávamos sobre as caixas da saborosa comida chinesa que elas tinham trazido.
Poucos minutos antes da meia-noite, desligamos o pequeno toca-discos e ligamos o rádio para ouvir a multidão na Times Square saudar o ano de 1955, apesar de, ao mesmo tempo, estarmos dizendo como aquilo tudo era careta. Muriel me presenteou com um exemplar de *O senhor dos anéis*, do Tolkien, um best-seller underground que ela tinha surrupiado, segundo ela, de uma livraria de Stamford. Depois, nós todas beijamos umas às outras e tomamos mais vinho.
Ligamos a música novamente, e as pessoas contaram histórias malucas de outras vésperas de Ano-Novo. Precisei admitir que aquela era a minha primeira festa de Ano-Novo, mas consegui dizer isso de um jeito que ninguém acreditou em mim.
Pelas três da madrugada, todo mundo tinha decidido dormir em minha casa. Abri a cama de casal da Rhea na sala, e o meu sofá, no quarto do meio. Havia lugar para todo mundo. Por fim, tive que dar a Lynn um comprimido para dormir, do meu estoque de amostras médicas, porque ela insistia que estava sem sono, e eu estava

---

[36] "Ei, você,/ você com estrelas/ nos olhos/ o amor nunca fez você/ de tolo". [N.E.]

decidida a ser a última acordada. Tinha sido uma noite inebriante para mim, e, apesar da anfetamina, eu estava ficando com sono.

Muriel tinha ido dormir no quarto do meio totalmente vestida, porque era uma casa estranha cheia de pessoas estranhas, ela disse, brincalhona, e ela era muito tímida. As outras três caíram no sono na sala. Eu tinha presumido que Rhea passaria a noite na casa do namorado. Infelizmente, Rhea e Art tiveram uma grande briga naquela noite.

Às quatro da madrugada, bem na hora em que todo mundo tinha finalmente se acomodado e eu rastejado para o meu sofá verde desbotado, ao lado da Muriel, bem naquela hora ouvi a chave da Rhea na porta.

Dei um pulo, acordando instantaneamente. Merda. Enfiando minha camiseta, fui para a cozinha na ponta dos pés para encontrar minha colega de apartamento desamparada, com seu vestido festivo brilhante amarrotado e deplorável. Rhea era viciada em se envolver com homens que estavam só interessados em fodê-la, literal e figurativamente. Ela estava em prantos. Art tinha contado para ela, quando estavam na cama, que ia se casar com a filha de dezenove anos de um de seus camaradas progressistas. Com 31, Rhea estava certa de que era por causa da idade. Por outro lado, eu tinha certeza de que era porque ele estava transando com Rhea e não estava transando com a adolescente. Mas eu não podia dizer isso a Rhea naquelas condições.

Além disso, metade dos meus pensamentos estava nas minhas convidadas e em como explicaria isso a Rhea. Não que eu tivesse que explicar, na verdade, mas, afinal, era na cama dela que Bea, Lynn e Glória estavam dormindo.

— Que coisa horrível, Rhea — eu disse, enquanto pegava seu casaco. — Deixa eu fazer um café.

— Vai ficar tudo bem — disse Rhea, abstraindo, limpando os olhos e ensaiando um pequeno sorriso corajoso. Seu cabelo preto, longo e volumoso estava todo desgrenhado. — Só quero dormir agora.

— Bem — hesitei por um instante. — Tem algumas pessoas na sua cama, meu bem; algumas pessoas vieram, e você disse que achava que não estaria em casa...

Lágrimas brotaram nos olhos de Rhea novamente, enquanto ela buscava, distraída, a bolsa e os sapatos que havia galantemente tingido para combinar com o vestido, de tafetá azul-elétrico, poucas horas antes.

— Mas eu vou acordá-las agora mesmo — eu disse apressadamente, enquanto a via se dirigir para a porta da frente. Sua prima morava dois andares abaixo, mas eu não suportava ver Rhea chorar. — Eu já estou acordando as garotas.

E foi exatamente isso que eu fiz, muito rapidamente.

Sonolentas, as três se levantaram, e nós todas nos arrastamos para a cama, de conchinha, no quarto do meio com Muriel. Rhea foi ter o seu sono agitado em sua própria cama. Nessa hora, já estava quase amanhecendo e era muito tarde para eu dormir. De qualquer maneira, tinha recuperado as energias. E eu amava ser a primeira a levantar de manhã. Tomei uma anfetamina e me sentei na privada para ler até o dia raiar.

Passando na ponta dos pés pelas mulheres adormecidas, eu me inclinei para fora da janela do sétimo andar, olhando para o leste, para as ruas vazias até o céu clarear. O ar estava ameno para janeiro, e senti um fraco sopro de malte que vinha da fábrica de alpiste da Hartz Mountain, do outro lado do Rio East. O degelo de janeiro. Isso me lembrou de repente que a primavera só estava a três meses de distância. Mas parecia uma eternidade. Eu estava cansada do inverno.

Liguei o rádio baixinho; nessa manhã de feriado, eram, na maioria, notícias obsoletas, exceto pelas mortes no trânsito e pelos resultados da recente censura de McCarthy no Congresso. Enquanto escutava o boletim meteorológico, excepcionalmente quente, limpei meus tênis com pó de pedra-pomes, esfregando com uma escova de dentes velha. Limpar os sapatos era o ritual de Ano-Novo que eu trouxera da casa dos meus pais, sem questionamento ou consideração.

Às oito e meia, acordei todo mundo, menos Rhea. Eu estava ansiosa para começar o dia.

— Quem precisa de escova de dentes? — chamei, abrindo o pequeno estoque que eu mantinha para essas ocasiões. Eu estava secretamente contente por ter Muriel ali, vendo como eu tinha todas as situações sob controle. Sempre preparada também. Como no lema dos fuzileiros navais.

Todo mundo sabia que uma mulher de 35 anos podia conduzir um mundo, e eu me considerava permanentemente em treinamento.

Fiz café do jeito que eu costumava fazer no México, usando bem pouco pó e vertendo água sobre o pequeno coador de pano que trouxera de lá. Desliguei o rádio e liguei o toca-discos, colocando Roberta Sherwood, "Cry Me a River", bem baixo, para não perturbar o sono inquieto e ruidoso de Rhea. As outras sentaram-se em volta da mesa, na cozinha, perto da janela do fosso de ventilação, tomando café. Os pés firmes de Muriel se projetavam sob as barras do jeans, seus dedos largos balançando no ritmo da música, enquanto sua suave risada musical rompia a fumaça de seu sempre presente cigarro. Bea e Lynn com seus macacões e camisas de flanela, e Gloria com seus extravagantes *huaraches* espanhóis sobre meias de lã e calças largas, estilo camponês, de algodão magenta tecido à mão. Os estalos dos colares e das pulseiras de madeira da Gloria ecoavam e faziam contraponto com as conversas matinais sobre política, fofocas do universo das garotas gays e a invenção e o uso dos novos tranquilizantes nas clínicas psiquiátricas.

A casa ficou ainda mais quente com a calefação ligada, e eu me levantei para preparar um belo café da manhã de Ano-Novo para nós. Misturei nossos dois últimos ovos, bem batidos, na comida chinesa que sobrara, acrescentei algumas gotas do molho do *foo yong* e um pouco de leite em pó, mexi tudo isso junto com uma boa porção de cebola picada e dourada na margarina, com bastante páprica e uma pitada de endro para colorir. O prato lembrava a mistura das manhãs dominicais, de ovos, cebola e fígado de frango picado, que meu pai chamava de *entre* e costumava cozinhar para nós todos os fins de semana, enquanto minha mãe e nós três estávamos na missa de domingo.

Depois do café da manhã, trocamos longas despedidas e votos de feliz Ano-Novo, e as outras três foram embora. Muriel e eu ficamos conversando na cozinha, com xícaras de café puro, porque todo o leite em pó tinha acabado.

Rhea acordou perto do meio-dia, e eu a apresentei a Muriel. Fizemos café para Rhea, e ela e Muriel discutiram os prós e contras do marxismo (embora Muriel insistisse que era apolítica, o que eu traduzia como ingênua) durante quase uma hora enquanto eu tomava banho. Rhea se vestiu e foi jantar na casa dos pais, os olhos levemente inchados.

Desliguei o toca-discos e fechei as duas trancas da porta. Então Muriel e eu, sem nenhuma delonga, fomos para o quarto da frente, na cama de casal da Rhea, sob a pálida luz do sol de Ano-Novo. A tarde se desdobrou num rebento de amor, de onde ela emergiu para mim como uma chama.

Eu não tinha estado tão perto de uma mulher desde aquelas noites com Eudora em Cuernavaca, mais de seis meses antes.

Em seguida, nós nos deitamos entrelaçadas e exaustas, rindo e conversando animadamente. A camaradagem e o calor entre nós adentravam espaços dentro de mim que eu pensava terem sido fechados e permanentemente selados quando Genevieve morreu. Quando Muriel e eu conversávamos, como fizemos, sobre Naomi e Genevieve, ambas mortas aos quinze anos, os espíritos daquelas duas garotas pareciam se erguer da terra, nos abençoar e partir. Uma solidão terrível e singular parecia, por fim, prestes a ceder.

Fizemos amor de novo e de novo e de novo, parando apenas para acender as luzes quando a noite começava a cair e para alimentar o gato. O sol se pôs e a calefação foi acionada, e o cômodo inteiro parecia aceso com a fragrância dos nossos corpos.

Para cada ferida secreta da Muriel, havia uma das minhas para combinar, e as semelhanças das nossas solidões, assim como dos nossos sonhos, nos convenceram de que éramos feitas uma para a outra.

2 de janeiro de 1955

Eu me virei e me ergui sobre um braço, contemplei a face afável adormecida e o cabelo despenteado da mulher curvada para o outro lado da cama, com um braço sob a cabeça. Eu me abaixei para beijar o cacho que enlaçava sua orelha e desci com minha língua lentamente por sua nuca de cabelos escuros até onde as cobertas cobriam seus ombros.

Com um suspiro e um sorriso lento, Muriel abriu um olho enquanto eu avançava, murmurando, em sua orelha. "No Caribe, eles chamam isso de despertar sua *zandalee*."

Depois, telefonei para a senhora Goodrich da cama, com Muriel sonolenta ao meu lado. Expliquei que estava indisposta e não podia ir trabalhar. O departamento inteiro tinha sido avisado pela senhora Goodrich, no último dia antes do feriado, para se certificar de que nenhuma dessas "indisposições" acontecesse, sob nenhuma circunstância.

A senhora Goodrich me demitiu na hora.

25

Rhea tinha todas as pistas necessárias para saber que eu me relacionava com mulheres. Havia testemunhado o melodrama com Bea. Mas, na superfície, Rhea não *sabia* que eu era gay, e não *contei* a ela. A homossexualidade estava fora da agenda do partido naquela época; portanto, Rhea a definia como "ruim", e sua aprovação era importante para mim. Sem palavras, ambas mais ou menos aceitamos nunca fazer alusão ao que era obviamente a paixão que guiava a minha vida, meu envolvimento com aquelas amigas a quem Rhea sempre se referia como "suas garotas de voz mansa".

Rhea e eu nos amávamos; no entanto, ela teria professado horror se fosse forçada a imaginar uma extensão do nosso amor no plano físico.

Felizmente, ou talvez por causa de suas atitudes, nunca me senti atraída fisicamente por ela. Era uma mulher bonita, forte e cheia de vida, mas nunca achei mulheres heterossexuais atraentes. Por mais autoprotetor que esse mecanismo fosse, também me serviu como um sexto sentido. Naqueles tempos, sempre que duas ou mais lésbicas se juntavam, o tópico mais frequente da conversa era "Você acha que fulana é gay?". Essa era uma pergunta constante sobre qualquer mulher por quem estivéssemos interessadas. Em nove de dez vezes, se eu sentisse uma forte atração física por uma mulher, qualquer que fosse sua coloração protetora, ela normalmente acabava sendo realmente gay, ou tão fortemente orientada para mulheres que se descobrir gay era apenas uma questão de tempo ou oportunidade.

Antes, as poucas lésbicas com quem eu tinha convivido eram sempre mulheres que eu conhecera em outros contextos. Compartilhávamos algum pedaço de mundo comum a ambas — escola ou trabalho, ou poesia, ou outro interesse além da nossa identidade sexual. Nosso amor por mulheres era um fato que só se tornava sabido *depois* que já tivéssemos nos conhecido e nos conectado por outro motivo.

Nos bares, conhecíamos mulheres com quem não teríamos entrado em contato se não fôssemos todas gays. Neles, Muriel e eu estávamos bem por fora de tudo que era considerado importante. Isto é, bebida, softbol, moda *dyke* chique, dança e quem estava dormindo com quem à custa de quem. Todas as outras questões de sobrevivência eram consideradas assuntos muito privados.

Quando Muriel vinha para a cidade nos fins de semana daquela primavera, ela se hospedava no YWCA da Rua Hudson no West Village, que agora é uma casa de repouso. Nós passávamos o fim de semana em seu quarto minúsculo fazendo amor, entre idas aos bares e incursões de volta à Rua 7 para comer alguma coisa. Às vezes não tínhamos dinheiro para alugar um quarto no Y, porque eu ainda não tinha voltado a trabalhar e ela só tinha um emprego de meio período em Stamford. Então enfrentávamos os olhares confusos e questionadores de Rhea e ficávamos no apartamento. Depois que Muriel foi embora, num domingo, Rhea e eu conversamos.

— Muriel tem vindo muito aqui, não? — Eu podia sentir Rhea relembrando o choro de Bea na escada.

— Eu amo muito a Muriel, Rhea.

— Dá pra ver. — Rhea sorriu. — Mas *como* você a ama?

— De todas as formas que eu conheço!

Rhea se voltou para a louça na pia, balançando a cabeça, tentando encontrar alguma correlação entre meu amor por Muriel e seus próprios casos de amor dolorosos. Ela não ousava enxergar as semelhanças, então não conseguia ver as diferenças. E as palavras nunca foram ditas. Eu era muito medrosa para me expor e dizer: "Olha, Rhea, Muriel e eu somos namoradas".

Rhea não conseguia suportar a decepção de seu relacionamento com Art e começou a fazer planos de se mudar para Chicago no fim da primavera. A ideia de que eu logo teria o apartamento todo para mim me agradou. Coloquei na minha cabeça que nunca mais moraria com outra pessoa, a menos que fôssemos companheiras.

Muriel e eu estávamos começando a imaginar o mundo juntas. Eu não sabia como conciliaria as minhas visões pessoais e políticas, mas sabia que tinha de ser possível, porque eu estava bastante convicta de ambas e sabia do quanto eu precisava delas para sobreviver. Eu não concordava com Rhea e seus amigos progressistas quando diziam que não era disso que a revolução se tratava. Qualquer mundo onde eu não tivesse espaço para amar mulheres não era um mundo onde eu gostaria de viver, nem pelo qual eu poderia lutar.

Numa noite de sexta, Muriel e eu passamos o tempo fazendo amor no meu sofá no cômodo que ficava no meio do apartamento. O crepúsculo se esgueirou pela janela do duto de ar e a noite veio. Estávamos descansando um pouco quando ouvimos a chave de Rhea na porta da frente, na cozinha. Muriel e eu ficamos enroladas nos braços uma da outra, no já familiar sofá estreito. Sem nos movermos muito, simplesmente puxamos as cobertas sobre nós, fechamos os olhos e fingimos dormir.

Ouvimos Rhea entrar na cozinha e acender a luz. Eu podia sentir a claridade repentina do cômodo ao lado aparecendo pela entrada arqueada e ao longo do piso do meu quarto, paralelamente ao local onde estávamos deitadas. Rhea atravessou o meu quarto para chegar ao dela no outro lado da casa. Seus passos se detiveram ao lado do sofá em que Muriel e eu estávamos, nossos olhos apertados como os de crianças fingindo dormir. Ela ficou lá por um momento, olhando para nossas formas supostamente adormecidas debaixo das cobertas e entrelaçadas naquele pouco espaço, iluminadas pela luz fraca refletida da cozinha.

Então, sem nenhum aviso, Rhea desatou a chorar. Ficou diante de nós, chorando descontroladamente como se o seu coração tivesse se partido pelo que via. Ela chorou junto de nós por pelo menos dois minutos enquanto ambas ficamos lá, com os braços em volta uma da outra e os olhos fechados com força. Não havia mais nada que pudéssemos fazer; eu achava que seria apenas muito vergonhoso para Rhea se eu olhasse para cima e dissesse: "Ei, o que foi?". Além disso, acreditava que ela soubesse. Nossa óbvia felicidade em nosso amor "incorreto" era tão grande, além de sua óbvia infelicidade em seu amor "correto", que a única resposta para essa injustiça cósmica eram as lágrimas.

Finalmente, Rhea se virou e correu para o seu quarto, fechando a porta. Ouvimos seu choro até pegarmos no sono.

Nunca conversei sobre aquela noite com Rhea nem perguntei se a razão daquelas lágrimas desenfreadas era sua própria solidão ou a alegria que Muriel e eu estávamos encontrando uma na outra. Talvez, se eu tivesse conversado, nossa vida pudesse ter sido diferente. Rhea deixou Nova York na semana seguinte, e eu não a reencontrei durante muitos anos.

Muito depois, descobri o motivo real que fez Rhea sair de Nova York naquela primavera para aceitar um emprego em Chicago, no que pareceu, à época, ser um período tão curto. Uma pessoa do alto escalão nos círculos progressistas tinha visitado a casa, numa noite, enquanto eu estava lá. Depois ela voltou para a sede em Nova Jersey com o chocante relato de que Rhea compartilhava a casa com uma homossexual, e negra ainda por cima. Em outras palavras, Rhea havia sido denunciada por sua associação comigo. Uma progressista que se preze não podia se permitir uma companhia tão questionável em 1955. Eu tinha me tornado um constrangimento.

Eu estava totalmente alheia a tudo isso, imersa no acontecimento entre mim e Muriel. Sabia apenas que Rhea estava ficando cada vez mais perturbada, culminando na cena diante do meu sofá. Mas os rumores tinham chegado a ela; livrava-se de mim ou desistia do trabalho. Rhea me amava e valorizava nossa amizade, mas seu trabalho era mais importante, e ela precisou se proteger. Seu último relacionamento foi a desculpa perfeita. Em vez de me pedir para ir embora ou me contar o que estava acontecendo, Rhea decidiu me entregar o apartamento e se mudar para Chicago.

O ÚLTIMO DOS MEUS PESADELOS DE INFÂNCIA

Casa da minha mãe, 5 de julho de 1954

Demônios com pele de nogueira, longos cabelos brancos e lindos olhos demoníacos esticam os braços compridos como o amanhã, pela porta de um quarto por onde corro, gritando, implorando pela saída. Mas não posso parar de correr. Se eu me chocar contra esses braços barrando meu caminho de fuga, morro eletrocutada. Enquanto corro, começo a gritar desesperada: "Pai nosso que estais no céu...", e os braços começam a se dissolver e a escorrer pelas paredes e pelo ar entre mim e a porta.

Passo, então, para outro cômodo da casa dos meus pais — o quarto deles, o quarto onde agora durmo. Escuro e silencioso. Há uma melancia em forma de ovo na escrivaninha. Ergo a fruta e ela cai no piso de linóleo. A melancia se abre, e dentro dela está uma grande turquesa brilhante. Eu a vejo como uma promessa de ajuda vindo até mim.

Rhea está dormindo, tranquila, na cama espaçosa dos meus pais. Ela corre muito perigo. Devo salvá-la do grande e inominável mal que está nesta casa, deixado pelos demônios cor de nogueira. Eu pego sua mão. Ela é branca e leitosa na penumbra.

E então, de repente, percebo que, nesta casa da minha infância, não sou mais bem-vinda. Tudo é hostil a mim. As portas se recu-

sam a abrir. Os vidros se quebram quando lhes toco. Até as gavetas da escrivaninha rangem e emperram quando tento fechá-las. As lâmpadas explodem quando acendo a luz. O abridor de latas não gira; o batedor de ovos empaca misteriosamente.

Essa não é mais minha casa; pertence apenas a um tempo passado.

Assim que me dou conta disso, fico, de repente, livre para ir e levar Rhea comigo.

26

Em março, consegui um emprego como atendente no setor infantil da Biblioteca Pública de Nova York e fiquei realmente encantada. Eu não estava apenas aliviada por estar ganhando dinheiro novamente, mas amava bibliotecas e livros e estava muito satisfeita por poder trabalhar com algo de que gostava. Agora Muriel e eu nos víamos sempre que podíamos e começamos a discutir sua mudança para Nova York.

Quando ela estava animada, com seu cabelo escuro despenteado e o corte arredondado de monge, Muriel me lembrava um crisântemo, sempre ligeiramente curvada sobre si mesma. Ela falava incessantemente sobre sua "doença" de outrora e sobre o que significava ser esquizofrênica. Eu escutava, mas não sabia o suficiente para perceber que, por amor, ela também estava me alertando.

Nas poucas ocasiões em que fumamos maconha juntas, ela demonstrava toda a sua eloquência, e eu ficava mais aberta.

— Um tratamento de choque é como uma pequena morte — Muriel disse, estendendo a mão para pegar o cinzeiro. — Eles invadiram minha cabeça como ladrões, mas com sanção oficial, e me roubaram alguma coisa preciosa que parece ter partido para sempre.

Às vezes ela soava furiosa, às vezes soava curiosamente monótona, mas, como quer que soasse, meus braços doíam de vontade de abraçá-la. Registros da sua memória tinham se perdido também, ela disse, e isso fez de Suzy, sua antiga namorada de Nova York, guardiã daquele pedaço do seu passado.

Era o equinócio, e estávamos fumando na cama na placidez da primavera, com o verão já chegando.

— Ajudou um pouco? — perguntei.

— Bem, antes dos choques, eu costumava sentir uma depressão profunda me cobrindo como um grande cesto, mas, em algum lugar no meio disso tudo, havia uma luz fraca brilhando, e eu sabia que ela existia, o que ajudava a iluminar o caos. — Ela estremeceu e ficou em silêncio por um momento, seus lábios apertados e pálidos sobre os dentes da frente. — Mas a coisa pela qual nunca vou perdoar os médicos é que, depois do choque, o cesto só se levantava um pouquinho, entende? Mas aquela luz tinha se apagado, e simplesmente não valia a pena. Eu nunca quis trocar minha pequena chama própria, não importava o quão maluca ela fosse, por um pouco da luz eventual que me ofereciam de fora.

Isso tudo me deixou muito triste. A única resposta que eu tinha era abraçá-la com força. Jurei para mim mesma que nunca mais deixaria isso acontecer com ela. Faria qualquer coisa no mundo para proteger Muriel.

Naquela noite, deitada na cama da Rhea no quarto da frente, Muriel alertou:

— Se eu deixar o meu emprego em Stamford para vir para cá, não sei como vou conseguir outro. Eu simplesmente não consigo pedir para alguém me contratar, correndo o risco de me dizerem não. Não sei por quê, mas sei que não consigo. Isso me derrubaria.

Tendo eu mesma, não muito tempo atrás, passado pelos horrores da busca por emprego, achei que entendesse o que ela estava dizendo. Mas não entendia, porque as profundezas de sua realidade instável eram estranhas para mim, embora eu não tivesse considerado essa possibilidade em momento algum. Eu estava confiante de que, com o tempo, pelo nosso amor, Muriel encontraria forças para encarar esse obstáculo também. Então não tomei as palavras dela como um alerta, o único que ela podia me oferecer.

Rhea foi embora, e, no começo de abril, Muriel se mudou para Nova York. Em antecipação, pintei a cozinha e o banheiro e coloquei novas prateleiras para livros.

Assim que ela saiu do emprego em Stamford, a mudança física para Nova York começou aos poucos. Por meses, cada vez que Muriel voltava a Stamford para uma visita, reaparecia na tarde de domingo com um banquinho ou uma caixa de ferramentas, ou algum pedaço de madeira ou uma sacola de livros. Às vezes, seu amigo Rupert a trazia em seu Fusca com uma carga de livros e papéis.

Embora a transição de "passar a noite" para "morar juntas" tenha sido gradual, eu sabia que tinha tomado uma grande decisão. E sabia que aquela decisão afetaria o resto da minha vida, ainda que não estivesse muito nítido para mim exatamente como. Quando me mudara para esse apartamento com Rhea, eu tinha apenas rabiscado o meu nome ao lado do dela, no pedaço de papel preso à fenda da nossa caixa de correspondência no corredor.

Mas, num dia tempestuoso na primeira semana de abril, no meu horário de almoço, fui até a oficina de ferragem na Broadway Leste e pedi uma etiqueta de metal de verdade para a caixa de correspondência, com o meu nome e o de Muriel gravados. Fiquei assistindo à máquina carimbar os dois nomes no retângulo de latão brilhante, me sentindo orgulhosa, animada e um pouco assustada. Era como um ritual de união, um casamento simbólico.

Em seguida, comprei um *egg cream* na Chatham Square para celebrar e fiquei olhando para a plaquinha brilhante com nossos nomes lado a lado, separados apenas por um pequeno traço. Essa seria minha surpresa para Muriel quando ela viesse para Nova York no seu aniversário, na semana seguinte.

Já bastava de brincar de casinha.

Para mim, agora era para valer, um passo adiante sem retorno. Eu não estava mais de brincadeira, como uma garota gay. Estava morando com uma mulher, e éramos companheiras. Eu tinha feito, silenciosa e tranquilamente, o que eu desejava e temia — tinha assumido um compromisso irrevogável. Sem uma articulação consciente do motivo, eu sabia que, para mim, *juntas* significava *para sempre*, mesmo que não houvesse votos matrimoniais, nem cerimônia de casamento, nem papel passado. Muriel e eu estávamos unidas pelo nosso amor e nosso desejo, para o bem ou para o mal.

Durante a primavera, eu tinha pensado bastante e por muito tempo se conseguiria ou não viver tão perto de alguém, e pelo resto da vida, como eu sentia que seria, sem dúvida. Assim que decidi que poderia assumir esse compromisso, não duvidei nem por um minuto que Muriel era a pessoa com quem eu queria fazer isso.

Nós fizemos nossos próprios votos de amor e eternidade. Quando as noites de primavera ficaram mais quentes, Muriel passou a me encontrar na Biblioteca Chatham Square. Às vezes caminhávamos pelos becos de Chinatown, comprando vegetais suculentos estranhos e pedaços aromáticos de carne-seca para experimentar, além de cogumelos duros e enrugados. Cada uma de nós conhecia uma Nova York diferente, e explorávamos juntas, mostrando uma para a outra lugares secretos e preciosos em meio aos becos ao sul da Rua Canal.

Às vezes ela me encontrava para o almoço, e comíamos muesli com maçã, encostadas nos cortiços próximos às docas, sob o sol forte, observando as faíscas voarem enquanto os trabalhadores continuavam a complexa tarefa de desmantelar o último grande pedaço da linha da Terceira Avenida, na Estação Chatham Square. Às vezes caminhávamos para casa juntas nas noites em que eu trabalhava até tarde.

Conversávamos sobre ir embora de Nova York, sobre morar em algum lugar no Oeste onde uma mulher negra e uma branca pudessem viver juntas em paz. O sonho da Muriel era morar numa fazenda, e isso me parecia ser uma vida boa. Peguei alguns panfletos da biblioteca, e escrevemos para todas as agências governamentais apropriadas para saber se havia algum pedaço de terra ainda disponível para ser ocupado em qualquer parte do território continental dos estados unidos.

Infelizmente, para nós, a resposta que chegou foi um "não", exceto em algumas das regiões mais desoladas no norte do Alasca, que ainda não era um estado. Nem Muriel nem eu podíamos pensar em viver num clima tão frio e tão longe do sol. Além disso, como não seríamos capazes de nos sustentar com o plantio, o norte do Alasca estava definitivamente fora de cogitação.

Quando eu chegava em casa do trabalho, com os braços cheios de livros e a boca cheia de histórias, às vezes tinha comida feita, às vezes, não. Às vezes tinha um poema, às vezes, não. E sempre, nos fins de semana, havia as idas aos bares.

Nas manhãs de sábado e domingo, Muriel e eu caminhávamos pelas ruas do Lower East Side e do West Village, que era mais abastado, vasculhando pilhas de lixo atrás de tesouros de móveis antigos, maravilhas que pessoas sem imaginação tivessem descartado. Avaliávamos suas possibilidades futuras e arrastávamos nossas descobertas pelos seis lances de escada, para acrescentá-las à pilha crescente de coisas na cozinha que um dia iríamos consertar. Havia gabinetes de madeira, usados para comportar rádios mas que podiam ter o interior removido e ser equipados com prateleiras para fazer um bom porta-discos. Gavetas de cômodas antigas forneciam madeira sólida para prateleiras de livros, apoiadas por tijolos recolhidos. Havia abajures de latão e luminárias rococó precisando de nova fiação e uma magnífica poltrona velha de dentista, com apenas um apoio de braço. Ocasionalmente encontrávamos alguma coisa que não precisava de reparo (minha luz de cabeceira ainda é um abajur vitoriano que desencavamos de um depósito de lixo no Chelsea, numa manhã de domingo, no caminho de casa vindo do Grapevine).

Ordenando e reordenando nosso mundo, Muriel e eu nos sentávamos até altas horas, lendo os livros que eu retirava escondidos dos caixotes de catalogação da biblioteca, comendo macarrão com margarina e orégano quando estávamos pobres. Outras vezes, tínhamos refeições extraordinárias preparadas com as nossas compras feitas nas expedições a Chinatown, acompanhadas de um pedaço de carne ou pés de galinha, ou um pedaço de peixe, ou qualquer coisa que pudéssemos pagar e nos atraísse no Mercado da Primeira Avenida. Bem perto da nossa casa, fazíamos a maioria das compras de alimentos nas numerosas barracas de vendedores alvoroçados.

Conheci as poucas amigas de Muriel de quem ela se recordava dos velhos tempos, e ela conheceu as minhas. Mick e Cordelia, que eu conhecia do ensino médio. Nicky e Joan, amigas da Suzy, ex-namorada da Muriel. Éramos pobres e estávamos sempre famintas, e sempre éramos convidadas para jantar. Ir jantar na casa de Suzy era sempre arriscado. Ela tinha ouvido, uma vez, que gordura de porco era nutritiva, então mantinha uma frigideira com gordura de bacon permanentemente na boca de trás do fogão e cozinhava tudo nela.

Dottie e Pauli, duas artistas loiras e magras do nosso bairro que conhecemos no Laurel; Bea, minha ex, e Lynn, sua nova namorada; Phyllis, que queria ser arquiteta mas só falava sobre isso quando estava bêbada; e, claro, Felicia, minha irmãzinha adotiva, como eu a chamava, e a única outra mulher negra no nosso grupo. Juntas, formávamos um círculo disperso, emocional e socialmente interligado, compartilhando muitos interesses diferentes, com algumas intersecções. Ao nosso redor, havia outro grupo maior de garotas gays do centro da cidade, composto por conhecidas amistosas e companhias de bar e ex-namoradas das outras, que eram conhecidas de vista e amigáveis o suficiente, mas não para serem chamadas, exceto em emergências, quando, claro, todo mundo sabia os problemas de todo mundo de qualquer maneira.

Mas nossa negritude era uma questão sobre a qual Felicia e eu conversávamos apenas entre nós. Mesmo Muriel parecia acreditar que, como lésbicas, estávamos todas à margem e éramos todas iguais em nossa marginalidade. "Somos todas negras", ela costumava dizer, e eu odiava ouvi-la dizer isso. Era uma fantasia com pouca base nos fatos; as maneiras pelas quais ela era verdadeira eram insignificantes diante das muitas maneiras em que sempre seria falsa.

Quando Muriel e eu recebíamos olhares e risadinhas pelas ruas do West Village ou no mercado do Lower East Side, não dava para saber se era porque éramos uma negra e uma branca juntas ou porque éramos gays. Sempre que isso acontecia, eu concordava parcialmente com Muriel. Mas também sabia que Felicia e eu compartilhávamos tanto uma batalha quanto uma força que eram inacessíveis às nossas outras amigas. Reconhecíamos isso reservadamente, e isso nos separava, num mundo que era fechado para nossas amigas brancas. Era fechado até para Muriel, por mais que eu quisesse incluí-la. E, porque esse mundo era fechado para elas, era fácil até mesmo para namoradas ignorá-lo, rejeitá-lo, fingir que não existia, acreditar na falácia de que não havia nenhuma diferença entre nós.

Mas a diferença era real e importante, mesmo que ninguém mais parecesse pensar assim, às vezes nem mesmo Flee, cansada como estava de explicar por que não nadava sem touca de banho ou não gostava de pegar chuva.

Entre mim e Muriel, então, havia um sentido em que eu sempre estaria apartada e que seria meu conhecimento secreto, já que seria uma dor secreta. Eu era negra e ela não, e essa era uma diferença entre nós que não tinha nada a ver com melhor ou pior, ou com a loucura do mundo exterior. Com o tempo, passei a perceber que isso influenciava nossas percepções e fazia diferença na forma como eu enxergava partes dos mundos que compartilhávamos, e que eu teria de lidar com essa diferença fora do nosso relacionamento.

Essa foi a primeira separação, a peça fora do amor. Mas evitei a questão sem ter a dimensão de seus significados, com medo de examinar as verdades a que a diferença poderia me conduzir, com medo de que elas levassem a mim e Muriel para longe uma da outra. Então tentei não pensar com muita frequência sobre as nossas diferenças raciais. Eu às vezes fingia concordar com Muriel que a diferença não existia de fato, que ela e todas as garotas gays eram tão oprimidas quanto qualquer pessoa negra, certamente quanto qualquer mulher negra.

Quando eu parava para pensar, porém, isso de certo modo me afastava, mas também me protegia. Eu *sabia* que não tinha nada que pudesse fazer, nem mesmo usar saias e ser hétero — nada me tornaria aceitável para as senhorinhas ucranianas que tomavam sol nas varandas da Rua 7 e apontavam para nós duas enquanto passávamos de braços dados. Uma dessas senhoras, que gerenciava a lavanderia do outro lado da rua, um dia tentou dar uma saia de lã usada para Muriel.

— De graça — ela insistiu, empurrando-a para as mãos de Muriel. — Sem dinheiro, de graça. Experimenta, é bom. Faz você ficar bonita, mostra um pouco as pernas.

Eu tinha entrado e saído de macacão daquela loja por anos, e essa senhorinha ucraniana nunca tinha tentado me corrigir. Ela sabia a diferença, mesmo que Muriel não soubesse.

De alguma forma, eu sabia que a diferença seria uma arma no meu arsenal quando "a hora" chegasse. E "a hora" com certeza chegaria, de um jeito ou de outro. "A hora" em que eu teria que me proteger sozinha, ainda que não soubesse como nem quando. Para Flee e para mim, as forças do mal na sociedade não eram teóricas, nem muito distantes, nem somente burocráticas. Nós as encontrávamos todos os dias, mesmo vestindo nossas roupas de hétero. A dor estava sempre à espreita na esquina. A diferença tinha me ensinado isso, da boca da minha mãe. E, sabendo disso, eu me imaginava preparada, segura. Eu ainda tinha de aprender que saber não era suficiente.

Cada uma das mulheres do nosso grupo tomava como certo, e o diria se fosse questionada, que estávamos todas do lado da justiça. Mas a natureza dessa justiça, do lado da qual se presumia que todas estavam, nunca era nomeada. Era só outra maneira de silenciosamente evitar a necessidade de examinar quais eram as posições em que vivíamos dentro do nosso pequeno grupo de lésbicas, dependentes que éramos do apoio umas das outras. Temíamos muito que aquelas diferenças pudessem ser, na verdade, inconciliáveis, pois a nós nunca haviam ensinado quaisquer ferramentas para lidar com elas. Nossa individualidade era muito preciosa para cada uma de nós, mas o grupo também era, assim como as outras mulheres à margem que tínhamos encontrado para compartilhar aspectos mais sociais da nossa solidão.

Ser gays sem papéis determinados era a única diferença que nos permitíamos ver e com a qual nos ligávamos umas às outras. Não éramos daquele *outro* mundo e queríamos acreditar que, por definição, estávamos livres, portanto, dos problemas daquele *outro* mundo: capitalismo, ganância, racismo, classismo etc. Não era o caso. Mas continuamos visitando umas às outras e fazendo refeições juntas e, em geral, compartilhando a vida e os recursos.

Uma noite, voltando do trabalho, cruzei com Nicky e Joan na Rua Houston e convidei-as na hora para jantar em casa. Eu tinha apenas 1,50 dólar no bolso e nenhuma comida em casa. Paramos no mercado na Primeira Avenida e compramos um pacote de espaguete extrafino, um pouco de salsa fresca, duzentos gramas de coração de galinha e um pacote de leite em pó. Com os outros 75 centavos, comprei um maço enorme de narcisos e tivemos todas um belo jantar, embora eu não me lembre o que estávamos celebrando. Porque estávamos sempre celebrando alguma coisa: um novo emprego, um novo poema, um novo amor, um novo sonho.

De sobremesa, bebemos um refresco caseiro: copos altos de leite desnatado com café gelado, generosamente acrescido de canela e extrato de amêndoa.

Os bares nos fins de semana eram um ritual de intimidade que só passei a entender plenamente anos mais tarde, quando estava cansada de estar sozinha. Toda sexta à noite era a mesma coisa.

— Anda, Audi, vamos tentar conseguir uma mesa esta noite.

No Laurel, assim como na maioria dos outros bares, as pequenas mesas que ficavam nas laterais da pista de dança eram para quem chegasse primeiro. Às vezes encontrávamos Vida e Pet, duas das poucas gays negras que conhecíamos. Elas preferiam o termo *dyke*, e dava muito mais impressão de comando sobre a vida ser *dykes* que garotas gays, mas ainda estávamos um pouco assustadas com o modo como a palavra era usada para difamar. Vida e Pet compartilhavam uma casa com outra *dyke* chamada Gerri, e fomos a festas na casa delas no Queens. Vida e Pet eram mais velhas que a maioria das nossas amigas e mais bem estabelecidas. As duas eram muito gentis comigo e Muriel e às vezes até compravam comida para nós quando não tínhamos dinheiro, cuidando de nós de uma forma com a qual eu me ressentia e apreciava, como quando se certificavam de que, depois das suas festas, teríamos carona de volta para a cidade ou algum lugar para passar a noite.

Numa noite quente de sábado, Muriel e eu ficamos olhando os melões maduros empilhados nas bancas da calçada em frente ao mercado Balducci's. Caixas e caixas de frutas e vegetais bonitos e caros se estendiam pelas calçadas da Avenida Greenwich. Do outro lado da rua, naquele anoitecer do Village no início do verão, maridos e namorados impacientes chamavam, de um lado a outro, presas invisíveis mas bem audíveis, dentro das janelas gradeadas da Casa de Detenção de Mulheres no lado oeste da Avenida Greenwich. Informações e carinhos circulavam, com interlocutores aparentemente alheios aos ouvidos dos transeuntes enquanto discutiam a disponibilidade de advogados, o tempo de permanência, família, circunstâncias e a essência eterna do amor verdadeiro. A Casa de Detenção de Mulheres, bem no meio do Village, sempre me pareceu um ponto para o nosso lado — um bolsão da resistência de mulheres, um lembrete de potencialidade, bem como de punição.

— Acha que a gente consegue afanar um melão? — Eu salivava pela fruta fresca e doce. Examinei a Rua Greenwich, que estava ficando mais cheia de pedestres noturnos. Eu me decidi, mais ousada do que assustada.

— Não sei, mas vamos tentar. Eu vou pegar um da lateral e descer a Sexta Avenida. Se ele vier atrás de mim, grite "Chiiico!" e me encontre na esquina da Waverly.

Nos separamos com elaborada casualidade, e Muriel caminhou para as laranjas, apalpando-as em profunda análise. O vendedor de frutas se aproximou dela, com expectativa. Eu me esgueirei pelo outro lado das caixas, atrás dele, agarrei o melão mais maduro e verde-amarelado que chamou minha atenção e saí. Primeira regra para roubar qualquer coisa ao ar livre: tente fazer isso numa rua de mão única e sempre corra contra o fluxo do tráfego. Eu corri descendo a Sexta Avenida, evitando pedestres assustados, virando na Waverly Place um quarteirão adiante, apenas levemente ofegante. Satisfeita com a minha façanha, eu me encostei em uma grade para observar o delicioso espólio e esperar por Muriel.

De repente, uma mão agarrou meu braço por trás. Meu coração foi parar na boca, eu tentei me soltar sem nem olhar, ainda segurando o nosso melão. Ah, merda!

— Calma, garota! Pra sua sorte, sou eu! — Reconheci a voz áspera e gentil de Vida com uma onda de alívio. Desabei contra a grade, sem forças para falar. — *Achei* que fosse você. Eu tô dirigindo pela Sexta Avenida e vejo você chispando pela rua, digo a mim mesma: deixa eu estacionar esse carro e ver o que minha camarada está fazendo.

Muriel veio tranquilamente virando a esquina e parou de maneira abrupta, surpresa por ver Vida. Trocamos alguns olhares rápidos. Não era exatamente o que queríamos que Vida nos encontrasse fazendo. Deselegante, certamente, roubar frutas numa noite de sábado. Vida deu uma boa gargalhada.

— Te assustei, né? — Sua voz mudou seriamente. — Bem, que bom. É melhor vocês pararem com essa bobagem antes que, da próxima vez, não seja eu. Vamos lá, Pet está no carro, vamos dar uma volta.

Muriel e eu conversávamos sem parar. Eu sabia quem era a pessoa com quem eu passaria o resto da minha vida, e, no entanto, parecia que nunca havia tempo suficiente para conversar e compartilhar e ficar em dia com todos os fragmentos do que aconteceu antes de nos conhecermos. À medida que a novidade que cada uma de nós representava ia se desvelando para a outra, eu me maravilhava com o fato de que o rosto de Muriel se tornava cada vez mais querido para mim. A realidade de nós duas era uma ideia original e imensamente maravilhosa, sobre a qual eu pensava muito, examinando e saboreando cada aspecto do que significava estar permanentemente conectada com outro ser humano.

Ir para a cama e acordar dia após dia ao lado de uma mulher, deitar com nossos braços em volta uma da outra, adormecer e acordar, estar uma com a outra — não como um prazer rápido e secreto, nem como um deleite extravagante, mas como a luz do sol, dia após dia, no curso regular da vida.

Eu estava descobrindo todas as formas como o amor se entranha na vida quando duas pessoas existem junto uma da outra, quando duas mulheres se encontram. Como o cheiro da Muriel no meu moletom e os fios lisos do seu cabelo preto presos na minha luva. Uma noite, chorei ao pensar sobre quão sortudas éramos por termos nos encontrado, já que era óbvio que éramos as únicas pessoas no mundo que podiam entender o que entendíamos daquela forma instantânea. Ambas concordávamos que nossa união era feita no paraíso, pela qual cada uma de nós tinha pago com vários infernos.

Para as nossas amigas próximas, éramos Audi e Muriel, sem definições. Para nossas outras amigas, éramos apenas outro casal de jovens gays apaixonadas, talvez um pouco mais peculiar que a maioria, perambulando com cadernos debaixo dos braços o tempo inteiro. Para as frequentadoras mais assíduas do Colony e do Swing, éramos garotas Ky-Ky, porque não representávamos papéis. E, para o pessoal mais ligeiro do Bag, nós éramos esquisitas que se mereciam, porque Muriel era louca e eu, negra.

Nesse meio-tempo, Muriel e eu construímos estantes, e fizemos oficinas de escrita, e adotamos duas gatinhas pretas magricelas, que chamamos de Velha Louca e Lu Medrosa.

Muriel era um tanto mais caprichosa quanto às suas roupas. Como tudo mais à sua volta, o que ela vestia tinha de estar precisamente de acordo com algum manual secreto vigente em sua própria imaginação, ou ela não saía de casa. Se algo não fosse contemplado por suas regras internas, não fazia diferença, mas as regras de Muriel eram inflexíveis e imóveis, e, uma vez que você deparava com uma delas, era inconfundível. Quais eram aquelas várias regras, eu só fui descobrir lentamente.

Quando morei em Stamford, eu vestia um macacão velho e uma camiseta masculina para trabalhar. Antes do Dia de Ação de Graças, comprei um pouco de veludo cotelê e a mãe de Ginger me ajudou a fazer uma saia para usar no feriado. Quando morei no México, vestia as volumosas saias e as blusas de camponesa, prontamente disponíveis nos mercados de Cuernavaca. Agora eu tinha minhas roupas de hétero para trabalhar na biblioteca — dois conjuntos intercambiáveis de saias, suéteres e uma ou duas blusas para o calor. Eu tinha um par de sapatos para trabalhar e um terno de lã de corte bem elaborado, que fiz com o casaco que minha irmã tinha me dado para usar no funeral do meu pai. Como nunca usava meias, eu ficava esperando o ônibus, às vezes, no vento gelado que soprava na Broadway Leste e rezava pela proteção quente dos meus macacões ou das calças de montaria.

Eu tinha pouquíssimas roupas para a minha vida real, mas, com o acréscimo do guarda-roupa quixotesco da Muriel, desenvolvemos um estoque bem organizado daquilo que uma jovem gay podia ser vista usando. Na maioria das vezes, eu usava calças de brim azuis ou pretas, que estavam cada vez mais conhecidas pelo nome de jeans. Eu era apaixonada pelas calças de montaria que Muriel me deu e viraram meu traje preferido. Ela se tornou meu uniforme, junto com camisas de algodão, geralmente listradas.

Muriel tinha suas calças de alfaiataria para o inverno e, quando fazia mais calor, preferia bermudas e meias três-quartos, geralmente pretas. A moda do inverno exigia suéteres de gola alta da loja de excedentes da Marinha, e insistíamos, muitas vezes usando-os até o fim da primavera em qualquer ocasião em que houvesse ar-condicionado. Eu amava a sensação de segurança profunda e misteriosa da lã contra o meu corpo e a liberdade das roupas casuais. Sempre imaginei que elas faziam meus seios fartos parecerem menores.

Além das lojas da Marinha, pelas quais nós duas tínhamos uma paixão absoluta, comprávamos a maioria das outras roupas na John's Bargain Store. Para ambas, havia uma virtude positiva na capacidade de ser pobre e viver bem ao mesmo tempo, e isso exigia esforço, engenhosidade e olhos afiados para boas pechinchas. Quando a John's falhava conosco, havia sempre as pequenas barracas ao longo das ruas Rivington e Orchard nas manhãs de domingo. Nessas ruas secundárias perto do Mercado Público da Rua Essex, homens de quipá vendiam suas mercadorias. Uma promoção de tênis por 1,98 dólar ou moletons de cor única por 99 centavos eram achados para se gabar.

Estávamos reinventando o mundo juntas. Muriel me abriu um universo de possibilidades que parecia um legado deixado pelos olhos tristes e engraçados de Eudora e por sua risada paciente. Eu tinha aprendido com Eudora como fazer o que precisa ser feito, a ser uma *dyke* com orgulho, como amar e viver para contar a história, e fazer isso com estilo. Muriel e eu estávamos juntas tornando essas lições realidade.

Quando relembro o tempo que Muriel e eu passamos juntas, eu me lembro das juras que trocávamos, da sensação de um refúgio compartilhado a salvo da tempestade e do fascínio fundado sobre mágica e trabalho duro. Eu me lembro com frequência da sensação de que poderia durar para sempre essa manhã, essa vida. Eu me lembro da curvatura do dedo de Muriel e de seus olhos profundos, do cheiro da sua pele suave e hidratada. Do cheiro de manjericão. Eu me lembro da franqueza do nosso amor, que era a medida com a qual eu comparava tudo o que chamavam de amor; e que passei a reconhecer como uma demanda legítima dentro de qualquer relacionamento amoroso.

Muriel e eu amamos muito, com ternura e por um longo tempo, mas não havia ninguém por perto para sugerir que, talvez, nossa intensidade não era sempre direcionada com muita sabedoria.

Estivéramos famintas por amor durante tanto tempo que queríamos acreditar que o amor, uma vez encontrado, era todo-poderoso. Queríamos acreditar que ele poderia fornecer palavras para as minhas dores e raivas desconexas; que ele poderia fazer Muriel encarar o mundo e conseguir um emprego; que ele poderia libertar nossos escritos, curar o racismo, acabar com a homofobia e com a acne na adolescência. Éramos como mulheres famintas que passam a acreditar que a comida vai curar todas as dores do presente, além de sanar todas as feridas antigas da ausência.

27

Naquele verão dourado de 1955, estávamos muito ocupadas e radiantes. Durante a semana eu trabalhava na biblioteca, e Muriel montava camas pela cidade para Mick e Cordelia. Nos fins de semana, escrevíamos e líamos, e estudávamos caligrafia chinesa, e íamos para a praia e para os bares.

Jonas Salk anunciou sua nova vacina para a poliomielite na formatura da minha irmã Helen, na City College, e, como muitas das garotas do meu ensino médio na Hunter tinham vários tipos de deficiências causadas pela pólio, essa notícia tinha um significado pessoal.

A vida tinha tantos pedaços diferentes... *Jet* era uma revista adolescente que tentava ser uma revista negra de notícias; eu pegava as edições emprestadas do meu cunhado Henry nas raras visitas ao Bronx, lia avidamente na longa viagem de metrô até o centro da cidade e, depois, deixava disfarçadamente no assento ao lado quando eu descia. Quando eu mencionava na biblioteca que escrevia poesia, era quase inevitável alguém mencionar *Presente do mar*, de Anne Morrow Lindbergh, de longe o livro mais vendido do ano. Era tão semelhante ao que eu escrevia como uma ostra se parece com uma baleia. Estimulada por Muriel, enviei alguns dos meus poemas para *The Ladder*, uma revista para lésbicas publicada pela Daughter of Bilitis. O retorno imediato e negativo me deixou arrasada.

Eu complementava nossas leituras da biblioteca com trocas constantes nos sebos da Quarta Avenida. Muriel passava muito do seu tempo por lá também, onde exemplares usados de Byron e Gertrude Stein podiam ser comprados na Strand numa semana e negociados por um pouco menos na Pine logo depois, na semana seguinte. Naquela época, os livros não eram tão abundantes; eu me lembro de trocar um exemplar da Lindbergh que ganhei de aniversário por um punhado de brochuras usadas, dois exemplares de capa dura de poetas secundários e a primeira edição da revista *MAD*, que custava dez centavos.

Em junho, Lynn foi morar conosco. Não foi algo que planejamos — apenas aconteceu. Muriel e eu tínhamos restabelecido uma comunicação cautelosa com Bea. Lynn, que havíamos conhecido naquela famigerada véspera de Ano-Novo, era ex-companheira de Bea a essa altura.

Ela chegou inesperadamente da Filadélfia num domingo à tarde, no início do verão, o longo cabelo loiro espalhado em volta do pescoço curto e robusto, e uma sacola de viagem abarrotada pendurada em um de seus ombros. Uma farda do exército amarrotada cobria seus quadris largos. Lynn tinha um sorriso maroto e enrugava todo o rosto sempre que ria. Ela era larga e atarracada, e muito sensual, e estava num estado mental terrível. Tinha a mesma idade que eu, 21 anos, mas levava uma vida muito agitada.

O jovem marido de Lynn, em licença do Exército, tinha morrido três meses antes, queimado num acidente de caminhão, do qual ele a arremessou, salvando-a. Eles estavam levando os pertences de Lynn para a casa da sua nova companheira na Filadélfia.

Lynn chegou na nossa porta sem ter para onde ir. Ela e Bea tinham terminado por motivos que eu conhecia muito bem, e Lynn tinha seguido o canto da sereia gay que levava a Nova York. Agitada pela anfetamina e louca de cansaço, tinha medo de dormir por causa dos pesadelos com a morte e com destroços em chamas, o que atraía ondas de culpa pela morte de Ralph.

Ninguém que eu conhecia conseguiria ficar imune à história penosa desta pequena e valente menina-mulher. Essa era uma chance para pôr em prática o tipo de sororidade de que falávamos e com o qual sonhávamos para o futuro.

Muriel e eu aceitamos que Lynn morasse conosco na nossa casa. Por um tempinho naquele verão, tivemos um vislumbre e uma possibilidade do que seriam mulheres vivendo juntas coletivamente e compartilhando a vida, o trabalho e o amor umas com as outras. Quase funcionou. Só que nenhuma de nós tinha autoconhecimento suficiente; não tínhamos modelos para seguir, exceto nossas próprias necessidades e nossos próprios sonhos mal planejados. Aqueles sonhos não nos conduziram a um caminho errado, mas, às vezes, eles não bastavam.

Eu me peguei sonhando acordada com o catálogo da biblioteca, pensando na má oclusão da Lynn, e enfim tive de admitir para mim mesma quão atraída fisicamente por ela eu estava. Eu estava assustada e envergonhada, além de perplexa, com essa reviravolta estranha e inesperada. Eu amava Muriel como à minha própria vida; estávamos prometidas uma para a outra. Como eu poderia desejar fisicamente outra mulher? Mas aconteceu. Naturalmente, a coisa a ser feita era analisar essa nova situação em todas as ramificações infindáveis e discutir cada uma delas em detalhes.

Foi o que nós três fizemos, incessantemente, de novo e de novo, até o amanhecer. Muriel achou essa uma ideia empolgante, possível num novo mundo de mulheres. Lynn queria dormir com as duas, simplesmente, sem nenhuma comoção. Eu sabia que queria as duas, uma de cada vez, e, já que meus desejos eram contraditórios, precisava descobrir algum jeito de ter tudo e ainda assim me sentir segura. O que era muito difícil, porque estávamos num território inexplorado.

O que estávamos tentando construir era perigoso e poderia ter enormes consequências para mim e Muriel. Mas o nosso amor era forte o suficiente para ser testado, forte o suficiente para servir de base para relacionamentos estendidos e amorosos. Eu dizia sempre que não via problema em transar com minhas amigas. Bom, ali estava uma chance de colocar a teoria em prática. Além disso, toda vez que Lynn dava sua risada ligeiramente histérica ou franzia o nariz, meus joelhos amoleciam. Eu podia sentir o seu cheiro pela casa, como flores murchas de outono, assim que eu abria a porta do apartamento ao chegar do trabalho.

Nossas conversas duravam a noite inteira. Às vezes eu chegava na biblioteca sem ter dormido nada, parecendo um resto de comida que a gata trouxe e os filhotinhos não quiseram comer. Nessas ocasiões, dizia que meu namorado Oliver tinha uma doença terminal e tinha passado mal durante a noite, e sua irmã Muriel e eu tínhamos ficado acordadas para cuidar dele. A senhora Johnson, chefe do setor infantil, me olhava de um jeito muito engraçado, mas nunca dizia sequer uma palavra. Eu acho que ela também era gay.

Então, com tudo isso, fiquei bastante aliviada um dia quando abri a porta, voltando do trabalho, e encontrei Muriel e Lynn saindo da cama juntas. Uma parte de mim estava furiosa (como assim, outra mulher colocou as mãos no corpo da Muriel?), e outra parte estava com medo (bem, agora eu realmente preciso tomar uma decisão). Mas uma grande parte de mim estava apenas aliviada por termos ido além da conversa e pela direção desse movimento não estar em minhas mãos.

Nós três nos beijamos, e nos demos as mãos, e jantamos; na primeira vez foi Lynn quem cozinhou. Depois Muriel foi beber uma cerveja no Laurel, e eu descobri que Lynn era exatamente tão gostosa quanto eu tinha fantasiado.

Nosso novo arranjo pedia por uma celebração, então pedi licença do trabalho pelos dois dias seguintes. Telefonei para a biblioteca e disse à senhora Jonhson que Muriel e eu estávamos levando Oliver para uma casa de repouso em Connecticut porque não conseguíamos mais cuidar dele.

Muriel e eu decidimos que nada poderia quebrar o vínculo entre nós, certamente não o fato de compartilharmos nossos corpos e nossas alegrias com outra mulher que tínhamos passado a amar também. Levarmos Lynn para a nossa cama se tornou não apenas um fato para ser integrado à rotina, mas um teste para cada uma de nós, do nosso amor e da nossa abertura.

Era uma visão bonita, mas um experimento difícil. No início, Lynn parecia estar por cima. Ela nos tinha totalmente focadas nela e em seus problemas, bem como em seu pequeno corpo de amazona e em seu sexo sem pudor.

Ajudei Lynn a conseguir um emprego na biblioteca, em outra filial. Ela alugou um porão na Rua Bleecker Oeste para guardar os seus pertences, mas morava mesmo era na Rua 7.

Éramos certamente as primeiras a tentar colocar em prática essa forma única de viver pelas mulheres, sexo comunal sem rancor. Afinal, ninguém mais falava sobre isso. Nenhum dos livros de garotas gays que líamos tão avidamente sugeriu alguma vez que nossa visão não era nova nem satisfatória para todas. Certamente não Beebo Brinker;[37] nem Olga, em *The Scorpion*.[38] Nossos exemplares bem folheados de *Women in the Shadows* [Mulheres nas sombras] e *Odd Girl Out* [Estranha garota estrangeira], de Ann Bannon, nem chegavam a sugerir que os perigos e as tragédias relacionados ao amor entre mulheres tinham a possibilidade de envolver mais do que duas ao mesmo tempo.

Tentamos fazer isso tudo funcionar com graça e certa elegância.

Muriel, Lynn e eu estabelecemos entre nós regras ditas e não ditas de cortesia, que esperávamos que abrissem espaço, que aju-

---

37 Referência à protagonista de *The Beebo Brinker Chronicles* [As crônicas de Beebo Brinker], uma série de seis romances *pulp fiction* escritos por Ann Bannon em meados da década de 1950 e início de 1960, que narravam cronologicamente a saga da personagem ao descobrir a homossexualidade e navegar nesse novo universo de relacionamentos homoafetivos. [N.E.]
38 Olga é uma das principais personagens do romance *Der Skorpion* [O escorpião], escrito por Anna Elisabet Weirauch e publicado em 1919. O livro trata da vivência lésbica de Mette, cuja primeira amante é Olga, uma mulher dez anos mais velha e com trejeitos considerados mais "masculinos". [N.E.]

dassem a acalmar os sentimentos feridos: "Eu achei que você fosse ficar comigo essa noite", ou pressão do pouco espaço: "Shh, ela ainda não dormiu". E, óbvio, também havia as cortesias para instilar culpa: "Eu vou primeiro e vocês duas me encontram depois; mas não demorem muito desta vez".

Às vezes, funcionava; outras vezes, não. Muriel e eu tentávamos repetidamente entender por quê. Apesar de toda a sua frieza manipuladora, Lynn raramente ficava sozinha com uma de nós por um tempo considerável. Cada vez mais ela passava a entender que, mesmo que tentássemos fazer isso de outra forma, aquele espaço na Rua 7 era meu e da Muriel, e ela, Lynn, era uma visita desejada e cobiçada, mas sempre uma visita.

Eu queria que fosse diferente. Muriel queria que fosse diferente. Lynn queria que fosse diferente. Pelo menos em todos os aspectos que exploramos conscientemente. De alguma maneira nunca acabou sendo, mas nem Muriel nem eu queríamos notar isso, nem o quanto aquela situação era injusta. Nós duas tínhamos uma à outra; Lynn tinha apenas um pedaço de cada uma de nós, e sua condição ali era precária.

Apesar das nossas infindáveis análises e momentos de escrita sobre a vida comunal, só fomos capazes de compreender e articular essa história muito tempo depois. E aí já era tarde demais, ao menos para esse experimento de viver nossas visões.

Muriel e eu conversávamos sobre o amor como um compromisso voluntário, enquanto cada uma de nós se esforçava para seguir os passos de uma velha dança, não conscientemente aprendidos, mas desesperadamente repetidos. Tínhamos aprendido bem, na cozinha das nossas mães — ambas mulheres poderosas que não desistiam facilmente. Naqueles lugares calorosos de sobrevivência, amor era outro nome para controle, por mais abertamente que fosse oferecido.

Num domingo à noite, no começo de agosto, Muriel e eu fomos para o Laurel e, quando chegamos em casa, descobrimos que Lynn tinha ido embora. Sua mochila e as caixas onde ela guardava sua variedade de lembranças de diferentes vidas tinham desaparecido. No meio da nossa mesa da cozinha estava o dicionário de alemão Cassell de Muriel, o livro onde guardávamos nossas economias: noventa dólares até então. Estava aberto e vazio.

Aqueles noventa dólares eram todo o dinheiro que tínhamos, e isso representou uma grande perda para nós. Nossa companheira tinha sumido, nossas chaves de casa tinham sumido, nossas economias tinham sumido. A perda do sonho era ainda maior.

Mesmo muito anos depois, Lynn nunca foi capaz de nos dizer por que tinha feito isso.

28

Naquele outono, Muriel e eu cursamos uma disciplina de poesia contemporânea estadunidense na New School, e eu comecei a fazer terapia. Havia coisas que eu não entendia e coisas que eu sentia e não queria sentir, principalmente as enxaquecas, que às vezes vinham em ondas.

E eu raramente falava. Escrevia e sonhava, mas quase nunca falava, exceto em resposta a alguma pergunta direta ou para dar algum tipo de informação. Quanto mais tempo eu passava morando com Muriel, mais ciente disso eu me tornava.

Com Rhea, assim como com a maioria das outras pessoas que eu conhecia, minha função primária nas conversas era escutar. Grande parte das pessoas nunca tem a chance de falar como gostaria, e eu era uma ouvinte atenta, realmente interessada no que as animava. (Talvez eu pudesse colecionar essas informações e analisar a vida dos outros em segredo e descobrir alguma coisa sobre mim.)

Muriel e eu nos comunicávamos muito pela intuição e por frases incompletas. Nas bibliotecas o esperado é o silêncio, então no trabalho eu não precisava conversar, exceto para apontar onde os livros estavam e contar histórias para as crianças. Eu era muito boa nisso e amava fazê-lo. Era como recitar os intermináveis poemas que eu costumava decorar quando pequena e que repetia para mim mesma e para qualquer um que quisesse ouvir. Eles eram o meu jeito de falar. Para expressar um sentimento, eu recitava um poema. Quando os poemas que decorava ficaram insuficientes para a ocasião, comecei a escrever os meus próprios.

Eu também queria voltar para a faculdade. O curso que fazíamos na New School não tinha muito sentido para mim, e eu não estava familiarizada com a ideia de estudar. Tinha passado pelo ensino médio sem estudar, e ninguém percebeu. Entrei na faculdade acreditando que se aprendia por osmose e se concentrando intensamente no que todos diziam. Sobreviver na casa da minha família dependia desse princípio.

Quando larguei a faculdade, disse a mim mesma que um ano de ensino superior era mais do que a maioria das mulheres negras conseguia e que, então, eu já estava em vantagem. Mas, quando Muriel veio para Nova York, eu soube que não voltaria para o México tão cedo e queria um diploma. Eu tinha sentido o gostinho de como era procurar emprego sendo uma mulher negra não qualificada. Mesmo tendo um emprego do qual gostava, eu queria algum dia não ter que receber ordens de todo mundo. Mais do que tudo, queria ser livre o suficiente para saber e fazer o que quisesse. Queria não tremer quando estivesse nervosa nem chorar quando estivesse brava. E as faculdades públicas ainda eram gratuitas.

Comecei a fazer terapia no aniversário de um ano do dia em que Muriel e eu nos conhecemos.

No Dia de Ação de Graças, preparamos um grande banquete em comemoração e convidamos Suzy e Sis para jantar. Mesmo com desconto para estudantes, a terapia era um luxo, e, como tínhamos apenas uma renda entre nós, o dinheiro se tornou ainda mais apertado. No dia anterior, peguei minha bolsa de carteiro, Muriel vestiu sua jaqueta mais folgada, e cruzamos a cidade até o supermercado A&P, perto do Jim Atkins, o restaurante 24 horas no Village. Voltamos de lá com um pequeno frango capão, um quilo de cogumelos, um pacote de arroz e aspargos. Estes últimos foram o mais difícil de pegar, e algumas das pontas se quebraram ao serem colocados muito rapidamente no cós da roupa da Muriel. Mas conseguimos tudo sem contratempos e sem sermos descobertas, e caminhamos para casa assobiando satisfeitas.

Sobre roubar comida de supermercados: eu sentia que, se precisássemos realmente, não seríamos pegas. E, verdade seja dita, parei de fazer isso quando não precisava mais e, de fato, nunca fui pega.

No caminho para casa, esbanjamos comprando meio litro de sorvete de cereja e baunilha para a sobremesa, e Suzy e Sis levaram o vinho. Muriel fez uma torta italiana de pimenta e ovos, e tivemos um ótimo banquete. Peguei todos os meus tapetes mexicanos e *rebozos* e enfeitei as paredes, as cadeiras e o sofá com cores vibrantes. A casa parecia e cheirava a um feriado feliz.

Naquela noite, anunciei que tinha decidido me matricular na faculdade noturna no semestre da primavera.

Muriel e eu celebramos o Natal na véspera, à nossa maneira. Trocamos presentes, resmungamos muito e nos preparamos para seguir separadamente para nossas famílias no dia seguinte. Embrulhamos os presentes para levar e nos preocupamos em vestir roupas que não fossem muito desconfortáveis e, ainda assim, apropriadas o suficiente para evitar perguntas e comentários.

No dia do Natal, com muitos beijos e longas despedidas, Muriel foi para Stamford e eu fui para a casa da minha irmã Phyllis, no Bronx, para jantar com ela, Henry e as crianças, e também minha mãe e Helen. Phyllis tinha uma família e uma casa de verdade, não um apartamento, então era um acordo tácito que ela sediasse o Natal. Isso me livrava de mais um confronto direto com a casa da minha mãe e me dava a chance de aproveitar meus dois sobrinhos, que eu amava mas não via com frequência. Eu tinha um grande projeto de convidá-los para ir à Rua 7 em outro momento, mas eles nunca foram.

Cedíamos o Natal a nossas famílias; o Ano-Novo, guardávamos para nós. Eram dois mundos separados. Minha família sabia que eu dividia a casa com uma mulher chamada Muriel. E isso era tudo. Minha mãe tinha conhecido Muriel e, como era de costume desde que eu tinha saído da sua casa, sabia que era prudente não fazer nenhum comentário sobre a minha vida pessoal. Mas minha mãe sabia "não fazer nenhum comentário" mais alto e com mais hostilidade do que qualquer outra pessoa que eu conhecia. Muriel e eu tínhamos ido para a casa da Phyllis jantar uma vez, e, seja lá o que Phyllis e Henry pensaram sobre o nosso relacionamento, guardaram para eles. No geral, meus familiares só se permitiam saber o que se importavam em saber, e eu não os pressionava, desde que me deixassem em paz.

Na véspera do Ano-Novo, Muriel e eu fomos para uma festa na casa de Nicky e Joan. Elas moravam numa casa estilo *brownstone*, de arenito castanho, no Upper West Side, perto da Broadway. Nicky era escritora e trabalhava para um jornal de moda, e Joan era secretária na seguradora Metropolitan Life. Nicky era pequena e graciosa; Joan, magra e bonita, com olhos escuros como os de um cocker spaniel. Ao contrário de Muriel e eu, elas pareciam muito adequadas e elegantes em suas roupas de hétero; por essa razão, e porque elas viviam tão distantes do centro, parecia que levavam uma vida muito mais convencional que a nossa. Em certos aspectos, isso era verdade, no caso de Nicky principalmente. Joan estava falando em deixar seu emprego e vadiar por um tempo. Eu a invejei pela liberdade de escolha que lhe permitia considerar essa possibilidade, sabendo que conseguiria um emprego assim que quisesse. Era isso que significava ser branca e saber datilografar.

Era para ser uma festa sofisticada, não um mero lave-os-pés-e-venha. Nunca fui muito de apreciar festas quando Muriel e eu não éramos as anfitriãs, embora eu tivesse começado a de fato gostar das festas no Queens a que íamos com Vida, Pet e Gerri. Aquelas festas oferecidas por mulheres negras eram sempre cheias de comida, dança, maconha, risadas e jogos de beber. Vida, com sua voz dramática e sua noção do absurdo, e Pet, com seus pés dançantes que nunca se aquietavam, facilitavam que eu não ficasse tímida e me movesse com a música e as risadas. Foi nessas festas que finalmente aprendi a dançar.

As festas de Joan e Nicky eram diferentes. Geralmente não havia muita música e, quando havia, não era para dançar. Sempre havia muitos vinhos circulando, tanto tintos quanto brancos, porque Nicky e Joan eram mais das bermudas que das calças jeans. Uma das diferenças notáveis entre os dois grupos era vinho *versus* destilados. No entanto, mais do que uma taça de qualquer tipo de vinho me dava taquicardia e, além disso, era muito seco para o meu paladar. Não era sofisticado gostar de vinho suave, e esse se tornou outro dos meus vícios secretos, como sorvete italiano, a ser desfrutado apenas perto de amigos de verdade.

E nunca tinha comida suficiente. Naquela noite, por causa do fim de ano, uma mesa lindamente posta enfeitava o canto da sala de pé-direito alto de Nicky e Joan. Sobre uma toalha antiga que tinha pertencido à mãe de Nicky, e tapetinhos de feltro cortados no formato de folhas de poinsétia, foram servidas pequenas travessas com batata chips e pretzels, biscoitos e queijos, uma tigela de *sour cream* e de patê feito com a mistura pronta de sopa de cebola Lipton, e vidrinhos de caviar vermelho, decorados com lenços verdes vibrantes. Nas bordas da mesa, havia pires com azeitonas e palitos de salsão e de pepino e, em vários cantos da sala, cestas com nozes e castanhas sortidas. Eu não parava de pensar nos enroladinhos de salsicha, nas asinhas de frango fritas, na salada de batata e no pão de milho quentinho da Gerri e no que mais tivessem preparado, sabendo que não era uma questão de dinheiro, porque caviar vermelho custa muito mais do que asas de frango.

O clima da sala era melancólico. Basicamente, mulheres sentadas em pequenos grupos, conversando silenciosamente, o som da moderação — espesso e pesado como fumaça. Notei a ausência de risadas só porque sempre pensei que festas eram para ser divertidas, embora não achasse que fossem tanto assim, por nunca saber o que dizer. E me ocupei vasculhando as estantes que forravam a sala.

Muriel circulava com facilidade. Ela parecia estar em seu hábitat, a voz suave e a risada decrescente, se movendo de grupo em grupo, cigarro e garrafa de cerveja na mão. Eu examinei os livros, desconfortável e intensamente consciente de estar sozinha. Pat, uma amiga de Nicky do jornal, se aproximou e começou a falar. Escutei com apreço, muito aliviada.

Muriel e eu fomos embora pouco depois da meia-noite, caminhando até a estação de metrô do Central Park Oeste de braços dados. Era bom estar ao ar livre, no frio cortante, bom até estar um pouco cansada. Brincamos pelas ruas quase vazias, conversando e rindo de coisas sem sentido, fazendo piadas com as nossas amigas do norte da cidade que bebiam vinho seco. Apitos de festa ainda irrompiam ocasionalmente das janelas alegremente iluminadas, e a noite prosseguia.

No frescor e no friozinho da noite de inverno, agora sozinha com Muriel, algo poderoso e promissor dentro de mim se expandia, com entusiasmo e alegria. Pensei nas outras vésperas de Ano-Novo que havia passado, sozinha ou caminhando pela Times Square. Eu era muito sortuda, muito abençoada.

Apertei a mão de Muriel e senti seu aperto firme de volta. Eu estava apaixonada, um novo ano estava começando, e a forma do futuro era uma estrela em expansão. Fazia exatamente um ano desde o dia em que Muriel e eu trancamos a porta da Rua 7, assim que Rhea saiu, e desligamos o fogo do café e nos deitamos juntas, nossos corações um contra o outro. Esse era nosso primeiro aniversário.

Fomos para casa e marcamos seu início com bastante propriedade, até a aurora cantar ao ritmo dos nossos corpos, do nosso calor.

Mais tarde nos levantamos, e Muriel cozinhou uma panela enorme de *hoppin' john*, um prato de feijão-fradinho e arroz que Lion, uma amiga da Suzy, da Filadélfia, a ensinara a preparar e do qual ela estava muito orgulhosa. Eu ri ao vê-la pavoneando-se pela cozinha com as bochechas rosadas, agitando com a colher de pau em triunfo, enquanto a comida alcançava exatamente a consistência certa sem virar papa.

A noite vinha chegando, e, à medida que nossas amigas apareciam, nos desejávamos um feliz Ano-Novo e comíamos e comíamos. Algumas das mulheres estavam de ressaca, outras estavam deprimidas, e outras ainda estavam apenas dormindo em pé, depois de terem passado a noite inteira fora, e pensando no trabalho do dia seguinte. Mas todas concordamos que o *hoppin' john* da Muriel era o melhor que já tínhamos provado e que seria um ano excelente para todas nós.

Nicky e Joan foram as últimas a ir embora. Depois que todas saíram, Muriel e eu colocamos os pratos e as panelas de molho na parte coberta da pia e voltamos para a cama, com nossos cadernos, e escrevemos exercícios de Ano-Novo. Muriel escolheu um assunto — um homem da terra onde ninguém vive. Quando terminamos, trocamos nossos cadernos e lemos o que a outra tinha escrito antes de irmos para o próximo tema.

Muriel tinha escrito:

O ano de 1955

Audi	*Eu*
conseguiu um novo emprego	
começou a terapia	NADA!
enviou alguns poemas para publicação	
está voltando para a faculdade	

Encarei a página do caderno em silêncio, sentindo como se um balde de água fria caísse sobre mim. Estendi o braço e segurei sua mão. Estava fria e inerte sob os meus dedos, sem nenhum movimento. Eu não sabia o que dizer para Muriel. A ideia de que qualquer pessoa poderia se comparar a mim e se sentir insuficiente era verdadeiramente chocante. O fato de que era minha amada Muriel quem estava fazendo isso era nada menos do que aterrorizante.

Eu achava que nossa vida era uma exploração mútua, uma progressão através da força do nosso amor. Mas, lendo e relendo o duro esboço em seu caderno, percebi que Muriel via essas transformações conjuntas em realizações minhas que, de alguma maneira, definiam suas incapacidades. Não eram triunfos mútuos, dizia o caderno em termos inescapáveis, e não havia nada que eu ou nosso amor pudéssemos fazer para resguardá-la das implicações daquela verdade, da forma como ela a via.

29

Desci aqueles três pequenos degraus do Bagatelle numa noite de fim de semana em 1956. Havia uma porta interna, guardada ostensivamente por um segurança para impedir a entrada de machos intrusos que iam encarar as "machorras", mas cujo verdadeiro objetivo era manter do lado de fora as mulheres consideradas "indesejáveis". Geralmente, indesejável queria dizer negra.

As mulheres ficavam em pé em volta do bar, entre as mesas e na passagem para a minúscula pista de dança. Por volta das nove da noite, o piso ficava cheio de corpos de mulheres se movendo lentamente à batida de Ruth Brown na *jukebox*.

> *When your friends have left you all alone*
> *and you have no one to call your own*[39]

ou Frank Sinatra

> *Set 'em up, Joe*
> *I got a little story...*[40]

Quando eu me movia pelos grupos de mulheres flertando na sala da frente ou dançando devagar e sensualmente na pista, com os

---

[39] "Quando seus amigos o deixam sozinho/ E você não tem com quem contar". [N.E.]
[40] "Se liga, Joe/ Tenho uma história". [N.E.]

cheiros de cigarro e brilhantina e a música rodopiando como incenso pelo ar carregado, era difícil para mim acreditar que o fato de estar à margem da sociedade tinha qualquer coisa a ver com ser lésbica.

Mas, quando eu, uma mulher negra, não me via refletida em nenhum daqueles rostos ali, semana após semana, eu sabia perfeitamente bem que estar à margem no Bagatelle tinha tudo a ver com ser negra.

A sociedade dentro dos limites do Bagatelle refletia o vaivém da sociedade em seu entorno, que havia dado origem a ele e permitia que o Bagatelle sobrevivesse por tanto tempo, vendendo bebidas diluídas a preços inflacionados para *dykes* solitárias que não tinham outro meio social ou lugar para se reunir com a sua comunidade.

Em vez da imagem idílica criada pela falsa nostalgia, a década de 1950 foi realmente um período de arrefecimento dos estados unidos branco e hétero do "vamos fingir que somos felizes e que este é o melhor dos mundos possíveis e vamos mandar aqueles comunistas nojentos para o inferno se ousarem dizer o contrário".

Executaram os Rosenberg, inventaram o rádio transistorizado, e a lobotomia frontal era a solução-padrão para desvios persistentes. Para alguns, Elvis Presley e seus ritmos roubados dos negros se tornaram arquissímbolos do anticristo.

Dentro do Bagatelle, as crises dos jovens estadunidenses eram representadas pelos conflitos estéticos entre o grupo de jeans e o grupo de bermuda. E, claro, havia aquelas que estavam no meio, em virtude da nossa arte ou da nossa maluquice ou da nossa cor.

A separação entre femininas e masculinas era uma parte importante das relações lésbicas no Bagatelle. Se você chamasse a mulher errada para dançar, a *butch* dela, que teria te seguido exatamente com esse propósito, podia quebrar seu nariz num beco. Era mais seguro ficar na sua. E você nunca deveria perguntar quem era quem, por isso havia tanta ênfase na vestimenta certa. A garota gay bem-vestida devia dar pistas suficientes para que você soubesse.

Para algumas de nós, no entanto, a encenação de papéis refletia todas as atitudes depreciativas em relação às mulheres que odiávamos na sociedade hétero. Foi a rejeição desses papéis que tinha nos levado até ali, para começar. Instintivamente, sem teoria específica ou posicionamento político ou dialética, reconhecíamos opressão como opressão, não importava de onde viesse.

Mas aquelas lésbicas, que tinham forjado algum nicho no mundo de faz de conta da dominação/subordinação, rejeitavam o nosso estilo de vida, que chamavam de "confuso", e elas eram a maioria.

Numa tarde de domingo, Felicia estava tão atrasada para nossa lição de fotografia que Muriel e eu fomos para o Laurel sem ela, porque era preciso chegar bem cedo aos domingos para conseguir algo para comer. O Swing Rendezvous havia deixado de servir comida, mas no Laurel, nas tardes de domingo, havia *brunch* gratuito na compra de qualquer bebida, e isso significava comer à vontade. Muitos dos bares gays usavam esse chamariz para atrair clientela nas tardes de domingo, num horário tradicionalmente pouco movimentado, mas o Laurel tinha a melhor cozinha. Havia um cozinheiro chinês, de talento nada desprezível, que preparava tudo lá nos fundos e garantia o fluxo da comida. Depois que a notícia se espalhou, todo domingo de tarde, às quatro, havia uma fila de garotas gays na frente do Laurel, fumando, conversando e tentando fingir que todas tínhamos chegado ali naquela hora por acidente.

Quando as portas se abriam havia uma discreta mas determinada debandada, primeiro para o bar, depois para a mesa com comida, montada no fundo do salão. Tentávamos manter a pose, fingindo não dar nenhuma importância para as costelinhas grelhadas com molho doce de pera e damasco, ou para os suculentos camarões-rosa nadando num molho dourado e encorpado, pontilhado com pedaços de cebolinha e vibrantes gotas amarelas de ovo, com pequenos pedaços de carne de porco e de cebola flutuando no topo. Havia pilhas de enroladinhos de omelete dourados e crocantes, recheados com presunto desfiado, e frango e salsão, com um toque de tahine. Havia pedaços de frango frito e, de vez em quando, uma iguaria especial, como lagosta ou caranguejo fresco. Só as primeiras poucas sortudas conseguiam provar aqueles pratos especiais, então valia a pena ser a primeira da fila e forçar uma aparente tranquilidade.

Éramos jovens fêmeas saudáveis, felizmente mais vivas do que a maioria; éramos mulheres fortes e ativas, com o coração sempre acelerado e os bolsos vazios, então uma refeição gratuita num ambiente amigável — ou seja, com outras lésbicas — era um grande deleite para a maioria de nós, mesmo que fosse comprada pelo preço de uma garrafa de cerveja, que custava cinquenta centavos, com muitas reclamações.

Não era permitido dançar no Laurel, então ele nunca ficou tão popular quanto o Bag, exceto nas tardes de domingo. Muriel preferia o Laurel porque era sempre mais calmo. Trix gerenciava o espaço e sempre cuidava bem de "suas garotas". Pequena e forte, com um bronzeado permanente da Flórida e um sotaque do Bronx, ela se encantou por mim e Muriel e, às vezes, se o lugar não estivesse muito cheio, nos pagava uma cerveja, sentava e conversava conosco.

Todas sabíamos a situação dos bares gays, como eles abriam e fechavam com tanta regularidade e quem realmente lucrava com eles. Mas Trix era linda e esperta, dura e gentil, tudo ao mesmo tempo, e seu bronzeado permanente a tornava especialmente querida para mim. Ela parecia um dos mais simpáticos dos demônios com pele de nogueira que costumavam habitar meus sonhos naquele período.

Na verdade, a maioria dos bares gays durava menos de um ano, com a notável exceção de alguns poucos como o Bag. Laurel foi pelo caminho de todos os outros bares, como o Swing, o

Snooky, o Grapevine, o Sea Colony e o Pony Stable Inn. Todos fechados depois de mais ou menos um ano, enquanto em outro lugar outros abriam e viravam moda. Porém, naquele ano, o Laurel serviu como um ponto importante para aquelas de nós que se encontravam lá e faziam dele um breve espaço próprio. Havia um sentimento de família.

Nas tardes de domingo durante o verão, Muriel e eu deixávamos a praia gay de Coney Island ou do Parque Riis, pegávamos o metrô de volta para casa a tempo de tomar banho e nos vestir e caminhávamos para o Laurel na hora da comida, às quatro da tarde. Eu tive meu primeiro confronto racial explícito com uma garota gay numa tarde de domingo no Laurel.

Muriel e eu tínhamos voltado aquele dia do Parque Riis cheias de sol e areia. Fizemos amor com o sal ainda na pele, depois tomamos banho, lavamos os cabelos e nos arrumamos para sair. Vesti calças de montaria com cordões desbotados e virilha de camurça e um suéter azul-claro de mangas curtas comprado no início daquela semana na John's, na Avenida C, por 69 centavos. Minha pele estava queimada de sol e vermelha do calor e de muito amor. Meu cabelo estava com o corte em dia, e eu tinha acabado de lavá-lo, com a textura crespa específica que ele desenvolvia no calor do verão. Eu me sentia ousada e inquieta.

Saímos do sol daquela tarde quente de agosto para o frescor repentino e escuro do subsolo do Laurel. Muriel estava de bermuda e camiseta pretas, pálida como um fantasma, com seu eterno cigarro na mão. E eu estava ao lado dela, cheia de mim, sabendo que era gorda, negra e deslumbrante. Éramos singulares e inigualáveis, e naquele dia tive consciência de me sentir muito orgulhosa disso, não importando quem nos olhasse com desprezo.

Depois que Muriel e eu nos servimos do bufê, pegamos uma cerveja e ocupamos uma das mesas, Dottie e Pauli chegaram. Nós as víamos muito no Bag e no supermercado da Avenida D, mas nunca íamos na casa delas nem elas na nossa, exceto para o jantar de Ano-Novo, quando todo mundo se encontrava.

— Onde vocês estavam? — Pauli tinha um sorriso ingênuo, cabelo loiro e olhos azuis incandescentes contra o turquesa da camisa de gola chinesa que ela usava.

— Riis. Praia gay. — O dedo da Muriel curvou-se sobre a garrafa enquanto ela tomava um gole. Todas nós rejeitávamos copos como algo afeminado demais, embora eu, às vezes, sentisse falta de usar um, porque cerveja gelada fazia meus dentes doerem.

Pauli se virou para mim:

— Ei, que bronzeado maravilhoso você pegou. Eu não sabia que pretas ficavam bronzeadas. — Seu sorriso largo tinha a intenção de anunciar que era uma piada.

Minha defesa costumeira nessas situações era ignorar as conotações, deixar passar. Mas Dottie Daws, provavelmente por causa do próprio nervosismo com a referência de Pauli ao que não devia ser mencionado, não deixou o assunto morrer. Seguiu elogiando sem parar o meu bronzeado maravilhoso. Colocou seu braço ao lado do meu. Chacoalhou a cabeça loira pálida, falando para quem quisesse ouvir que ela queria poder se bronzear daquele jeito em vez de torrar, e como eu era sortuda por conseguir um bronzeado como aquele. Fiquei exausta e comecei a tremer de raiva, farta do que quer que fosse aquilo.

— Por que você nunca disse nada do meu bronzeado natural de todos os dias, Dottie Daws, por quê?

Houve um momento de silêncio na mesa, pontuado apenas por uma sombria risada de apoio da Muriel; então mudamos de assunto, felizmente. Eu ainda estava trêmula. Nunca me esqueci desse dia.

Nos bares gays, eu ansiava por outras mulheres negras, sem que essa necessidade tomasse forma nos meus lábios. Por quatrocentos anos neste país, mulheres negras foram ensinadas a enxergar as outras com profunda suspeita. Não era diferente no mundo gay.

A maioria das lésbicas negras estava no armário, reconhecendo corretamente a falta de interesse da comunidade negra sobre a nossa condição, além das muitas outras ameaças imediatas à nossa sobrevivência como pessoas negras numa sociedade racista. Já era difícil o suficiente ser negro, ser negra, ser negra e gay. Ser negra, gay e assumida em um meio branco, a ponto de dançar no Bagatelle, era um comportamento que muitas lésbicas negras consideravam suicida. E, se você fosse tola o suficiente para fazer isso, era bom ser durona o suficiente para que ninguém mexesse com você. Eu frequentemente me sentia humilhada pela sofisticação delas, por suas roupas, suas maneiras, seus carros e suas *femmes*.

As mulheres negras que eu via no Bag gostavam de desempenhar papéis opressivos, e isso me assustava. Isso era, em parte, o medo da minha própria negritude projetada e, em parte, as realidades da farsa. O desejo delas por poder e controle parecia uma parte minha, escancarada demais, vestida com as roupas do inimigo. Elas eram duronas de um jeito que eu achava que nunca poderia ser. Mesmo que não fossem, seus instintos autoprotetores faziam parecer que eram. Por causa das ideias distorcidas de beleza dos estados unidos brancos e racistas, as mulheres negras que performavam feminilidade tinham pouquíssimas chances no Bag. Havia uma competição constante entre as *butches* para ter a *"femme* mais linda" nos braços. E "linda" era definido pelos padrões do mundo masculino branco.

Para mim, ir ao Bag sozinha era como entrar numa terra anômala sem mulheres. Eu não era fofa nem passiva o suficiente para ser uma *femme*, e não era rude e durona o suficiente para ser uma *butch*. As pessoas mantinham certa distância de mim. Quem não é convencional pode ser perigosa, mesmo na comunidade gay.

Com exceção de Felicia e de mim, as outras mulheres negras no Bag chegavam protegidas por uma amostra de todos os símbolos de poder que podiam juntar. O que quer que elas fizessem durante a semana, nas noites de sexta, quando Lion ou Trip apareciam, às vezes com mulheres de roupas caríssimas nos braços, às vezes sozinhas, elas demandavam atenção e admiração. Eram hedonistas com autocontrole, com muita grana, muito bem-

-vestidas, que dirigiam conversíveis, pagavam rodadas de bebida para as amigas e, de modo geral, faziam o que tinha que ser feito.

Mas, às vezes, até mesmo *elas* não conseguiam entrar, a não ser que fossem reconhecidas pelo segurança.

Minhas amigas e eu éramos, antes mesmo de a expressão ser cunhada, as hippies do circuito de garotas gays. Muitas de nós acabaram mortas ou enlouqueceram, e muitas de nós foram mutiladas nas várias frentes em que tivemos de lutar. Mas, quando sobrevivíamos, ficávamos mais fortes.

Cada mulher negra que conheci no Village naqueles anos teve algum papel na minha sobrevivência, grande ou pequeno, mesmo que só como uma figura na contagem de cabeças no Bag numa noite de sexta.

Lésbicas negras no Bagatelle enfrentavam um mundo apenas levemente menos hostil do que o mundo exterior — aquele mundo que nos definia como um nada ao quadrado porque éramos negras e porque éramos mulheres —, aquele mundo que aumentava nossa pressão sanguínea e moldava nossas fúrias e nossos pesadelos.

A integração temporária nas fábricas de guerra e o mito igualitário de Rosie, a rebitadeira,[41] tinham acabado abruptamente com o fim da Segunda Guerra Mundial e o retorno generalizado das mulheres estadunidenses ao papel de mulherzinhas. Até onde eu podia ver, as garotas gays eram as únicas mulheres negras e brancas que chegavam a falar umas com as outras neste país, na década de 1950, para além do discurso vazio do patriotismo e dos movimentos políticos.

Negra ou branca, Ky-Ky, *butch* ou *femme*, a única coisa que compartilhávamos, muitas vezes e em proporções variadas, era o fato de que ousávamos nos conectar em nome da mulher, e víamos isso como nosso poder, e não como nosso problema.

---

41 Em inglês, *Rosie the Riveter* é uma referência a uma série de ícones culturais criados pelo governo dos estados unidos durante a Segunda Guerra Mundial para recrutar força de trabalho feminina nas fábricas de armamento e provimentos bélicos. [N.E.]

Todas nós que sobrevivemos àqueles anos comuns tivemos de ser um pouquinho estranhas. Gastamos muito da nossa juventude tentando nos definir como mulheres identificadas com mulheres, antes mesmo que essas palavras existissem, que dirá que houvesse interessados em tentar ouvir além das nossas fronteiras imediatas. Todas as sobreviventes daqueles anos comuns devem se sentir um pouco orgulhosas. Muito orgulhosas. Mantermo-nos sãs e estáveis, trilhando nossos próprios caminhos, ainda que vacilantes, era como tentar tocar o canto de guerra de Dinizulu ou uma sonata de Beethoven num apito canino.

Parecia que a mensagem importante era pertencer a um lugar. Fizesse ele justiça ou não ao que você pensava que era, tinha que haver um lugar para se fortalecer e checar suas asas.

Em momentos de necessidade e de grande instabilidade, o lugar às vezes se tornava mais uma definição do que a substância do motivo que o tornava necessário. Às vezes, o refúgio se tornava a realidade. Os escritores que posavam nos cafés conversando até a morte sobre seu trabalho, mesmo sem escrever duas palavras; as lésbicas, viris como homens, que odiavam mulheres *e* a sua própria condição de mulher vigorosamente. Os bares, os cafés e as ruas do Village nos anos 1950 estavam cheios de pessoas inconformistas que tinham um medo mortal de ir contra o seu próprio grupo conquistado a duras penas, então, por fim, acabavam cindidas entre o grupo e suas necessidades individuais.

Para algumas de nós não havia um lugar específico, e agarrávamos o que podíamos onde quer que encontrássemos espaço, conforto, calma, um sorriso, uma atitude sem julgamentos.

Ser mulheres juntas não era suficiente. Nós éramos diferentes.
Ser gays juntas não era suficiente. Nós éramos diferentes.
Ser negros juntos não era suficiente. Nós éramos diferentes.
Ser negras juntas não era suficiente. Nós éramos diferentes.
Ser lésbicas negras juntas não era suficiente. Nós éramos diferentes.

Cada uma de nós tinha suas próprias necessidades e interesses, e muitas alianças diferentes. A autopreservação alertou algumas de nós que não podíamos nos contentar com uma definição fácil, com uma individuação limitada de si. No Bag, na Hunter College, no Harlem, na biblioteca — cada lugar tinha um vínculo com uma parte de quem eu realmente era, e isso ainda estava em expansão.

Demorou para que percebêssemos que nosso lugar era a própria morada da diferença, e não a segurança de uma diferença específica. (E frequentemente éramos medrosas em nosso aprendizado.) Passaram-se anos antes de aprendermos a usar a força que a sobrevivência diária podia nos trazer, antes de aprendermos que o medo não tinha que nos paralisar e que podíamos apreciar umas às outras em termos que não eram necessariamente os nossos.

As garotas gays negras nos bares gays do Village dos anos 1950 sabiam os nomes umas das outras, mas raramente olhávamos nos olhos negros umas das outras, com medo de ver a nossa própria solidão e nosso próprio poder atenuado refletidos na busca pela escuridão. Algumas de nós morreram no vão entre os espelhos e aqueles olhos virados para o outro lado.

Irmãs *outsiders*. Didi e Tommy e Muff e Iris e Lion e Trip e Audre e Diane e Felicia e Bernie e Addie.

Addie era bonita como Mari Evans, uma irmã perdida. Motivada como todas éramos, ela encontrou saídas que ainda eram estranhas para algumas de nós — mais duras, menos escondidas.

Naquela tarde de domingo, enquanto Muriel e eu esperávamos Flee para a nossa lição de fotografia, Addie estava apresentando heroína para Flee num apartamento emprestado, cruzando a Segunda Avenida.

30

A primavera de 1956 veio com uma abundância de presságios ambíguos. Eu tinha parado a terapia, porque não tínhamos dinheiro. Aquela quantia que parecia suficiente para sobreviver no ano anterior tinha encolhido graças à inflação, ou recessão, ou o nome que o *New York Times* quisesse dar. Vasculhar minhas estruturas íntimas se tornou um luxo pelo qual eu não conseguia pagar. A terapia foi o último corte possível a ser feito. Nenhuma de nós falou nem sequer uma palavra sobre a incapacidade de Muriel para procurar um emprego. Ela não lidou com seu auto--ódio, e eu não lidei com o meu ressentimento. Minha professora de fisiologia na Hunter College tentou me ajudar com meus problemas financeiros me oferecendo um emprego de empregada doméstica em sua casa na Avenida Park.

Na noite anterior à minha última sessão de terapia, sonhei que Muriel e eu estávamos esperando o metrô numa estação azul--marinho. Há grupos de pessoas em volta, mas elas estão de costas, e eu não consigo ver seus rostos. Assim que o metrô chega na estação, Muriel cai da plataforma sob suas rodas. Permaneço na plataforma enquanto o metrô passa por cima dela, impotente demais para fazer qualquer coisa, meu coração se quebrando por baixo das rodas. Acordo chorando, com uma sensação de luto muito profunda para as palavras e que não passava.

Muriel estava tendo problemas para dormir. Noite após noite ela se sentava no sofá da sala, lendo e fumando e escrevendo em seu diário, e às vezes eu acordava ao ouvi-la conversar consigo mesma. Só depois descobri a qualidade desesperadora daquelas alucinações que ela disfarçava para mim como irritabilidade ou humor.

Em outras noites, ela ficava bebendo até que eu fosse dormir. Eu podia acordar e olhar pelo vão da porta do nosso quarto para encontrá-la, noite após noite, encostada nos travesseiros no sofá escorado na parede. Sua querida cabeça escura delineada por um círculo de luz, Velha Louca e Lu Medrosa enroladas no calor das suas coxas. Às vezes, eu sentia que estávamos tão perdidas uma para a outra como se uma de nós estivesse morta.

De manhã, quando eu me levantava para me arrumar para o trabalho, eu a encontrava dormindo no sofá, parecendo exausta e vulnerável, a mão pálida ainda segurando o livro contra o peito, as duas gatinhas entrelaçadas, dormindo na sua barriga. Ela estava ficando cada vez mais magra, comendo menos e menos, insistindo que não sentia fome, embora me parecesse muito perigoso viver só de cerveja e cigarro. Eu desligava a luz acima da sua cabeça, colocava um cobertor sobre ela e ia trabalhar.

Qué será, será
Whatever will be, will be...

A primavera chegou com um fervor extraordinário, e os acordes da versão de "Whatever Will Be, Will Be" de Doris Day ressoavam por todas as *jukeboxes* e estações de rádio.

Numa noite alegre de domingo, no início de abril, Muriel e eu esbarramos na minha velha amiga da escola, Jill, atravessando a Rua Houston Leste, encolhida num casaco dois números maior do que o dela. Fazia quase dois anos que eu não a via, desde que ela e as outras d'As Marcadas tinham usado meu apartamento na Rua Spring depois que eu fui trabalhar em Stamford. Ambas jovens poetas, renegadas e muito determinadas, havia muitas conexões entre mim e Jill transpondo nossas diferenças. Também havia um monte de questões inacabadas entre nós que nos separavam. Isso nos deixou mutuamente desconfiadas, ao mesmo tempo que valorizávamos as percepções uma da outra.

Jill estava indo para o escritório de advocacia do pai, no centro da cidade, para usar as máquinas de escrever elétricas depois do expediente. Muriel e eu nos juntamos a ela e, por vários domingos seguintes, datilografamos nossos poemas e ensaios em elegantes máquinas da IBM. Havia uma trégua cautelosa entre Jill e mim, como se tivéssemos decidido esquecer qualquer coisa que tenha acontecido antes e não falar sobre nada disso, como se nossas conexões e as histórias que compartilhávamos fossem suficientes para superar as diferenças. Pelo menos a Jill também era uma lutadora, outra que estava verdadeiramente à margem. Quando crianças, crescemos sob o eco subliminar dos bate-papos decididamente otimistas de Franklin Delano Roosevelt ao pé da lareira. Ambas tínhamos absorvido algo de sua receita para o progresso: quando os tempos estão difíceis, faça alguma coisa. Se funcionar, faça um pouco mais. Se não funcionar, faça outra coisa. Mas continue fazendo.

Na semana seguinte, numa noite, saindo da aula de alemão, ouvi alguém me chamar pelo nome. Quando me virei, surpresa, vi Toni, ex-estrela esportiva do ensino médio da Hunter. Tínhamos sido meras conhecidas antes, mas ali, nas desoladas terras inóspitas da faculdade, acolhemos calorosamente o rosto familiar uma da outra, com um alívio bem-vindo.

— Vamos tomar um café na semana que vem — sugeri, enquanto o sinal para a próxima aula tocava e corríamos para o elevador.

Toni riu e chacoalhou a cabeça loira com corte de cabelo bem curto.

— Por que café? Que tal uma bebida? Tem um bar legal no West Side chamado Sea Colony. Podemos ir até lá depois da aula, e não é tão longe de onde você mora, né?

Então Toni era gay. Mais uma bem-vinda-surpresa-mas-nem-tanto. E ela tinha seu próprio carro, uma conquista nada desprezível depois de apenas três anos fora do ensino médio.

Toni era então uma enfermeira, ministrando uma disciplina do programa de enfermagem da Hunter uma vez por semana. Fiquei maravilhada. Parecia que tinha se empenhado em fazer sua vida dar certo enquanto nós ainda estávamos tentando reconstruir o mundo. Toni parecia tão adulta e capaz, estabelecida e próspera em comparação comigo e com Muriel... Ela era um ano mais nova do que eu, dirigia o próprio carro e alugava uma casa de verão em Huntington Station, e nunca tinha que se preocupar com quanto gastava em comida. Bem segura dentro do armário no trabalho e na escola, Toni ainda tinha uma reputação por ter amigas "não convencionais".

Nós víamos muito a Toni; Muriel mais do que eu, já que eu ficava na faculdade até as dez da noite quatro vezes por semana.

Eu tinha acabado de terminar minhas tarefas de álgebra avançada, ainda confusa com a função dos senos, e estava indo para a cama quando escutei a chave de Muriel na porta. Senti o ar úmido da tempestade lá fora em torno dela, antes de ver seu rosto agora esquelético molhado pela longa caminhada através da cidade.

— Você ainda está acordada? — Ela deixou seu suéter azul-marinho no sofá e se sentou na beirada da cama. Feliz por vê-la em casa antes de dormir, e de bom humor, eu me sentei e peguei meus óculos. Seu recado avisava que ela e Toni tinham ido tomar uma cerveja.

— Onde está a Toni, por que ela não te trouxe até em casa? — Eu a beijei. Ela cheirava a cerveja e cigarro e chuva de abril.

— Ela estava hospedada perto do hospital hoje, então estava sem carro.

Nenhuma de nós estava acostumada a incluir um carro em nossa vida.

— Tirei oito na minha prova de funções quadráticas desta noite. — A trigonometria tinha sido um grande obstáculo em matemática naquele semestre. — Para onde vocês foram?

— Nós fomos para o Swing, mas estava fechado, e eu não sei se é apenas por esta noite ou para sempre. Então fomos num lugar novo na Rua Bleecker chamado Mermaid, mas eles tinham uma consumação mínima de um dólar, o que é uma porcaria durante a semana, então acabamos no Riv. — O Riviera não era essencialmente um bar gay, mas seu piso de serragem e a cerveja barata tornavam-no uma opção de emergência do pessoal na Sheridan Square.

— Como a Toni está?

Muriel deu uma risadinha.

— Se soltando cada vez mais. Ela nem levou o gorro de enfermeira-chefe hoje. — Muriel se aproximou e deu uma tragada no meu cigarro. — Como você se sentiria se Toni e eu transássemos?

Eu olhei para os seus profundos olhos castanhos, brilhantes e abertos pela primeira vez em muito tempo. Então era isso. Seu meio sorriso entusiasmado ajudou a amortecer a minha surpresa com a facilidade com que essa pergunta surgiu, novamente.

— Bem, vocês transaram?

— Ainda não, claro que não. Você sabe que eu teria te contado.

Ela falou com tanta animação e leveza de espírito que eu sorri, a contragosto. A velha Muriel estava de volta. Apaguei meu cigarro e me ajeitei novamente na cama.

— Bem, fico feliz por você ter perguntado. Venha para a cama.

Muriel estava tirando os tênis.

Minhas pontadas de ciúme foram temperadas pela diminuição do meu sentimento de culpa; pelo quê, eu não sabia dizer. Eu me deitei ao lado de Muriel, ouvindo seu ronco suave, ainda sem muita certeza sobre o que sentia. Eu gostava da Toni e, o que era mais importante, eu confiava nela. Confiava nela para cuidar de Muriel.

Eu amava ver os olhos de Muriel brilhando. Eu me lembrei da ruptura que Lynn tinha causado em nossa vida no ano anterior. Mas isso parecia muito diferente. Eu tinha aprendido muito. Muriel certamente precisava de algo.

Mas outra parte minha se revirou na escuridão, preenchida por uma grande tristeza. Pensei, de repente, sobre meu último ano na casa dos meus pais. Numa manhã, entrando no quarto deles para pegar o ferro de passar, antes de ir para a escola. Quando eu me virei, na luz da penumbra do amanhecer, me assustei repentinamente ao encontrar os olhos da minha mãe silenciosamente me acompanhando enquanto eu me arrastava sem fazer barulho. Tive a sensação de que ela estava acordada fazia tempo, me escutando enquanto eu estava às voltas com minhas coisas de adolescente pelo apartamento. Nossos olhos se encontraram por um momento, e foi a única vez que senti todo o peso da dor da minha mãe pelas hostilidades sempre presentes entre nós.

Aquele momento foi curto e profundo e inacreditavelmente pungente.

Parei com a mão na maçaneta da porta do quarto. Não trocamos palavra, mas de repente me lembrei do dia em que menstruei pela primeira vez e senti que ia chorar. Coloquei o ferro debaixo do braço e fechei a porta suavemente atrás de mim.

Na luz fraca que vinha da Rua 7, virei a cabeça para observar o rosto adormecido da Muriel. Sobre o que será que minha mãe pensava à noite agora que eu tinha ido embora?

Mais e mais da minha própria energia estava dirigida para outro lugar. Eu certamente não pensava na minha vida com Muriel como idílica, mas como algo precioso para nós duas que ainda estávamos comprometidas em construir. Além disso, tínhamos dito *para sempre*.

Muriel parecia ter ganhado uma nova vida. Ela começou a dormir melhor e passava cada vez menos tempo no sofá da sala.

Logo, a grande e ríspida Toni se tornou uma parte da nossa vida, com suas jaquetas de ginástica e seu gorro de enfermeira rendado que não combinava com sua cabeça agressiva. Ela chegava nas tardes de domingo, com panquecas judaicas feitas em casa chamadas *blintzes*, e diagramas trazidos da faculdade, nos quais tentávamos esquematizar as relações interpessoais possíveis no nosso futuro mundo de mulheres.

Eu estava indo melhor do que imaginava na faculdade. Pela primeira vez na vida passei a saber, saber de verdade, que eu era inteligente — inteligente segundo o critério de ser capaz de fazer o trabalho do homem branco, ser capaz de estudar. Finalmente estava aprendendo alemão e me saindo muito bem. Sobretudo, com a ajuda da Muriel e da minha antiga terapeuta, eu tinha aprendido a estudar. Muriel, que havia estudado alemão na escola, também me ajudou conversando comigo no idioma, e, por um tempo, estive mais articulada em alemão do que em inglês.

Às vezes, Toni passava a noite na Rua 7. Nas exultações frias do meio da primavera, nós três acordávamos com o amanhecer, pegávamos Nicky e Joan e íamos pescar na baía Sheepshead, nas manhãs de sábado. Voltávamos de tarde, com os barcos pesados de linguado e bodião.

E aos domingos, geralmente, tinha a Jill e as máquinas de escrever do pai dela.

Muriel, Jill e eu caminhamos de volta para a Rua 7 pela cidade ao escurecer do domingo — o cheiro inconfundível do início de maio estava no ar morno. Chegamos em casa muito tarde, e Jill passou a noite ali. O dia seguinte era segunda, o que significava trabalho, como de costume. Fui dormir e as deixei ainda conversando na sala.

Em algum momento entre a meia-noite e a manhã, acordei com um misto de horror e incredulidade. Os sons abafados vindos do cômodo ao lado eram óbvios. Muriel. Muriel e Jill estavam transando no sofá da sala. Fiquei rígida, tentando não ouvir, tentando não ficar acordada, ou mesmo ali, encurralada como um animal selvagem, entre se jogar do sétimo andar pela janela da frente e a atividade que se passava no quarto ao lado. SEM SAÍDA.

Se fosse qualquer outra pessoa no nosso sofá com Muriel, minha dor e minha fúria poderiam ter sido menores. Havia tantas histórias pendentes entre mim e Jill... A arma mais cruel à mão, ou assim me pareceu. Na nossa própria casa. Comigo no quarto ao lado. Um véu de fúria vermelha baixou sobre a minha consciência, algo que não havia sentido desde aqueles dias na casa da minha mãe, quando sangrava pelo nariz em vez de verter lágrimas. Mordi um pedaço do cobertor de lã, sentindo como se estivesse a ponto de cometer um assassinato, mas sem ter a quem matar. Imediatamente peguei no sono de novo, como uma forma desesperada de autoproteção.

Quando eu acordei, a casa estava calma e vazia. Não pude nem mesmo dizer: "Como você foi capaz disso, sua vadiazinha? Com ela, de todas as pessoas?". Nós não podíamos sequer conversar sobre isso. Muriel não estava lá.

Andei de um lado para o outro no apartamento, retorcendo as mãos até os dedos formigarem e ficarem vermelhos. Como eu ia lidar com este dia? Onde ela estava? Queria torcer seu pescoço. Lentamente, me vesti e logrei a façanha de me colocar fora de casa.

A rua, e o céu, e as pessoas que passavam estavam todos cobertos por um véu de raiva preso por um anel de ferro ancorado com um parafuso de aço bem no meio do meu peito.

Precisava ir ao trabalho, que agora era numa biblioteca no Bronx. Eu me encolhi contra a parede do fundo da estação Astor Place, com medo de que me jogasse, ou a outra pessoa, contra o trem quando se aproximasse.

Subi até a Avenida Morris, meus olhos cobertos por um filme vermelho, minhas mãos tremendo. Não conseguia separar a dor da traição da dor da fúria bruta. Fúria contra Muriel, fúria contra Jill, fúria contra mim mesma por não matar as duas. O metrô seguiu em disparada, com um atraso na Rua 34. Se eu não conseguisse fazer esse veneno sair de mim, morreria. Uma enxaqueca veio e se foi, sem aumentar ou diminuir minha agonia. Meu nariz começou a sangrar enquanto passávamos pela estação Grand Central. Alguém me ofereceu um lenço e o assento, e inclinei a cabeça para trás, fechando os olhos. As imagens de caos que passavam pela tela das minhas pálpebras eram assustadoras demais. Mantive meus olhos abertos pelo restante do trajeto.

Naquela manhã tivemos uma reunião de equipe na biblioteca. Nessas ocasiões os funcionários se revezavam no preparo do chá, um velho costume da biblioteca. Naquela semana, era a minha vez. Na cozinha imaculada e escassamente mobiliada dos funcionários, peguei uma panela grande com água fervente para despejá-la no bule que estava na pia.

Da janela da cozinha, eu podia ver botões felpudos na árvore de acácia do pequeno quintal que separava a biblioteca da fileira de cortiços da rua em frente. Na umidade da manhã daquela segunda, o brilho dos novos verdes era surpreendente. A primavera estava chegando, inexorável, e Muriel tinha transado com Jill no nosso sofá da sala algumas horas antes.

Minha mão esquerda fechou em volta da boca aberta do bule enquanto a panela fumegante de água fervente descansava na minha outra mão apoiada na borda da pia. O anel de serpente que Muriel tinha me dado de aniversário enrolava-se em torno do meu dedo indicador esquerdo, prata contra a minha pele negra. Examinei as costas da minha mão e o meu pulso, que desaparecia pela manga da camisa e do suéter. Quase casualmente percebi o que estava prestes a acontecer, como se tudo aquilo fosse uma história em algum livro que eu tinha lido exaustivamente algum tempo atrás.

Senti a tensão aumentando no meu braço direito, e minha mão direita começou a tremer. Assisti à panela se levantar lentamente da borda da pia, e a água fervente se derramar pela beirada da panela em câmera lenta sobre minha mão esquerda, que descansava sobre o bule. A água verteu, rebateu nas costas da minha mão e escorreu pelo ralo. Observei a pele negra se enevoar com o vapor, depois ficar vermelha e brilhante, e o veneno começou a sair de mim como água, enquanto eu remexia nos botões da manga da camisa e removia o tecido molhado do meu pulso escaldado. A carne queimada já tinha começado a formar bolhas. Caminhei para a sala ao lado, onde meus colegas estavam discutindo a aquisição de novos livros.

— Eu me queimei sem querer. — E então a dor irrompeu no espaço vazio deixado pela drenagem do veneno.

Alguém me levou, de táxi, do consultório médico para casa. Foi Muriel quem abriu a porta para mim e me ajudou a tirar minhas roupas. Ela não me perguntou o que tinha acontecido. Perto da dor da minha mão e do pulso, todo o resto parecia nunca ter existido. Peguei no sono imediatamente. No dia seguinte fui para a clínica de queimaduras do hospital St. Vincent, onde o anel de serpente teve que ser cortado e retirado da carne queimada e inchada.

Nos dias seguintes, quando eu sentia qualquer coisa além de dor, era culpa e vergonha, como se eu tivesse cometido um ato imperdoável que não deveria ser mencionado. Automutilação. Exibindo uma raiva que não era legal nem descolada. Fora disso, eu estava completamente vazia de emoções.

Muriel e eu nunca falamos sobre Jill nem sobre o acidente. Estávamos muito cautelosas e ternas uma com a outra, e um pouco pesarosas, como se reconhecêssemos com nosso silêncio o que era irreparável.

Jill havia sumido, para reaparecer em outro momento, quando menos se esperasse por ela. Ela não era muito importante ali, apenas o que ela representava. Agora, mais do que tudo, quando precisávamos de palavras entre nós, Muriel e eu ficamos em silêncio. O que estava entre nós tinha ido além da fala de que antes dispúnhamos, e estávamos perdidas demais e com medo demais de tentar um novo idioma.

Saímos com Joan e Nicky para comemorar o aniversário da Nicky. Minhas queimaduras estavam se curando. Felizmente não tive nenhuma infecção e voltei a trabalhar, vestindo uma luva branca para esconder as cicatrizes feias ao redor do pulso e nas costas da mão, estranhamente amalgamada com uma nova carne cor-de-rosa. Minha mãe tinha me dito que luvas de algodão e manteiga de cacau diariamente impediriam a formação de queloides, e ela estava certa.

Muriel e eu fizemos amor pela última vez no dia 20 de maio. Era a noite anterior às minhas provas finais na faculdade.

A casa estava vazia quando cheguei no dia seguinte. Eu tinha voltado mais cedo para estudar. Estava vazia quando saí ao anoitecer para pegar o metrô para a Hunter e estava vazia quando voltei no fim da noite e finalmente fui dormir. Ninguém com quem comemorar, ninguém com quem me preocupar, meu primeiro semestre de volta à faculdade. Eu me senti muito sozinha.

Quando percebemos que Muriel e Joan estavam tendo um caso, Nicky e eu previmos que não acabaria em boa coisa. Nem Joan nem Muriel estavam trabalhando.

O verão se transformou num pesadelo de términos e separações. Muriel estava indo embora e eu não conseguia deixá-la ir, embora muito de mim quisesse isso. Um sonho antigo, das duas juntas para sempre numa paisagem, me cegava.

Todas as noites, o chão em volta da minha cama solitária ficava acarpetado e esburacado por vulcões pelos quais Muriel caminhava com muita bravata e pouca cautela. Eu tentava alertá-la, mas minha língua estava muda. Minha cama era segura, mas minha vida também estava atrelada aos pontos em que ela colocava seus pés. Lava escorria pelo linóleo. Se ela fizesse do meu jeito, se ela pudesse me ouvir, andar por onde eu via caminhos foscos por entre as chamas, então ficaríamos ambas a salvo, para sempre. Querido deus, faça ela me ouvir antes que seja tarde demais!

Mas éramos parceiras desconhecidas num minueto íntimo e complicado. Nenhuma de nós conseguia escapar. Nenhuma de nós tinha o necessário para reconhecer ou alterar os passos e o ritmo da nossa rígida dança. Podíamos nos destruir, mas nunca ir além da nossa dor. Nossa vida juntas já não era sequer uma questão de conveniência agora, mas nenhuma de nós se desprendia nem admitia precisar desse contato devastador. Se o fizéssemos, teríamos que perguntar o motivo, o porquê; obviamente, o amor não era mais uma resposta suficiente.

Muriel passava a maior parte do tempo na casa de Nicky e Joan, em seu novo apartamento térreo na esquina da Rua 6 com a Avenida B. Sempre que estávamos sozinhas juntas, veneno e recriminações saltavam da minha boca como sapos selvagens, chovendo sobre sua cabeça amuada e sem reação.

Antes do solstício de verão, Muriel estava perdidamente apaixonada de novo. Eu passava as noites acordada, me perguntando como podia ter perdido minha garota para a magrela da Joan, com seu sorriso indeciso e um ar de superioridade permanente.

No dia em que recebi minhas notas finais da Hunter, houve protestos na Polônia. Nós morávamos num bairro polonês, e as varandas da vizinhança zumbiam animadas e apreensivas quando peguei o cartão com minhas notas na caixa de correspondência. Tirei um C em matemática e um A em alemão. Esse foi o primeiro A que recebi em qualquer disciplina que não fosse inglês.

É claro que eu estava convencida de que eu não tinha nada a ver com aquela nota. Assim que um desafio era superado, ele deixava de ser um desafio, tornando-se o normal e o esperado em vez de algo que eu tinha alcançado com dificuldade e que, portanto, seria um motivo justo de orgulho. Eu não conseguia assumir os meus próprios triunfos nem me dar crédito por eles. Tirar aquele A tornou-se não uma conquista vinda do meu esforço e estudo, mas apenas algo que tinha acontecido — provavelmente, o alemão devia estar ficando mais fácil de entender do que antes. E, além disso, se Muriel estava me deixando, eu obviamente não poderia ser uma pessoa que fazia qualquer coisa direito, certamente não tirar um A por conta própria.

Em algumas noites, não conseguia dormir. Uma manhã me encontrou caminhando para cima e para baixo na frente do prédio onde Joan e Nicky moravam, com a lâmina afiada de uma faca de açougueiro dentro da manga. Muriel estava lá, e provavelmente não estaria dormindo. Eu não tinha ideia do que estava planejando fazer. Eu me sentia como um ator em algum melodrama mal escrito.

Meu coração sabia o que minha cabeça se recusava a entender. Nossa vida juntas tinha acabado. Se não fosse Joan, seria outra pessoa. Outra parte de mim insistia que não era possível que isso estivesse acontecendo, enquanto cenas de assassinato, morte, terremoto atormentavam meus sonhos. O desarranjo psíquico estava cindindo meu cérebro. Devia haver alguma coisa que eu pudesse fazer, alguma coisa diferente que resolveria tudo, acabaria com minhas agonias da perda, devolveria Muriel à razão. Se eu ao menos descobrisse um jeito de convencê-la de que todo esse comportamento era ridículo, desnecessário, poderíamos começar a partir daí.

Outras vezes, a fúria, fria como gelo seco, vibrava por trás dos meus olhos. Quando ela ficava dias sem voltar para casa, eu caminhava pelas ruas do Village, assombrada, caçando a ela e a Joan, à mercê dos tufões emocionais que não conseguia controlar. Ódio. Eu deslizava pelas ruas de verão antes de amanhecer como um vento de inverno, cercada por uma nuvem de dor e raiva tão intensa que nenhuma pessoa sã ousaria se intrometer. Ninguém se aproximava de mim durante essas jornadas. Às vezes eu lamentava; ansiava por uma desculpa para matar. Minhas dores de cabeça lancinantes foram embora.

Telefonei para minha mãe para saber como ela estava. Absolutamente do nada, ela me perguntou como Muriel estava.

— Como vai sua amiga? Ela está bem? — Minha mãe só podia ser paranormal.

— Ah, ela está bem — eu disse apressadamente. — Está tudo bem. — Desesperada para que minha mãe não soubesse do meu fracasso. Determinada a esconder essa vergonha.

As aulas de verão começaram, e me matriculei em inglês e alemão. Fui removida nas primeiras duas semanas porque nunca apareci nas aulas. Nesse momento eu estava trabalhando por meio período na biblioteca, o que significava menos dinheiro e mais tempo.

Eu chorava a perda de Muriel numa selvageria de sofrimento com a qual nunca havia chorado por Gennie. Era a segunda vez na minha vida que algo intolerável estava acontecendo; não conseguia fazer nada para influenciar a situação, nada para me ajudar. Não conseguia fazer nada para abarcá-la, nem para alterá-la. Estava desequilibrada demais para considerar alterar a mim mesma.

Porque, se mesmo sabendo o que sabíamos e compartilhando tudo que compartilhávamos, Muriel e eu não conseguimos dar certo juntas, quais mulheres na Terra conseguiriam? Aliás, quais duas pessoas na Terra conseguiriam? O desgosto de persistir parecia melhor do que o desgosto de algum dia ter que tentar novamente, de algum dia tentar me conectar com outro ser humano.

Todas as dores que eu tinha vivido sem nunca sentir sobrevoavam a minha cabeça como morcegos cinza; eles mordiam os meus olhos e construíam ninhos na minha garganta e no centro do meu tórax.

Eudora, Eudora, o que era aquilo que você costumava me dizer?

Não desperdice nada, Chica, nem mesmo a dor. Especialmente a dor.

Passei manteiga de cacau nas cicatrizes da parte de trás da minha mão e do pulso, e elas diminuíram gradualmente. Comecei a usar as pulseiras caribenhas que minha mãe tinha trazido de Granada para mim. Elas cobriam as cicatrizes e a pele descolorida, e eu não tinha mais que dar explicações sobre o que tinha acontecido.

A maioria das nossas amigas já havia passado pelo trauma de terminar uma relação. Mas esta era diferente, eu pensava. Muriel e eu tínhamos de fato vivido juntas, por quase dois anos, e tínhamos dito que seria para sempre.

— Você vai superar isso — Toni disse, no dia em que ela me ensinou a nadar debaixo d'água, em Huntington Station. — Abra os olhos, deus do céu, abra os olhos! — Toni gritava comigo através da água gelada. — É sempre mais fácil com os olhos abertos. — Eu mergulhei novamente. Subindo. — De qualquer forma, você sabe que Muriel é maluca. Ela não vale tudo isso.

Para mim, ela valia.

Numa meia-noite quente de agosto, uma voz do passado voltou pelo telefone. Marie me ligou inesperadamente, depois de um ano de ausência. Ela estava em Detroit. Antes disso estivera escondida, fugindo da polícia pelo país com seu marido Jim, o traficante de mulheres do Texas. Marie tinha finalmente fugido dele e agora estava vivendo com um nome falso em Detroit. Nossas confidências risonhas no sofá da sala da sua mãe pareciam coisa de séculos atrás.

Peguei dinheiro emprestado com a Toni e fui para Detroit de ônibus, passar uma semana.

A viagem foi uma mudança bem-vinda. Os problemas da Marie eram externos e solucionáveis em um plano prático: safar-se de Jim, que buscava por ela, encontrar um novo emprego, evitar familiares e amigos questionadores. Nos divertimos bastante em Detroit.

Lá em Nova York, Muriel ficou no apartamento para alimentar os gatos e arrumar suas bagunças da cozinha, que durante o verão, por causa da nossa falta de cuidado, tinha se tornado uma escavação arqueológica de restos da vida de outras pessoas. Ela arrumou as nossas coleções de ferramentas, pregos e madeiras velhas, e os resultados potencialmente adoráveis das nossas garimpagens outrora idílicas de domingo pela cidade. Ela também reformou o armário de madeira que estávamos construindo para guardar os utensílios.

Para completar tudo isso, como uma surpresa, ela decidiu pintar toda a cozinha. Mas Muriel tinha muita dificuldade em finalizar qualquer projeto.

Voltei de Detroit dois dias depois. Era fim de tarde quando arrastei minha mala pelos lances familiares de escada e destranquei a porta da frente. Latas abertas de tinta seca fedendo no calor do verão. A cozinha meio pintada, amarelo vivo numa parede, creme nas outras. E as gatinhas, que tinham entrado na terebintina procurando algo para comer. As pequenas Velha Louca e Lu Medrosa estavam mortas e completamente duras debaixo da mesa da cozinha.

Coloquei os seus corpinhos pequenos dentro de uma caixa de ferramentas forrada com uma fronha velha, e levei-as pela Rua 7 até o East River Park sob o sol que começava a se pôr. Deixei-as lá, numa sepultura improvisada cavada embaixo de um arbusto o mais perto possível das águas lamacentas do rio, empilhando pedras e terra ao redor para manter os cães longe. Os meninos jogando beisebol do outro lado do parque assistiam, curiosos.

No caminho de volta para casa pela noite de verão, pensei sobre a transição repentina de Detroit para a mesma velha Nova York. Mas alguma coisa tinha cedido dentro de mim. Eu não parei na Rua 6 para perguntar a Muriel o que tinha acontecido. Não precisava; ela tinha amado as gatinhas e as tinha deixado morrer. De repente, e curiosamente sem drama, os dois corpinhos pretos duros dentro da caixa de ferramentas se tornaram a evidência tangível de que eu precisava, o último sacrifício.

Quando duas mulheres constroem um relacionamento em que entram juntas, as satisfações esperadas são mútuas, se não similares. Às vezes, o relacionamento se torna insatisfatório ou deixa de atender àquelas necessidades distintas. Quando isso acontece, a menos que haja um acordo mútuo para dissolver o relacionamento simultaneamente, sempre precisa haver uma pessoa que decida dar o primeiro passo.

A mulher que dá o primeiro passo não é necessariamente a mais ferida nem a mais culpada.

Primeira semana de setembro. O *Journal-American* estava prevendo que Elvis Presley, cuja voz decorava cada *jukebox* e cada rádio, seria apenas fogo de palha. As roupas de Muriel ainda estavam em casa, embora eu a visse pouco.

Eu estava na esquina da Segunda Avenida, esperando o ônibus. Ainda com o tempo bastante quente, os dias estavam ficando visivelmente mais curtos. A dor do início do verão tinha esmaecido. Eu nunca antes tinha desejado que um verão terminasse, mas agora a tristeza do inverno desse ano, que se aproximava, parecia um alívio.

A porta do ônibus abriu, e eu coloquei meu pé no primeiro degrau. Muito repentinamente, uma canção emergia na minha cabeça, como se um coro de anjos tivesse embarcado no ônibus na Segunda Avenida bem na minha frente. Eles estavam cantando o último refrão de um velho hino de esperança:

> *Gonna die this death*
> *on Cal-va-ryyyyy*
> BUT AIN'T GONNA
> DIE
> NO MORE...![42]

Suas vozes doces e poderosas eram mais altas que o barulho do trânsito da Segunda Avenida. Fiquei paralisada no degrau do ônibus.

— Ei, mocinha, a passagem! — Eu me mexi e coloquei as duas moedas na caixa da tarifa. A canção ainda era tão vívida que olhei ao redor com espanto enquanto cambaleava até o assento. Não tinha quase ninguém no ônibus naquele fim de manhã, exceto por umas poucas pessoas ordinariamente ocupadas e, em sua maioria, silenciosas. Novamente a orquestração angelical aumentou, enchendo minha cabeça com a nitidez e a precisão

---

[42] "A morte vai me encontrar/ no calvário/ mas não vou morrer nunca mais". [N.E.]

das palavras; a música era como uma onda de força. Ela parecia rica em esperança e promessa de vida — e, mais importante, um novo caminho através ou além da dor.

> *I'll die this death*
> *on Calvary*
> *ain't*
> > *gonna*
> > > *die*
> > > > *no*
> > > > > *more!*

As realidades físicas do ônibus sujo se afastaram de mim. De repente eu estava no topo de uma montanha, no centro de um país desconhecido, ouvindo o céu se encher com uma nova grafia do meu próprio nome.

Muriel se mudou da Rua 7 da mesma maneira que tinha se mudado para lá, a conta-gotas. Ela empacotou os últimos livros pouco antes do Natal. Voltei da faculdade uma noite e ela estava lá, tinha ido para terminar de empacotar. Muriel tinha caído no sono vestida no sofá. Era lá que ela costumava se sentar para escrever até o amanhecer sempre que não conseguia dormir, naquele último inverno quando ainda estávamos juntas. Seu braço estava erguido contra a luz. No dorso de uma das mãos, ela tinha rabiscado uma pequena sequência de margaridas em palitinhos, do jeito que as crianças fazem quando estão entediadas ou sozinhas.

A luz da luminária se projetava sobre o seu corpo num círculo estreito, destacando-a como vulnerável e intocada. Vendo Muriel dormir sob a luz acesa, mesmo depois de toda a dor e raiva, um amor recordado bem dentro de mim mobilizou meu coração. Ela abriu os olhos, me perguntou o que eu estava olhando. "Nada", respondi, me virando, sem querer outra interação raivosa. Ela não era minha criação. Ela nunca foi minha criação.

Muriel era ela mesma, e eu tinha apenas ajudado no processo, como ela ajudou no meu. Deixei ir a raiva que sentia dela do mesmo jeito que ela deixou ir meu amor, e nós éramos preciosas uma para a outra por causa disso. Era apenas a Muriel da minha cabeça que eu precisava deixar para trás, ou manter para sempre; a Muriel que me olhava do sofá pertencia a ela mesma, quem quer que ela desejasse ser.

Sozinha, comecei a aparecer nos bares durante a semana — o Bag, o Page Three, o Pony Stable, o Seven Steps... Algumas vezes naquele inverno, depois que Joan fugiu dela, encontrei Muriel sentada no canto de algum bar, chorando. Nunca a tinha visto chorar em público. Sua voz tinha perdido a doçura. Às vezes, ela gritava ou fazia alguma cena e era expulsa dos lugares. Nunca a tinha visto bêbada também. Eu me lembrei da noite em Cuernavaca quando ouvi Eudora rugindo nos jardins do complexo, encharcada de tequila.

Bêbada, com o cabelo escuro desgrenhado e caindo sobre o rosto, seu mindinho torto erguido a meio mastro, Muriel parecia um anjo macio como manteiga, caído, tornado completamente humano. Nicky disse que ela estava finalmente se recuperando dos efeitos do eletrochoque. Às vezes eu levava Muriel de volta para o seu apartamento e a colocava para dormir; às vezes a levava para a minha casa. Uma noite, enquanto ela dormia na Rua 7, eu fiquei acordada no quarto ao lado, ouvindo-a berrar durante o sono, pedindo a Joan que fosse brincar na neve. Finalmente, numa noite, quando eu estava descendo as escadas da entrada do Seven Steps, avistei Muriel, caída no canto mais distante do bar, de costas para mim. Eu dei meia-volta, caminhando rapidamente para fora antes que ela pudesse se virar e me ver. Eu estava cansada de bancar a protetora.

Os ritmos roubados, deturpados e, ainda assim, familiares de Presley eram como guirlandas aderecando aquele inverno.

> Well, since my baby left me
> Well, I found a new place to dwell
> Well, it's down at the end of the Lonely Street
> At Heartbreak Hotel[43]

Muriel foi para a casa em Stamford, no Natal. Ela não voltou, em nenhum sentido. Na primavera seguinte, ela se inscreveu num programa experimental para esquizofrênicos em que Toni trabalhava, na unidade de insulina de um hospital estadual.

A última coisa que Muriel fez antes de deixar definitivamente a Rua 7 foi queimar todos os seus poemas e diários dentro de um balde de lata galvanizado que ela colocou no chão em frente ao sofá verde da sala. O fundo do balde deixou uma queimadura permanente em forma de anel sobre o velho linóleo florido. Felicia e eu cortamos o velho quadrado e remendamos com o mesmo padrão, que encontramos na Rua Delancey na primavera seguinte.

---

[43] "Bem, desde que meu amor me deixou/ Bem, encontrei um novo lugar para ficar/ Bem, é lá no fim da Rua Solitária/ No hotel do coração partido". [N.E.]

31

Gerri era jovem e negra e morava no Queens e tinha um Ford azul-claro que ela apelidou de Anchova. Com seu cabelo cuidadosamente ondulado, a camisa de botões e calças de flanela cinza, ela parecia estar no limiar da caretice, sem ser nem um pouco careta, uma vez que você a conhecesse.

A convite de Gerri e frequentemente em seu carro, Muriel e eu tínhamos ido a festas de fim de semana no Brooklyn e no Queens, em casas de diversas mulheres.

Uma das mulheres que conheci numa dessas festas foi Kitty.

Quando reencontrei Kitty numa noite, anos depois, no Swing Rendezvous ou no Pony Stable ou no Page Three — aquele circuito de bares de segunda linha que eu tinha começado a frequentar sozinha naquela primavera triste e solitária de 1957 —, foi fácil lembrar do cheiro das noites de verão do St. Alban, no Queens, e dos sofás plastificados e do licor e do óleo de cabelo e dos corpos das mulheres na festa onde nos encontramos pela primeira vez.

Naquela casa de alvenaria no Queens, a sala de recreação com painéis de pinho no andar térreo estava animada e pulsante com música alta, comida boa e lindas mulheres negras em diversas combinações de roupas.

Havia trajes de verão feitos de *whipcord* com os colarinhos das camisas bem engomados e abertos em concessão ao calor intenso do verão, e calças brancas de gabardine com frente plissada, ou com um molde delgado para as muito magras. Havia jeans cor de trigo da Cowden, o favorito da moda daquele verão, com vincos perfeitos, e, ainda naquela época, um ou dois pares de calças cinza com presilha na parte de trás, vestidas sobre sapatos de camurça muito bem-acabados. Havia uma abundância de cintos de couro, largos e negros com brilhantes fivelas finas, vindos das lojas de excedentes da Marinha, e camisas oxford com a novidade do dácron, livre de ferro, com sua firmeza e transparência. Essas camisas, de mangas curtas e corte masculino, eram vestidas por dentro das calças ou de saias-lápis. Somente uma ou duas camisas de jérsei pendiam livremente para fora.

Bermudas e também shorts mais curtos já estavam fazendo sua aparição na cena *dyke* chique, cujas regras eram tão cruéis quanto as tiranias da Sétima Avenida ou de Paris. Esses shorts eram usados igualmente por *butches* e *femmes,* e por essa razão demoraram para ser incorporados ao guarda-roupa de muitas das garotas gays que estavam na moda, a fim de manter os sinais claros. As roupas eram, muitas vezes, o modo mais importante de transmitir o papel sexual escolhido por alguém.

Aqui e ali, por toda a sala, via-se o lampejo de saias rodadas brilhantemente coloridas, abaixo dos joelhos, sobre corpetes justos e decotados, além de vestidos tubinho e lustrosos saltos altos e finos, ao lado de sapatos de camurça, tênis e mocassins.

Os cortes de cabelo recorrentes entre as *femmes* eram o de pajem, bem cacheado, ou o de amontoados de cachos esculturais no topo da cabeça, ou cortes em camadas, emoldurando o rosto. Aquela fragrância doce e leve de salão de beleza que pairava sobre todos os encontros de mulheres negras nos anos 1950 estava presente ali também, acrescentando seu cheiro característico de pente quente e brilhantina aos outros aromas da sala.

Butches mantinham os cabelos curtos, num corte *ducktail* com uma ponta modelada na parte de trás, ou um pajem curto, ou às vezes em coques bem encaracolados que antecederam o uso do afro natural. Mas essa era uma raridade, e só consigo lembrar de outra mulher negra naquela festa, além de mim, cujo cabelo não era alisado, e era uma conhecida nossa do Lower East Side chamada Ida.

Numa mesa atrás do bar embutido, havia garrafas abertas de gim, bourbon, uísque, refrigerante e uma variedade de outros ingredientes para drinques. O bar estava recheado de pequenas iguarias de todos os tipos: salgadinhos e molhos, pequenos biscoitos e pedaços de pão com as habituais pinceladas de salada de ovo e patê de sardinha. Tinha também um prato com asas de frango fritas deliciosas e uma panela de salada de batata e ovo temperada com vinagre. Tigelas de azeitonas e pepinos rodeavam os pratos principais, com bandejas de maçãs vermelhas e pequenas cebolas doces em palitinhos.

Mas o destaque de toda a mesa era um suculento prato de rosbife em fatias finas, arranjadas sobre uma travessa com cubos de gelo. Sobre a travessa bege, cada fatia de carne malpassada tinha sido cuidadosamente disposta e individualmente dobrada em forma de vulva, com um pouquinho de maionese no ponto crucial. A carne marrom-rosada dobrada ao redor do pálido ponto amarelo-creme formava esculturas sugestivas que fizeram um grande sucesso com todas as mulheres presentes, e Pet, dona da casa onde a festa estava sendo oferecida, e quem teve a ideia das esculturas de carne, agradecia sorrindo os muitos elogios ao prato com um aceno gracioso do pescoço comprido de sua elegante cabeça de bailarina.

A mistura peculiar dos aromas de calor e de música daquela sala, em minha mente, dá lugar à jovem negra de bochechas salientes, com voz sedosa e olhar minucioso (alguma coisa na sua boca me lembrava Ann, a enfermeira com quem trabalhei quando saí de casa).

Aninhada na ponta do banco onde eu estava sentada, Kitty limpou distraidamente as manchas de batom de cada canto da boca com o movimento descendente de um dedo indicador delicado.

— Audre... que nome bonito. É abreviatura de quê?

Os pelos suados do meu braço se arrepiaram com a música de Ruth Brown e com o calor. Eu não aguentava ninguém implicando com meu nome, nem mesmo com apelidos.

— De nada. É só Audre. Kitty é abreviatura de quê?

— Afrekete — ela disse, estalando os dedos no ritmo do nome e dando uma longa risada. — Essa sou eu. Uma gatinha negra.

— Ela riu de novo. — Eu curto o seu penteado. Você é cantora?

— Não. — E ela continuou a me encarar com seus olhos grandes e diretos.

De repente, fiquei muito envergonhada por não saber mais o que dizer para corresponder ao seu olhar calmamente erótico, então levantei abruptamente e disse, no meu melhor tom sucinto do Laurel:

— Vamos dançar.

Seu rosto era largo e uniforme sob uma maquiagem clara demais, mas, à medida que dançávamos um foxtrote, ela começou a suar e sua pele adquiriu uma riqueza de brilho profundo. Kitty tinha os olhos parcialmente fechados enquanto dançava e um dente da frente revestido de ouro, que brilhava quando ela sorria e, ocasionalmente, mordia seu lábio inferior no tempo da música.

Sua camisa amarela de popeline, cortada no estilo de uma jaqueta Eisenhower, tinha um zíper meio aberto no calor do verão, mostrando clavículas que se destacavam como asas marrons saindo de seu longo pescoço. As roupas com zíper eram muito apreciadas entre o grupo mais liberal de garotas gays, pois podiam ser usadas em certas ocasiões tanto pelas *butches* quanto pelas *femmes*, sem causar nenhum comentário adverso ou problemático. A saia cáqui justa e bem-passada de Kitty se completava com um cinto preto que combinava com o meu, exceto por ser novo, e a fina elegância dela fez com que eu me sentisse quase maltrapilha em minhas calças de montaria gastas.

Eu a achei muito bonita e desejei poder dançar com a mesma facilidade com que ela dançava, assim, sem esforço. Seu cabelo tinha sido alisado em curtas camadas cacheadas, e, naquela sala de penteados cuidadosamente ondulados, *ducktails* e pajens, era o corte mais parecido com o meu.

 Kitty cheirava a sabonete e colônia Jean Naté, e eu continuei achando que ela fosse mais alta do que era na realidade, porque havia um cheiro confortável nela que eu sempre associei a mulheres grandes. Detectei outro cheiro, picante, de ervas, que mais tarde identifiquei como uma combinação de óleo de coco e da brilhantina de lavanda Yardley. Sua boca era carnuda e seu batom, escuro e brilhante, uma nova cor da Max Factor chamada "PINTURA DE GUERRA".

 A próxima dança foi lenta e sensual, o que me agradou. Eu nunca sabia se conduzia ou seguia na maioria das outras danças; o próprio esforço de ter que decidir era, para mim, tão difícil quanto precisar escolher entre esquerda e direita o tempo inteiro. De algum modo, essa distinção simples nunca se tornou automática, e todas essas decisões geralmente me deixavam com pouca energia para aproveitar o movimento e a música.

 Mas aquela dança, que chamávamos de *fishing*, era diferente. Precursora do *one-step*, na verdade era basicamente uma esfregação. A lâmpada vermelha baixa e o chão lotado da pista do St. Alban deixavam apenas o espaço suficiente para nos abraçarmos sem reservas, braços em volta do pescoço e da cintura, e a música lenta e íntima movia mais os nossos corpos do que nossos pés.

 Isso tinha acontecido em St. Alban, no Queens, aproximadamente dois anos antes, quando Muriel parecia ser a certeza na minha vida. Agora, na primavera deste novo ano, eu tinha meu apartamento todo para mim novamente, mas estava de luto. Evitava visitar casais de amigas ou convidar números pares de pessoas para a minha casa, porque a felicidade dos casais ou o mero fato de ver essas pessoas juntas me feria demais; reverberava essa ausência em minha própria vida, cujo buraco mais vazio tinha o nome de Muriel. Eu não tinha voltado ao Queens nem a qualquer festa desde o nosso término, e as únicas pessoas que eu via fora do trabalho e da faculdade eram as amigas que moravam no Village que me procuravam ou que eu encontrava nos bares. A maioria delas era branca.

— Ei, garota, quanto tempo! — Kitty me viu primeiro. Nos cumprimentamos com um aperto de mão. O bar não estava lotado, o que significa que provavelmente era o Page Three, que só enchia depois da meia-noite. — Onde está sua namorada?

Contei a ela que Muriel e eu não estávamos mais juntas.

— Sério? Que pena. Vocês eram tão fofas juntas. Mas fazer o quê. Há quanto tempo você está na "vida"?

Fiquei olhando para Kitty sem responder, tentando pensar em como explicar para ela que, para mim, só havia uma vida — a minha própria —, seja lá como eu escolhesse vivê-la. Mas ela parecia tirar as palavras direto da minha boca.

— Não que isso importe — ela disse, provocativa, terminando a cerveja que tinha levado até o fundo do bar, onde eu estava sentada. — Nós só temos uma, afinal. Pelo menos, desta vez. — Ela segurou meu braço. — Venha, vamos dançar.

Kitty continuava elegante e impecável, mas com um sorriso mais solto, e muito menos maquiagem. Sem sua camuflagem, sua pele cor de chocolate e a boca vivamente esculpida me lembravam um bronze do Benin. Seu cabelo ainda estava alisado, porém mais curto; a bermuda preta e as meias esticadas na canela combinavam com seus mocassins pretos incrivelmente brilhantes. Um pulôver preto de gola alta completava seu traje sofisticado. De alguma maneira, dessa vez, meu jeans não parecia esfarrapado ao lado dela, apenas uma variação de uma roupa parecida. Talvez tenha sido porque nossos cintos ainda combinavam — largos, pretos e com fivela de latão.

Fomos para o salão dos fundos e dançamos "Goody Goody", do Frankie Lymon, e depois um calipso do Belafonte. Dançando com ela dessa vez, senti quem eu era e aonde meu corpo estava indo, e aquela sensação foi mais importante para mim do que conduzir ou ser conduzida.

O espaço estava muito quente, embora fosse apenas o início da primavera, e Kitty e eu sorrimos uma para a outra quando a música acabou. Ficamos paradas esperando o próximo disco e a próxima dança começar. Foi um Sinatra lento. As fivelas dos nossos cintos atrapalhavam quando nos aproximávamos ao som da música excitante, e nós as arrastamos para o lado na cintura quando ninguém estava olhando.

Nos últimos meses desde que Muriel se mudara, minha pele parecia fria, dura e indispensável, como um pedaço estreito de couro congelado mantendo a forma esperada. Naquela noite, na pista de dança do Page Three, enquanto Kitty e eu encostávamos nossos corpos ao dançar, pude sentir minha carapaça amolecendo lentamente e, enfim, derretendo, até que me senti coberta por um cálido lapso de antecipação, quase esquecido, que ia e vinha com o contato dos nossos corpos em movimento.

Eu sentia que algo lentamente mudava nela também, como se uma corda tesa estivesse se soltando, até que não voltávamos mais para o bar entre cada dança, ficávamos direto na pista esperando pelo próximo disco, dançando só uma com a outra. Um pouco depois da meia-noite, numa decisão mútua e silenciosa, saímos do Page juntas, caminhando pelos quarteirões do West Village até a Rua Hudson, onde seu carro estava estacionado. Ela me convidou para beber algo na sua casa.

O suor abaixo dos meus seios, causado pela dança, estava ficando gelado no ar frio da noite enquanto atravessávamos a Sheridan Square. Na esquina da Rua Christopher, parei para acenar, pelas janelas de vidro laminado, para as costumeiras frequentadoras do restaurante Jim Atkins.

Dentro do carro, tentei não pensar sobre o que estava fazendo enquanto seguíamos para o norte da cidade, quase em silêncio. Senti uma dor bem embaixo do estômago, espalhando-se para fora e para baixo, entre minhas pernas, como mercúrio. O cheiro do seu corpo quente, misturado com o aroma de colônia suave e o de brilhantina de lavanda, envolvia o carro. Meus olhos descansaram na visão das suas mãos no volante, que cheiravam a coco, e na curva dos seus cílios enquanto prestava atenção na estrada. Eles tornaram mais fácil para mim transitar entre seus ímpetos esporádicos de conversa com apenas um eventual grunhido amigável.

— Não tenho ido aos bares do centro da cidade faz um tempo, sabia? É engraçado. Não sei por que não vou ao centro com mais frequência. Mas, de vez em quando, algo me diz para ir, e eu vou. Acho que deve ser diferente quando você vive por lá o tempo todo. — Ela virou seu sorriso salpicado de ouro para mim.

Cruzando a Rua 59, tive um momento de pânico intenso. Quem era essa mulher? E se ela só pretendia, na verdade, me dar a bebida que me ofereceu quando saímos do Page? E se eu tiver entendido totalmente errado as consequências do seu convite, e logo me veria abandonada no norte da cidade às três da madrugada de um domingo, será que eu tinha troco suficiente nos bolsos para ir para casa? Eu havia colocado comida suficiente para as gatinhas? Quando Flee chegasse com sua câmera amanhã de manhã, ela alimentaria as gatas se eu não estivesse lá? Se eu não estivesse lá.

Se eu não estivesse lá. A implicação desse pensamento era tão chocante que quase me jogou para fora do carro.

Eu tinha dinheiro suficiente apenas para uma cerveja naquela noite, então sabia que não estava bêbada, e maconha era só para ocasiões especiais. Uma parte de mim se sentia como uma leoa furiosa, inflamada de desejo. Até mesmo as palavras na minha cabeça pareciam emprestadas de um romance barato. Mas aquela parte de mim estava embriagada pela proximidade das coxas dessa excitante mulher negra desconhecida, que tranquilamente nos levava através de Manhattan, com mocassins de couro envernizado, casaco de pelo de camelo e uma conversa fácil, com a ênfase da sua mão enluvada tocando, de vez em quando, o jeans da minha perna.

Outra parte de mim se sentia desajeitada, inepta, como uma criança de uns quatro anos. Eu era a idiota brincando de ser uma amante, que logo seria descoberta e ridicularizada por minhas pretensões, além de rejeitada de imediato.

Seria possível — alguma vez foi possível — duas mulheres compartilharem o fogo que sentíamos naquela noite sem colocar a outra em perigo ou sufocá-la? Eu ansiava por isso como ansiava por seu corpo, duvidando das duas coisas, ardendo por ambas.

E como era possível que eu estivesse sonhando com essa mulher, com as ondas do seu mar entrando e rodeando o meu, quando apenas algumas horas atrás eu estava sofrendo pela perda de Muriel, tão certa de que meu coração estaria partido para sempre? E o que fazer se eu estivesse enganada?

Se o nó da minha virilha desaparecesse, eu teria pulado para fora do carro no semáforo seguinte. Ou foi o que pensei comigo.

Saímos da estrada do Central Park na esquina da Sétima Avenida com a Rua 110, e, enquanto as luzes do semáforo mudavam rapidamente na avenida agora deserta, Afrekete virou seu lindo rosto de lábios grossos para mim, sem nenhum sorriso. Seus grandes olhos luminosos olharam direta e surpreendentemente para os meus. Foi como se ela tivesse repentinamente se tornado outra pessoa, como se a parede de vidro formada pelos meus óculos, e através da qual eu tinha me acostumado tanto a me esconder, tivesse se dissolvido de repente.

Com uma voz monótona, quase formal, que correspondia perfeitamente às minhas interrogações e assim as obliterava, ela perguntou:

— Você pode ficar aqui esta noite?

Foi então que me ocorreu que talvez ela estivesse se perguntando sobre mim da mesma maneira que eu estava me perguntando sobre ela. Fiquei quase sem ar com sua combinação de delicadeza e honestidade — uma combinação que é ainda rara e preciosa.

Pois, além da garantia que sua pergunta me ofereceu — uma declaração de que essa canção da minha carne, essa atração, não era coisa só da minha cabeça —, além dessa garantia, havia uma série de suposições delicadas incorporadas naquela frase simples que reverberava no meu cérebro de poeta. Ela oferecia a ambas uma saída, se necessário. Se a resposta para a pergunta, de algum modo, fosse negativa, então sua própria sintaxe abria espaço para um motivo, para a impossibilidade, em vez de uma escolha — "Não posso" em vez de "Não quero". As demandas de outro compromisso, trabalho pela manhã, uma gata doente etc. poderiam ser digeridas mais facilmente que uma rejeição completa.

"Ficar aqui esta noite" era menos um eufemismo para transar do que um espaço oferecido, dentro do qual era possível avançar ou recuar. Se, por acaso, eu mudasse de ideia antes do semáforo e decidisse que não, eu não era gay, afinal, então uma simples companhia ainda estava disponível.

Eu me preparei para responder, na minha melhor voz casual do Lower East Side: "Eu gostaria muito", me amaldiçoando pelas palavras banais e me perguntando se ela conseguia perceber o meu nervosismo e meu desejo desesperado de ser graciosa e sofisticada, me afogando em pura ânsia.

Estacionamos perto de um ponto de ônibus da Avenida Manhattan com a Rua 113, no antigo bairro da Gennie.

Alguma coisa em Kitty me fazia sentir como se estivesse numa montanha-russa, indo de idiota a deusa. Quando pegamos sua correspondência na caixa de correio quebrada e subimos os seis lances de escada até sua porta, eu já sentia que nunca tinha havido algo que meu corpo desejasse mais do que enfiar as mãos dentro do seu casaco e segurar Afrekete nos braços, encaixando inteiramente o seu corpo nas curvas do meu, com seu casaco de pelo de camelo em torno de nós e suas mãos enluvadas segurando ainda as chaves da porta.

Na luz fraca do corredor, seus lábios se moviam como espuma sobre as ondas do mar.

Era uma quitinete com janelas altas e estreitas no primeiro cômodo. De um lado a outro de cada janela, havia prateleiras colocadas em diferentes níveis. Das prateleiras balançavam e transbordavam, se penduravam e se inclinavam e descansavam vasos e vasos de barro com plantas verdes e desgrenhadas, grandes e pequenas, de todos os formatos e circunstâncias.

Mais tarde, passei a adorar o modo como as plantas filtravam a exposição solar do sul na sala. A luz batia na parede oposta, num ponto quinze centímetros acima do aquário de cem litros que murmurava suavemente, como uma joia silenciosa, apoiado sobre pernas de ferro forjado, brilhante e misterioso.

Ora lentos, ora apressados, peixes translúcidos, em cores de arco-íris, disparavam para a frente e para trás na água iluminada, examinando as laterais de vidro em busca de pedaços de comida, e nadando para dentro e para fora daquele mundo maravilhoso formado por cascalhos coloridos e túneis de pedra e pontes que forravam o piso do aquário. Montada numa das pontes, com a cabeça baixa observando os peixinhos que nadavam de um lado para o outro por entre suas pernas, havia uma pequena boneca negra, seu corpo nu liso lavado pelas bolhas que subiam da bomba de ar atrás dela.

Entre as plantas verdes e o mágico aquário brilhante com peixes exóticos, ficava um quarto cujo conteúdo não consigo mais distinguir na minha mente. Exceto por um sofá xadrez que abria e se tornava a cama de casal que nós balançamos enquanto nos amávamos daquela noite até a manhã brilhante de domingo, salpicada pela luz do sol verde das plantas nas janelas altas de Afrekete.

Acordei na casa dela, banhada naquela luz, o céu entrevisto através das janelas da quitinete do último andar, e Afrekete, familiar, dormia ao meu lado.

Os pequenos pelos abaixo do seu umbigo reclinavam-se ao avanço da minha língua como as páginas instigadas de um livro bem folheado.

Quantas vezes naquele verão entrei naquele quarteirão pela Oitava Avenida, o botequim da esquina derramando um cheiro de serragem e álcool na rua, e uma quantidade indeterminada e inconstante de homens negros, jovens e velhos, se revezando sobre dois caixotes de leite, jogando damas? Eu virava a esquina da Rua 113 em direção ao parque, meus passos acelerando e as pontas dos meus dedos formigando para brincar na sua terra.

E eu me lembro de Afrekete, que saiu de um sonho para mim, sempre forte e real como os pelos de fogo na linha do meu umbigo. Ela me trouxe coisas vivas do mato e inhames e mandiocas da sua fazenda — aqueles legumes mágicos que Kitty trazia dos mercados caribenhos da Avenida Lenox, na altura do número 140, ou das *bodegas* porto-riquenhas no mercado movimentado da esquina da Avenida Park com a Rua 116, debaixo da ferrovia.

"Comprei isso no mercado paralelo" era uma fala de um tempo imemorial, que oferecia uma explicação adequada: o que quer que fosse, vinha de tão longe e de tão perto de casa — ou seja, era autêntico — tanto quanto possível.

Comprávamos deliciosas maçãs vermelhas do tamanho de cajus franceses. Havia bananas-da-terra verdes, que descascávamos pela metade e depois plantávamos, a fruta toda, no corpo uma da outra até que as pétalas da pele fossem apêndices de um vasto fogo verde sobre a escuridão encaracolada entre nossas coxas abertas. *Havia bananas vermelhas maduras, curtas, grossas e doces, com as quais eu separava seus lábios gentilmente, para colocar a fruta descascada em sua flor roxa como uva.*

Eu a segurei, me coloquei entre suas pernas negras, brincando vagarosamente com minha língua por suas florestas familiares, lambendo devagar e engolindo à medida que as ondas profundas e os movimentos das marés do seu corpo forte esmagavam lentamente a banana madura, formando um purê pálido que se misturava com o sumo da sua carne elétrica. Nossos corpos se encontraram novamente, cada parte tocada com a chama da outra, das pontas dos dedos dos pés entrelaçados até as línguas, e, envolvidas por nossos próprios ritmos selvagens, cavalgamos uma na outra pelo espaço trovejante, derramado como luz da ponta da língua uma da outra.

Éramos cada uma das duas juntas. Então nos separamos, e o suor brilhou em nossos corpos como óleo doce.

Às vezes Afrekete cantava num pequeno bar no norte da cidade, no Sugar Hill. Às vezes ela trabalhava como caixa no Mercado Gristede, na Rua 97 com a Amsterdã, e às vezes, sem nenhum aviso, ela aparecia no Pony Stable ou no Page Three nas noites de sábado. Uma vez, cheguei tarde da noite em casa, na Rua 7, para encontrá-la sentada na entrada às três da manhã, com uma garrafa de cerveja na mão e um pedaço de pano africano brilhante enrolado na cabeça, e disparamos para o norte da cidade, pelas ruas vazias da madrugada, com os trovões e rajadas de vento de uma tempestade de verão estalando sobre nós e as ruas úmidas da cidade cantando sob as rodas do seu pequeno Nash Rambler.

Há certas verdades que estão sempre conosco e das quais passamos a depender. Que o sol se move para o norte no verão, que o gelo se contrai quando derrete, que as bananas curvadas são as mais doces. Afrekete me ensinou raízes, novas definições dos nossos corpos de mulheres — definições que até então eu só havia me preparado para aprender.

No começo do verão, as paredes do apartamento de Afrekete estavam sempre quentes ao toque, por causa do calor do sol queimando no teto, e brisas fortuitas vinham pelas janelas e agitavam as plantas e roçavam nossos corpos lisos de suor, que descansavam depois de amar.

Falávamos, às vezes, sobre o significado de amar mulheres e o alívio que isso representava no olho do furacão, não importando quantas vezes tivéssemos que morder a língua e ficar em silêncio. Afrekete tinha deixado sua filha de sete anos com a mãe, na Geórgia, e compartilhamos muito de nossos sonhos.

— Ela vai poder amar qualquer pessoa que ela queira amar — Afrekete disse, fervorosamente, acendendo um Lucky Strike. — Da mesma forma como ela vai poder trabalhar no lugar que bem entender. Sua mamãe vai cuidar disso.

Uma vez conversamos sobre como as mulheres negras tinham sido forçadas a empreender campanhas dentro das fortalezas dos inimigos, em excesso e com muita frequência, e sobre como nossas paisagens psíquicas haviam sido roubadas e esgotadas por essas repetidas batalhas e campanhas.

— E não é que eu tenho as cicatrizes para provar isso? — ela suspirou. — Mas faz você ficar mais forte, querida, caso não a afunde. E é isso que eu gosto em você; você é como eu. Nós duas vamos longe, porque somos duronas e doidas demais para não fazer isso!

E nos abraçamos e rimos e choramos pelo que tivemos que pagar por aquela resistência, e como era difícil explicar para alguém que ainda não soubesse que suave e resistente tinham que ser a mesma coisa, para que ambas possam funcionar, assim como nossa alegria e as lágrimas que se misturam no travesseiro sob nossa cabeça.

E o sol se derramava sobre nós, filtrado pelas janelas empoeiradas e pela massa de plantas verdes de que Afrekete cuidava religiosamente.

Peguei um abacate maduro e o rolei entre minhas mãos até que a casca se tornasse um invólucro verde para a fruta macia amassada lá dentro, com um caroço duro no meio. *Eu me levantei de um beijo na sua boca para mordiscar um buraco na casca da fruta perto do caule do umbigo, espremi o sumo pálido amarelo-esverdeado da fruta em linhas ritualísticas, para lá e para cá, por cima e ao redor de sua barriga cor de coco.*

O óleo e o suor dos nossos corpos retinham o líquido da fruta, e eu a massageava pelas coxas e entre seus seios até sua negritude brilhar como uma luz através de um véu de abacate verde pálido, um manto feito do fruto da deusa, que eu lambi vagarosamente da sua pele.

Então tínhamos que nos levantar para recolher os caroços e as cascas das frutas e colocá-los num saco para botar no lixo, porque, se os deixássemos perto da cama por qualquer período, atrairiam hordas de baratas que sempre esperavam na profundeza das paredes dos cortiços do Harlem, sobretudo nos menores e mais velhos ao pé da colina do Morningside Heights.

Afrekete morava perto da casa da avó de Genevieve.

Às vezes ela me lembrava de Ella, a madrasta da Gennie, que se arrastava para lá e para cá com um avental e uma vassoura do lado de fora do cômodo onde Gennie e eu ficávamos deitadas no sofá. Ela ficava cantando sem parar sua musiquinha desafinada, de novo e de novo:

Mama me matou
Papa me comeu
Pobre maninho
roeu os ossos meus

E um dia Gennie, deitada no meu colo, virou a cabeça para dizer, inquieta: "Sabe, às vezes, eu não sei se Ella é maluca, ou burra, ou divina".

E agora eu penso que a deusa estava falando através de Ella também, mas ela estava derrubada e anestesiada demais pela brutalidade de Phillip para acreditar em sua própria boca, e nós, Gennie e eu, éramos arrogantes e infantis demais — não sem direito ou razão, pois éramos pouco mais do que crianças — para ver que nossa sobrevivência poderia muito bem estar em ouvir a música desafinada da mulher que se arrastava.

Perdi minha irmã, Gennie, para o meu silêncio, para a sua dor e desespero, para a nossa raiva e para a crueldade de um mundo que casualmente destrói seus próprios jovens — não como um gesto de rebeldia ou sacrifício ou esperança por uma outra vida para o espírito, mas por não perceber ou se importar com a destruição. Nunca consegui fechar meus olhos para essa crueldade, o que, de acordo com uma definição popular de saúde mental, me torna mentalmente doente.

A casa de Afrekete era a mais alta perto da esquina, antes das grandes rochas do Parque Morningside do outro lado da avenida, e numa noite, sob a lua da véspera do solstício de verão, levamos um cobertor para o telhado. Ela morava no último andar, e, por um acordo tácito, o telhado pertencia principalmente a quem vivia debaixo do seu calor. O telhado era o principal refúgio territorial dos moradores dos cortiços e era conhecido como Praia de Piche.

Nós travamos a porta do telhado com os nossos tênis e estendemos nosso cobertor ao abrigo do vento, ao lado da chaminé, entre sua parede quente de tijolos e o parapeito alto da fachada do prédio. Isso foi antes de o fulgor das lâmpadas de enxofre ter esvaziado as ruas de Nova York de árvores e sombras, e a incandescência das luzes lá embaixo dissipava-se gradualmente até o topo do prédio. De trás do parapeito conseguíamos ver, pairando sobre nós, as formas escuras dos afloramentos de basalto e granito do parque do outro lado da rua, delineados, curiosamente próximos e sugestivos.

Tiramos as camisolas de algodão que estávamos vestindo e fomos ao encontro dos seios úmidos uma da outra à sombra da chaminé do telhado, fazendo lua, glória, amor, enquanto a vaga luz fantasmagórica que subia da rua competia com a intensa doçura de prata da lua cheia, refletida nos espelhos brilhantes dos nossos corpos escuros, deslizantes de suor, sagrados como o oceano na maré alta.

Lembro da lua subindo contra os planos oblíquos de suas coxas erguidas, e minha língua capturou um rastro de prata refletido na escuridão salpicada da mata encaracolada dos seus pelos. *Lembro da lua cheia como pupilas brancas no centro de suas íris grandes.*

As luas se esconderam, e seus olhos foram escurecendo à medida que você rolava por cima de mim, e eu sentia a luz prateada da lua se misturar à umidade da sua língua sobre as minhas pálpebras.

Afrekete Afrekete cavalgava em mim até a encruzilhada onde dormiríamos, cobertas pelo poder da mulher. O som do encontro dos nossos corpos é a prece de todas as que são diferentes e de todas as irmãs, para que os males descartados, abandonados em todas as encruzilhadas, não nos sigam em nossa jornada.

Descemos do telhado mais tarde, em uma meia-noite sufocante de verão no oeste do Harlem, com música nas ruas e a choradeira desagradável de crianças cansadas e calorentas demais. Perto dali, mães e pais, sentados nas varandas ou em caixotes de leite e cadeiras de acampamento listradas, abanavam-se distraidamente e conversavam, ou pensavam sobre o trabalho de sempre no dia seguinte e a falta de sono.

Não foi nas areias claras de Ouidah, nem nas praias de Winneba ou Annamabu, com coqueiros suavemente aplaudindo e grilos marcando o tempo com os golpes de um mar escuro, traiçoeiro e belo. Foi em direção à Rua 113 que descemos depois do nosso encontro sob a lua da véspera do solstício de verão, mas as mães e os pais sorriram para nós, em saudação, enquanto caminhávamos para a Oitava Avenida, de mãos dadas.

Eu não tinha visto Afrekete por algumas semanas em julho, então, numa noite, fui até sua casa no norte da cidade, já que ela não tinha telefone. A porta estava trancada, e não tinha ninguém no telhado quando chamei da escada.

Uma semana depois, Midge, a garçonete do Poney Stable, me entregou um bilhete de Afrekete, dizendo que ela tinha conseguido um trabalho em Atlanta, para setembro, e estava partindo para visitar a mãe e a filha por um tempo.

Havíamos nos encontrado como elementos explodindo numa tempestade elétrica, trocando energia, compartilhando carga, breves e torrenciais. Depois nos afastamos, passamos, nos reformamos, nos remodelamos, aperfeiçoadas pela troca.

Eu nunca mais vi Afrekete, mas ela segue gravada em minha vida com a ressonância e o poder de uma tatuagem emocional.

EPÍLOGO

Cada mulher que um dia amei deixou sua impressão em mim, e nela amei uma parte inestimável de mim mesma fora de mim — tão diferente que tive de me expandir e amadurecer para reconhecê-la. E, nesse amadurecimento, chegamos à separação, aquele lugar onde o trabalho começa. Um outro encontro.

Um ano depois, terminei meu mestrado em biblioteconomia. O primeiro verão de uma nova década terminava quando saí da Rua 7 pela última vez, deixando aquela porta destrancada para qualquer pessoa que precisasse de abrigo. Havia quatro poemas quase prontos rabiscados na parede do banheiro, entre a privada e a banheira, outros nos batentes da janela e no assoalho sob o linóleo florido, misturados com fantasmas dos aromas de comidas deliciosas.

Esse lugar tinha sido minha casa por sete anos, o tempo que um corpo humano leva para se renovar completamente, célula por célula. E naqueles anos minha vida tinha se tornado cada vez mais uma ponte e um campo de mulheres. *Zami.*

Zami. Um nome de Carriacou para mulheres que trabalham juntas como amigas e companheiras.

Carregamos nossas tradições conosco. Comprei potes de sal Red Cross e uma vassoura de palha de milho nova para meu novo apartamento na Avenida Westchester: novo emprego, nova casa, nova vida vivendo a antiga de outra maneira. Recriando em palavras as mulheres que me ajudaram a ganhar substância.

Vó Liz, DeLois, Louise Briscoe, tia-avó Anni, Linda e Genevieve; Mawulisa, trovão, céu, sol, a grande mãe de todas nós; e Afrekete, sua filha mais nova, a linguista travessa, trapaceira, a mais amada, que todas devemos nos tornar.

Seus nomes, identidades, rostos me alimentam como o milho antes do trabalho. Vivo cada uma delas como um pedaço de mim e escolho essas palavras com o mesmo cuidado grave com que escolho forçar a fala em poesia, o núcleo de significação, as visões futuras de todas as nossas vidas.

Uma vez, *o lar* era algo muito distante, um lugar onde eu nunca tinha estado, mas que conhecia da boca da minha mãe. Só descobri suas latitudes quando Carriacou não era mais minha casa.

Lá se diz que o desejo de se deitar com outra mulher é um impulso vindo do sangue da mãe.

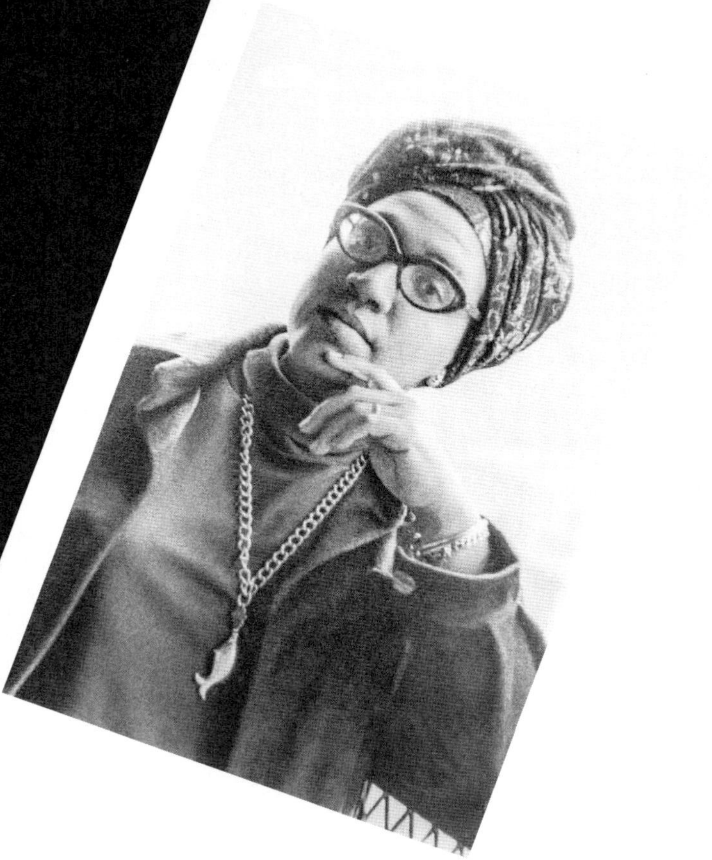

SOBRE A AUTORA

Audre Lorde nasceu no Harlem, bairro de Nova York, nos Estados Unidos, em 1934. Em 1959, graduou-se em biblioteconomia pela Hunter College. Em 1961, concluiu seu mestrado na área pela Columbia University. Durante os anos 1960, trabalhou como bibliotecária em escolas públicas de Nova York. Em 1962, casou-se com Edward Rollins, com quem teve dois filhos. Em 1968, conheceu a professora de psicologia Frances Clayton, com quem passou a viver após o fim de seu casamento, tendo sido sua companheira por quase vinte anos. Em 1969, começou a lecionar na Lehman College. Em 1970, tornou-se professora de literatura na John Jay College. Em 1977, passou a trabalhar como editora de poesia no jornal feminista *Chrysalis*. Em 1978, foi diagnosticada com câncer de mama, tendo realizado mastectomia como parte do tratamento. Em 1980, fundou, junto com a escritora Barbara Smith, a editora Kitchen Table: Women of Color Press, para disseminar a produção de feministas negras. Em 1981, foi nomeada professora no programa de escrita criativa da Hunter College. Em 1984, recebeu o diagnóstico de câncer de fígado. Mesmo com a doença, manteve uma rotina intensa de viagens. Estabeleceu uma relação especial com a Alemanha, retratada pela diretora Dagmar Schultz no documentário *Audre Lorde: The Berlin Years* (2012). Engajada com a luta das mulheres sul-africanas contra o apartheid, em 1985 criou a rede de apoio Sisterhood in Support of Sisters in South Africa [Irmandade de apoio às irmãs na África do Sul]. No final dos anos 1980, mudou-se para Saint Croix, uma ilha no Caribe, onde viveu os últimos seis anos de sua vida ao lado da socióloga e ativista Gloria Joseph. Após seu falecimento em 1992, seus arquivos passaram a integrar a coleção da Spelman College, em Atlanta.

Audre Lorde recebeu diversos prêmios ao longo da carreira, entre os quais podem-se destacar as bolsas concedidas pelo National Endowment for the Arts (de 1968 e 1981) e pelo Creative Artists Public Service Program (de 1972 e 1976) e o prêmio de excelência literária de Manhattan, de 1987. Em 1991, foi nomeada poeta laureada pelo estado de Nova York.

BIBLIOGRAFIA SELECIONADA

OBRAS DE AUDRE LORDE

The First Cities. Nova York: Poet's Press, 1968.
Cable to Rage. Londres: Paul Breman, 1970.
From a Land Where Other People Live. Detroit: Broadside Press, 1973.
New York Head Shop and Museum. Detroit: Broadside Press, 1973.
Coal. New York: W. W. Norton, 1976.
Between Our Selves. Point Reyes: Eidolon Editions, 1976.
The Black Unicorn. New York: W. W. Norton, 1978.
The Cancer Journals. São Francisco: Spinsters Ink, 1980.
Zami: A New Spelling of My Name. Boston: Persephone Press, 1982.
Chosen Poems: Old and New. Nova York: W. W. Norton, 1982.
I Am Your Sister: Black Women Organizing across Sexualities. Nova York: Kitchen Table/Women of Color Press, 1985.
Our Dead Behind Us: Poems. Nova York: W. W. Norton, 1986.
A Burst of Light: Essays by Audre Lorde. Nova York: Firebrand, 1988.
Undersong: Chosen Poems, Old and New. Nova York: W. W. Norton, 1992.
The Marvelous Arithmetic of Distance: Poems, 1987-1992. Nova York: W. W. Norton, 1993.
The Collected Poems of Audre Lorde. Nova York: W. W. Norton and Company, 1997.

OUTRAS OBRAS DE AUDRE LORDE EM PORTUGUÊS

Irmã outsider: ensaios e conferências. Trad. Stephanie Borges. Belo Horizonte: Autêntica, 2019.
Entre nós mesmas — poemas reunidos. Trad. Tatiana Nascimento. Rio de Janeiro: Bazar do Tempo, 2020.
A unicórnia preta — poemas. Trad. Stephanie Borges. Belo Horizonte: Relicário, 2020.
Sou sua irmã. Trad. Stephanie Borges. São Paulo: Ubu, 2020.
Nossos mortos em nossas costas. Trad. Tatiana Nascimento. Rio de Janeiro: A Bolha, no prelo.

BIBLIOGRAFIA SOBRE AUDRE LORDE

ALEXANDER, Elizabeth. "Coming Out Blackened and Whole: Fragmentation and Reintegration in Audre Lorde's *Zami* and *The Cancer Journals*", *American Literary History*, v. 6, n. 4, p. 695-715, 1994.
BRAXTON, Joanne M. *Black Women Writing Autobiography: A Tradition within a Tradition*. Filadélfia: Temple University Press, 1989.
BURR, Zofia. *Of Women, Poetry, and Power: Strategies of Address in Dickinson, Miles, Brooks, Lorde and Angelou*. Urbana: University of Illinois Press, 2002.
DE VEAUX, Alexis. *Warrior Poet: A Biography of Audre Lorde*. Nova York: W. W. Norton, 2004.
GINZBERG, Ruth. "Audre Lorde's (Nonessentialist) Lesbian Eros", *Hypatia*, v. 7, n. 4, p. 73-90, 1992.
KING, Katie. "Audre Lorde's Lacquered Layerings: The Lesbian Bar as a Site of Literary Production". *In*: MUNT, Sally (org.). *New Lesbian Criticism: Literary and Cultural Readings*. Nova York: Columbia University Press, 1992.
MARTIN, Joan M. "The Notion of Difference for Emerging Womanist Ethics: The Writings of Audre Lorde and Bell Hooks", *Journal of Feminist Studies in Religion*, v. 9, n. 1-2, p. 39-51, 1993.

SHELLY, Elaine. "Conceptualizing Images of Multiple Selves in the Poetry of Audre Lorde", *Lesbian Ethics*, p. 88-98, 1995.

STEELE, Cassie Premo. *We Heal From Memory: Sexton, Lorde, Anzaldua, and the Poetry of Witness*. Nova York: Palgrave, 2000.

WILSON, Anna. "Audre Lorde and the African-American Tradition". *In*: MUNT, Sally (org.). *New Lesbian Criticism: Literary and Cultural Readings*. Nova York: Columbia University Press, 1992.

WILSON, Anna. *Persuasive Fictions: Feminist Narrative and Critical Myth*. Lewisburg/London/Cranbury: Bucknell University Press/Associated University Presses, 2001.

SOBRE A COLEÇÃO AUDRE LORDE

A "Coleção Audre Lorde" é resultado de uma parceria inédita firmada entre as editoras Bazar do Tempo, Elefante, Relicário e Ubu, como modo de fortalecer a recepção dos livros dessa importante militante, pensadora e poeta estadunidense, referência para o feminismo negro, para a luta antirracista e LGBTQIA+.

LEIA TAMBÉM

Entre nós mesmas — poemas reunidos. Trad. Tatiana Nascimento. Rio de Janeiro: Bazar do Tempo, 2020.
A unicórnia preta — poemas. Trad. Stephanie Borges. Belo Horizonte: Relicário, 2020.
Sou sua irmã. Trad. Stephanie Borges. São Paulo: Ubu, 2020.

© Editora Elefante, 2021

Título original:
Zami: A New Spelling of My Name: A Biomythography
© 1982, 2006 by Audre Lorde

Primeira edição, dezembro de 2021
São Paulo, Brasil

Dados Internacionais de Catalogação na Publicação (CIP)
Angélica Ilacqua CRB-8/7057

Lorde, Audre [1934–1992]
  Zami: uma nova grafia do meu nome – uma biomitografia / Audre Lorde; tradução de Lubi Prates.
  São Paulo: Elefante, 2021.
  464 p.

ISBN 978-65-87235-62-2

1. Ficção autobiográfica 2. Literatura norte-americana 3. Lésbicas - Ficção 4. Feminismo 5. Negras I. Título II. Prates, Lubi.

21-4243	CDD 813

Índice para catálogo sistemático:
1. Ficção autobiográfica

EDITORA ELEFANTE
editoraelefante.com.br
editoraelefante@gmail.com
fb.com/editoraelefante
@editoraelefante

Sol Elster [comercial]
Samanta Marinho [financeiro]
Isadora Attab [redes]
Camila Yoshida [mídia]

FONTES
Martin, de Tré Seals
Tiempos, de Kris Sowersby
PAPEL
Ivory slim 65 g/m²
IMPRESSÃO
BMF Gráfica